U1070290

北京市高等教育精品教材立项项目

体能训练理论与方法
(第 2 版)

主　编　王向宏
副主编　朱永国　董建锋

北京航空航天大学出版社

内 容 简 介

本书共五章，分别就体能训练、体能训练的原则、体能训练的内容及其训练方法、不同竞技项目的体能训练、体能训练的医务监督几方面进行了系统的论述，强调吸收与创新并重、理论与实践并重。

本书适用于体育院系运动训练专业学生，亦可作为教练员的参考书。

图书在版编目(CIP)数据

体能训练理论与方法 / 王向宏主编. --2 版. -- 北京 ：北京航空航天大学出版社，2014.7

ISBN 978－7－5124－1347－4

Ⅰ.①体… Ⅱ.①王… Ⅲ.①身体训练－方法 Ⅳ.①G808.14

中国版本图书馆 CIP 数据核字(2014)第 152165 号

体能训练理论与方法(第 2 版)

主　编　王向宏

副主编　朱永国　董建锋

责任编辑　董　瑞

*

北京航空航天大学出版社出版发行

北京市海淀区学院路 37 号(邮编 100191)　http://www.buaapress.com.cn

发行部电话：(010)82317024　传真：(010)82328026

读者信箱：goodtextbook@126.com　邮购电话：(010)82316524

涿州市铭瑞印刷有限公司印装　各地书店经销

*

开本：787×960　1/16　印张：15　字数：336 千字

2014 年 7 月第 2 版　2025 年 2 月第13次印刷　印数：24 501～26 500 册

ISBN 978－7－5124－1347－4　定价：39.00 元

《体能训练理论与方法(第2版)》

编委会名单(按姓氏笔画排序)

主　编　王向宏

副主编　朱永国　董建锋

编　委　于　荣　王向宏　王汝斌　王美男　石宏杰　叶　伟
　　　　付　全　吕　斌　朱永国　任丽娟　杨少峰　张小峰
　　　　崔玉鹏　鹿志海　董建锋　潘迎旭

前　言

体能是一切人类生命活动和目标行为的动力基础，更是人们达到休闲健身、运动训练和获取运动技能的首要载体。体能训练是提高运动成绩和增强运动能力的重要方式，也是发展力量、速度、耐力、灵敏性和柔韧性等身体素质的过程。科学的体能训练，对于增强现代人的身心健康和运动能力，具有其他方式无法替代的作用。寻求体能训练的最佳理论模式与途径，使体能训练系统化、最优化和日趋科学化，是现代运动训练孜孜以求的重要目标。

鉴于很多体育院系的课程设置中，“体能训练理论与方法”都是运动训练专业的主要课程，本书编写组于 2010 年 1 月出版了《体能训练理论与方法》一书，作为体育院系运动训练专业“体能训练理论与方法”课程的教材。经过四年的使用，本书得到各使用院校的一致好评，销售状况良好，并且被评为“北京市高等教育精品教材立项项目”。由于运动训练理论的不断深化和创新，为了更好地适应广大读者的需要，作者根据竞技体育发展变化的情况，对原书进行了修订，修订版教材在保留原有指导思想和理论框架的基础上对一些局部内容做了细微的补充和修改。

本书在修订过程中，力求与原版教材风格保持一致，做到丰富成果，揭示规律，突出针对性、实用性、工具性。此外，修订版教材编写风格力求活泼、有时代感，内容深入浅出，以丰富的背景材料扩大学生的视野，具有较强的可读性，可提高学生的学习兴趣。

修订版教材由相关学科有教学、训练经验的教师编写（其中，具有副教授以上职称的有 12 人；具有博士学位的有 5 人，具有硕士学位的有 10 人）。全书由王向宏、朱永国、董建锋统稿。书中不当之处，诚望指正。

本书编写组

2014 年 5 月

目　　录

第一章　体能训练

第一节　体能的概述

“体能”是20世纪80年代中后期在我国各类体育报刊和文献上出现频率较多的一个词汇，也是当前各项运动中使用频率很高的一个概念性词汇。国际运动医学委员会在1964年东京奥运会期间，就成立了“国际体能测试标准化委员会”，并制订了标准体能测试的6大内容(身体资源调查、运动经历调查、医学检查与测验、生理学测验、体格和身体组织测验、运动能力测验)。对此，拉森提出了构成体能的10大因素：防卫能力、肌力能力、肌爆发力、柔韧性、速度、敏捷性、协调性、平衡性、技巧性和心肺耐力。自20世纪80年代中期以来，我国在各竞技运动项目的训练中陆续开始强调“体能”训练，由此“体能”一词频繁出现在运动训练及运动训练学、运动生理学和各种体质研究的文献资料里，但它们所界定的含义并不完全一致。例如在训练学中，体能是构成运动员竞技能力的一个组成部分，体能训练和技战术训练、心理训练与智力训练一起构成运动训练的整体。它能够提高运动员有机体的竞技能力，增进健康，改善身体形态，发展一般和专项运动素质，预防和治疗伤病等。由此看来，体能的含义包括身体能力、人体机能、身体素质和身体适应能力等。在运动生理学研究中，体能较多的是指身体功能、生理机能和运动能力，有氧和无氧能力都属于体能的范围；而在体质研究中，体能更多的是指身体素质和身体适应能力。由此看来，有关体能的概念和定义所描述事物的本质属性和外延的准确性问题，一直以来都为各方面的专家学者和训练学科理论界所关注。

1984年出版的《体育词典》和1992年出版的《现代汉语词典》中均有“体能”这一词条，并对体能做出了相同的解释：“体能”是指人体各器官系统的机能在体育活动中表现出来的能力，包括力量、速度、耐力、灵敏和柔韧等基本的身体素质与人体的基本活动能力(如走、跑、跳、投掷、攀登、爬越和支撑等)两部分。我国现行的《运动训练学》教材中，专家把体能视为运动员先天具有的遗传素质和后天训练形成的运动员在专项中表现出来的机体持续运动的能力。对其所给的定义为：运动员体能是指运动员机体的基本运动能力，是运动员竞技能力的重要组成部分(如图1-1所示)。在广义上，体能包括形态、机能和素质三个方面的状况；而在狭义上，运动员的体能水平主要通过运动素质表现出来。运动员体能发展水平是由其身体形态、生理机能和运动素质的发展状况所决定的。其中身体形态是指反映人体生长发育状况的各环节高度、围度、长度、宽度和充实度等外部形态特征与心脏大小、肌肉的横截面等内部形态特征；身体机能是指人体各内脏器官的机能状态；运动素质是指在运动过程中，有机体在中枢神经系统的控制支配下,通过肌肉活动表现出来的各种基本运动能力。

尽管“体能”一词内涵多样,有多种不同的理解和表达,但综合以上诸多对“体能”的定义,它至少阐明了以下要点:经过先天遗传和后天身体训练获得,包含各项运动素质,受外界环境影响。它是我国在体育科学实践中融合了古今中外的诸多概念与思想而形成的具有我国特色的东西。根据我国的体育科学实践来界定体能定义如下:体能是指有机体在先天遗传的基础上,通过后天训练而获得的在形态结构、功能和调节方面及其在物质能量的贮存与转移方面所具有的潜在能力以及与外界环境相结合所表现出来的综合运动能力。其大小是由机体形态结构、系统器官的机能水平、能量物质的贮备与基础代谢水平及外界环境等条件决定的,运动素质是体能的主要外在表现形式,在运动时表现为力量、速度、耐力、柔韧和灵敏等各种运动能力。发展和提高体能的最主要手段是通过运动训练。

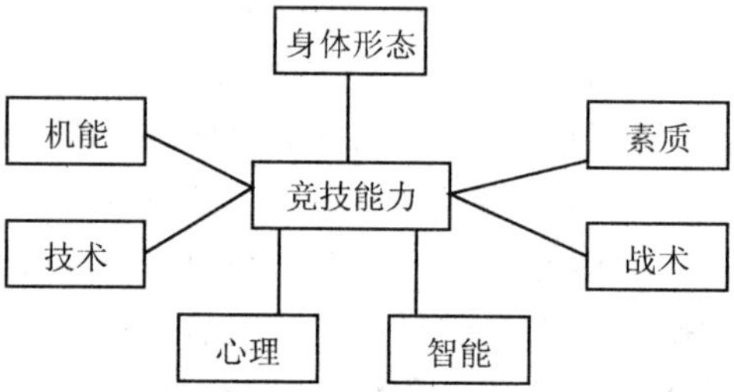

图 1-1　运动员竞技能力的决定因素

第二节　体能训练的概述

一、体能训练的含义及其分类

体能训练是运动训练的重要组成部分,是结合专项需要并通过合理负荷的动作练习,改善运动员身体形态,提高运动员机体各器官系统的机能,充分发展运动素质,促进运动成绩提高的过程。它是技术训练和战术训练的基础,并对掌握专项技术、战术,承担大负荷的训练和激烈的比赛,促进运动员身体健康,防止伤病及延长运动寿命等具有极为重要的意义。

体能训练的基本内容是充分发展与运动员专项运动成绩密切相关的力量、速度、耐力、柔韧、灵敏等运动素质,从而深刻影响和促进运动员身体形态和机能的改善,提高运动员的健康水平,为专项运动成绩和技术水平的不断发展奠定良好的基础。体能训练包括一般体能训练和专项体能训练。

一般体能训练是指为增进运动员的身体健康,提高各器官系统机能,全面发展运动素质,改善身体形态,采用多种非专项的体能练习手段掌握非专项的运动技术、技能和知识,为专项成绩提高打好基础的训练。

专项体能训练是指采用直接提高专项素质的练习以及与专项有紧密联系的专门性体能练习，最大限度地发展对专项成绩有直接关系的专项运动素质，以保证掌握专项技术和战术并在比赛中顺利有效地运用，从而创造优异成绩的训练。

一般体能训练和专项体能训练的主要联系在于：一般体能训练是专项体能训练的基础，一般体能训练为专项运动素质的提高创造必要的条件；专项体能训练则是提高专项运动成绩的特殊需要，并直接为创造优异的专项运动成绩服务。随着专项水平的不断提高，一般体能训练所提供的基础及专项体能训练的要求也要随之改变，以适应专项提高后的要求。一般体能训练和专项体能训练总的目标是一致的，在训练实践中往往难以截然分开。

二、体能训练与身体训练的区别

传统的身体训练主要偏重于对某一运动素质（速度、力量、耐力、柔韧）的追求，忽略整体机能潜力和机能能力的提高以及拼搏向上的心理素质的培养。

（1）身体训练以往注重某项运动素质的提高，对运动员的整体运动能力、对抗能力、适应大负荷与高强度的抗疲劳能力，以及顽强拼搏的心理品质没有给以应有的重视。这导致我国球类运动员的体能水平长期处于较低的水平。

（2）运动素质是机能能力在基本运动能力某一方面的具体表现，例如力量、速度能力等，既是体能的构成因素，也是运动实践中评价和检查体能水平的常用指标。换句话说，运动素质是体能水平的外在表现形式，体能是运动素质的内在决定因素。运动素质水平取决于人体器官和系统的机能能力水平。因此，体能与运动素质有密切的联系，体能训练与身体训练有密切的联系，两者既有联系，又有区别。

（3）体能训练要求把运动素质训练纳入运动员整体运动能力提高的高度去综合考虑和认识。它把运动素质训练作为人体生物学机能发展和机能适应训练的一部分。通常，身体训练是以单一的运动素质提高为目标任务，而体能训练则从人体整体工作能力、人体机能潜力提升的角度研究和提高运动能力。也就是说，体能训练是人体器官和机能系统在结构和机能能力上的适应性再塑造工作，是运动员心理意志品质的再塑造工作。

第二章　体能训练的原则

第一节　体能训练原则概述

体能训练是运动训练过程的重要组成部分，根据各个运动项目的特征，选择训练内容并通过各种有效的训练方法和手段，对运动员机体施加适宜负荷，充分挖掘运动员的竞技潜能，从而改造运动员身体形态，提高有机体机能能力，增进健康和提升身体素质。

体能训练过程是一个不断重复进行的刺激—反应—适应过程，是一个身体结构与机能不断破坏与重建的循环过程，实质是人为地、有目的地、按计划地给运动员有机体施加系统化的适宜运动负荷刺激，使之产生人们所预期的适应性变化。科学的运动训练不仅需要掌握训练理论，也要掌握寓于训练理论背后的人体生理机能的变化规律。合理地安排运动训练的各个要素，可使机体产生最佳的反应与适应，实现最佳训练效果。

训练过程存在着许多不以人的主观意志为转移的客观规律。训练规律是指运动训练系统内部各要素之间以及它们与系统外部各相关因素之间在结构与功能上的本质联系和发展的必然趋势。这些本质联系在运动训练实践活动中不断重复出现，在一定条件下影响或者决定着运动训练的进程。训练规律是不以人们的主观意志而转移的客观存在。训练工作者在长期的运动训练实践中，不断总结成功的经验和失败的教训，并通过科学研究探索和认识训练过程中的客观规律，将实践获得的普遍经验与科研成果归纳、升华为理性认识，并以准确的文字加以表述，从而提出了用以指导运动训练实践的一些科学原则。

科学原则是人们对客观规律正确认识的反映。训练原则是运动训练过程客观规律的反映，是运动训练过程必须遵循的基本要求。

体能训练原则是依据体能训练活动的客观规律而确定的组织体能训练所必须遵循的基本准则，是训练活动客观规律的反映，对训练实践具有普遍的指导意义。科学化训练的重要内涵是遵循运动训练过程中的客观规律进行的训练，而运动训练原则是运动训练过程客观规律的反映，遵循训练原则就是遵循训练过程的客观规律，在很大程度上反映了训练的科学化程度。

但值得注意的是，随着时代的发展，科学技术不断进步，训练实践也在不断丰富人们的经验，人们对训练的客观规律的认识也不断深入，不同的原则和文字表述只能是训练工作者在一定程度上反映训练规律。实践始终超前于理论，训练是创造不存在的事物，即运动成绩，理论不可能事先论述清楚其中的一切和其创造的全过程，因此，需要教练员在掌握客观规律的基础上，以过人的“悟性”对训练进行理解。教练员自身积累的，经过实践检验的正确经验也是科学的一部分。

根据运动训练理论和体能训练的实际要求，提出几个原则，包括自觉性原则、区别对待原则、一般与专项训练原则、“三从一大”训练原则、系统训练原则、适宜负荷原则及恢复原则。

第二节　自觉性原则

一、自觉性原则概念

自觉性原则是指在训练过程中，运动员在教练员的教育和引导下，自觉、主动地学习和运用有关知识和技能，加深对训练目的性的认识，掌握运动技能，提高竞技能力，独立自主地参与规划和制订训练计划，以及进行比赛和采用正确的决断。自觉性原则是植根于人们思想中的合理认识。认识越深刻，越广博，实践就越丰富。运动员只有把握事物的现象和本质，才能发展创造和独立自主，而这两者是取得最佳训练过程和良好比赛成绩必不可少的前提。

二、自觉性原则理论依据

（1）运动员是训练过程的主体，是知识、技能的接受者。辩证唯物主义认为，事物的发展，外因是变化的条件，内因是变化的根据，外因通过内因而起作用。运动员只有具有自觉学习、提高运动成绩的强烈愿望，才会专心致志地去接受长期艰苦的运动训练。

（2）当运动员对所从事训练的目的、意义、作用及自己未来发展有正确理解时，将激发训练和比赛的积极情绪。运动训练的本质是对体力负荷建立适应的过程，功能潜力的充分动员有助于在更高水平上适应的建立。如果运动训练是运动员被迫的无奈的选择，则所有正常的身体和心理负荷都会成为难以逾越的困难，从而产生消极的情绪，功能能力的发挥将受到抑制。

三、训练中贯彻自觉性原则的基本要求

1. 对运动员加强训练目的性和正确价值观的教育

教练员要善于启发诱导运动员，注意通过各种教育学及心理学的手段，进行训练的目的性教育，逐步树立起自觉训练的态度和动机。帮助运动员了解国内外体育运动的发展状况以及使运动员认识到获得优秀运动成绩对振奋民族精神及对国家、家庭及个人的重要性，从而获得鼓舞和激励。

2. 教练员在训练过程中的主导作用

教练员的主导作用主要体现在正确地安排训练过程和运动员的活动，使其能够发展成为独立思考和行动的人。因此，教练员除关注具体训练外，还要注意关心运动员智育与德育的发

展,尽可能地组织运动员参与谈论训练的目标,预测可能的前景。教练员要善于提出问题和要求,特别是要善于布置,动脑筋想办法,努力开发运动员的智能,提高他们有关训练学的理论知识水平。在此基础上吸引他们参加训练计划的制订,明确训练手段的作用及训练方法的意义。同时,注意运动员道德品质的培养,使其形成奋发图强、一丝不苟才能完成训练和比赛任务,自觉配合和自我牺牲的精神。有意识地培养运动员独立思考的能力,提高运动员在各种复杂的环境及社会条件下较好地控制自己的思想、行为和动作技术的自控能力和应变能力。

另外,教练员自身的榜样作用不容忽视,教练员要特别注意自己的言行,要善于说服教育,注意克服简单、粗暴的态度和做法,并以自己的知识、能力和表率作用以及通过有效的训练取得优异运动成绩来建立权威,取得运动员的信任,并以此激发运动员训练的积极性。

3. 运动员在训练过程中的主体作用

运动员必须把教练员的指导作为不断提高自己竞技能力的方法来理解,从而保证自己能够主动地克服训练中所遇到的困难。自觉性教育的一个重要方面是提高运动员在各种复杂的环境条件及社会条件下较好地控制自己的思想、行为和动作技术的自控能力和应变能力以及自我负责等品质,其表现形式为心理上的稳定性。这种心理上的稳定性和最佳发展的身体因素,以及高度的智力和竞技能力,对运动员起着决定性作用。

4. 满足运动员合理的需要,正确地运用动力

要关心运动员的生活,安排好他们的衣食住行,创造良好的人际环境,并尽可能使他们有安全感和必要的尊重,并引导运动员形成自我实现的更高层次需要,以产生积极从事训练和比赛的动机。

正确运用精神、物质和信息这三种动力,互相补充,扬长避短,这样可取得理想的效果。要正确地认识和处理好个体动力和集体动力的关系,让个体动力在大方向基本一致的情况下得到充分的发展,以求得比较大的集体动力的总量。

第三节 区别对待原则

一、区别对待原则的概念

区别对待原则指在运动训练过程中,根据不同专项、不同的运动员或不同的训练状态、不同的训练任务及不同的训练条件等具体情况,有针对性地组织安排各自相应的训练过程,确定训练任务,选择训练内容、方法和手段和安排运动负荷的训练原则。教练员在制订训练计划时,根据每个运动员所独具的身体能力、潜质、学习特征以及所从事的专项等各方面特点(具体情况),设计出适合每个运动员特点的个体化方案。也就是说,整个训练过程必须依据该运动员的特点进行安排,使之得到最大的发展。

二、区别对待原则的理论依据

1. 运动专项需要的多样性

不同专项运动员竞技能力(体能、技能、战术、心理、形态等),受不同因素的影响,也有不同的要求。因此在选择训练内容和手段时,必须注意不同专项竞技的不同需要,有计划地实施,区别对待。

2. 运动员个人特点的多样性

世界优秀运动员负荷个体化是被广泛认可的。在现代运动训练中,个体化原则已经成为最重要的训练理论之一。教练员唯有在认真分析每一个运动员训练的不同方面的基础上,精心地制订出最适合个体发展的训练计划,才能使该运动员得到最佳的发展,才能发掘出该运动员的最大潜能。运动员个人特点包括性别、日历年龄、生物年龄与训练年龄、竞技水平、生理和心理特点、身体状况、训练情绪等,这些都对训练安排提出了不同的要求。同一名运动员的训练状态在不同阶段、不同时刻的表现不同,不同训练环境和训练条件也对训练内容和组织实施提出了不同的要求。

3. 运动训练和比赛条件的多变性

运动训练过程是个动态发展的过程,不同运动项目、不同运动员及在不同状态下该过程均处于不断的变化之中。这些因素的不断变化,都要求教练员及时根据训练对象的具体情况有区别地组织训练,以使运动员能更好地适应这些变化了的条件。这些条件包括决定竞技能力的各个因素,教练员的业务水平,对训练战略部署和战术安排,训练所处的阶段和具体要求,以及训练和比赛的气候、场地、器材以及对手情况等。

三、训练中贯彻区别对待原则的基本要求

1. 掌握运动员个体特征

由于运动员的思想、健康状况、训练水平以及学习、工作、日常生活等情况均不相同,教练员应深入了解具体情况并具体分析。注意掌握运动员的身心发展过程中的各种特殊情形,因势利导,区别对待。

2. 正确认识运动专项的基本特征

不同运动专项都有自己的决定因素及不同的发展规律。只有正确认识所从事项目的专项竞技能力的决定因素,并结合专项成绩发展的规律组织安排训练才可取得成功。

3. 充分考虑运动训练和比赛条件

训练过程中,必须考虑到运动员所处的训练时期和训练阶段等具体情况。不同阶段和不同时期有不同的要求。要了解在不同阶段和时期运动员的特点。另外,对比赛中的场地、气候、对手以及环境等客观条件也要给予充分考虑。

4. 处理好运动队中集体和个人的关系

在全队集体训练时,除有共同的要求和统一指导外,还必须有个别要求、个别指导,既要注意到全队的训练和比赛任务,又要考虑到个别队员的具体情况。要根据训练的具体任务和实施训练过程中的变化,恰当地分配指导精力,使得每个运动员都感到教练员就在自己的身边,并感到每次训练教练员的安排和要求都能切合自己的实际。

5. 教练员要及时准确地掌握运动员的具体情况

教练员只有在认真分析每名运动员的不同情况的基础上,精心制订出适合个性发展的训练计划,才能保证运动员得到最佳的发展,挖掘出运动员的最大潜能。对于运动员训练过程中的不同阶段,教练员应围绕竞技能力的几个主要决定因素来了解具体情况。例如,在形态方面,可测定身高、体重等指标;在素质方面,需要了解速度、力量、耐力等数据;在机能方面,应掌握脉搏、血压、发育水平及各器官系统的机能等基本情况。

第四节　一般和专项训练原则

一、一般和专项训练相结合原则概念

一般和专项训练相结合原则是指在运动训练过程中,要根据运动项目的特点、运动员的水平、不同训练时间、阶段的任务,恰当地安排两者的训练比重。

一般训练是指在运动训练过程中,以多种身体练习、训练方法和手段,全面提高运动员的各种器官系统的机能,发展运动素质,改善身体形态和心理品质,掌握一些有利于提高专项的其他项目的运动技术和理论知识。目的在于按照专项的需要,使运动员的专项素质、技术、战术以及心理品质得到最大限度的提高,为创造优异的专项成绩打下多方面的基础。

专项是指与运动员训练水平相似的比赛本身。专项特点是随着运动成绩水平的提高而不断变化的。专项训练是指在运动训练过程中,以专项运动本身的动作及比赛性练习,以及与专项运动动作相似的练习,提高专项运动水平所需要的各器官系统的机能,发展专项运动素质和心理品质,掌握专项运动的技术、战术、理论知识。其目的是最大限度地提高运动员的专项成绩。

一般训练目的是为专项运动成绩的提高打下良好运动素质、技术战术、心理品质各方面的基础;专项训练的目的则是直接为创造优异的专项成绩服务。但两者的目的是一致的,相互促进,相互制约。在训练实践中要根据运动员的不同水平和层次的实际情况,在训练过程的不同时期和阶段,合理安排好一般和专项训练的比重。

二、一般和专项训练相结合原则的理论依据

1. 有机体是一个有机的整体

有机体各器官之间是紧密联系，互为影响的。在训练过程中，运动负荷给予机体施加的刺激使各器官系统产生的适应性变化也是相互联系，相互作用的。任何一种专项运动本身对运动员各器官系统机能的影响都在不同程度上有一定的局限性，进行一般训练采用多种练习内容、方法和手段可以补充专项训练的不足，促进各器官系统的全面提高，从而为运动员创造优异运动成绩打下良好的基础，保证专项训练的顺利进行。

2. 各运动素质的发展相互转移

力量、速度、耐力、柔韧和灵敏等运动素质不是孤立存在和发展的，彼此之间相互影响、促进和制约，在素质发展过程中存在大量相互转移的现象。一般将由于某一素质的发展而影响到另一种素质的发展称为运动素质转移。运动素质转移包括直接转移和间接转移、良好转移和不良转移、同类转移和非同类转移以及可逆转移和不可逆转移等，在训练实践中要充分考虑。

3. 一般训练对专项训练的调节作用

专项训练的内容、方法和手段主要是专项运动本身，过多进行专项训练，容易引起有机体局部负担过重和中枢神经系统的疲劳。而如果安排适当的一般训练内容，则能起到积极的调节作用，从而更好地提高专项训练的效果。

4. 专项训练对提高专项运动成绩起直接作用

一般训练只是起到打基础和调节等作用，而运动训练的目的是挖掘运动员的潜能，创造优异的运动成绩，因此，只有通过专项训练才能保证运动员掌握专项技战术，发展专项所需的机能能力和运动素质。

三、训练中贯彻一般和专项训练原则的基本要求

1. 一般训练的内容和手段的选择必须考虑全面性和实效性

由于受到训练时间、专项特点、训练条件的限制，一般训练练习选择内容应少而精，一般应满足如下要求：既要能提高或保持一般工作能力水平，对专项素质都能起良好的影响，又要能形成和巩固在运动中起辅助作用的技战术等。

2. 一般训练既要全面又要反映专项化的特点

全面是指通过一般训练来发展运动员的各种机能能力和运动素质。虽然一般训练发展的不是专项所特有的能力，但却同样对专项成绩起积极作用。因此在练习内容和时机的安排上，要注意有利于运动素质和运动技能的转移。

3. 一般训练和专项训练应保持适宜的比例

一般和专项训练安排存在一定的矛盾，在训练实践中要注意：由于各运动专项具有不同的

特点及不同层次运动员的训练水平、运动年龄、不同训练阶段的任务不同等因素,一般和专项训练的组成比例不同。值得注意的是,尽管在多年从事运动训练的过程中,人体机能和形态进一步改造的幅度是逐步减少的,但在运动员训练的高级阶段一般训练仍有非常重要的作用。

4. 两者的结合要考虑与练习之间的关系,形式要灵活多样

各种练习要达到良好的训练效果都有必要的训练前提,如速度和力量性练习要取得良好效果则需要神经系统有良好的兴奋性和充足的能量物质储备。同时,由于各种练习后有机体恢复过程时间不一,所产生的后效作用保持时间不同,因此要考虑课与课、练习与练习的搭配顺序和间歇时间。尽可能排除或降低消极性转移的危险,要能促使负荷后有机体的尽快恢复。

综上所述,一般和专项训练是训练过程中不可缺少的两个方面,忽视或取消任何一个方面都会导致运动训练效果的减弱,甚至失败。因此,在训练过程中必须将两者有机地结合起来,从训练的对象、项目特点及不同训练时期和阶段的任务等实际出发,恰当地安排好二者的比例。

第五节 "三从一大"训练原则

一、"三从一大"的科学概念

"三从一大"训练原则指从难、从严、从实战需要出发,科学地进行大负荷训练的原则。"三从"是学习解放军军事大比武中"郭兴福教学法","一大"是在适应国际竞技体育的趋势、总结我国部分项目成功的训练经验以及结合日本女排大松博文训练方法的启示,我国体育界于20世纪60年代提出"三从一大"训练原则,至今仍是指导我国各运动项目训练实践的训练原则之一。

二、"三从一大"训练原则产生背景

1. 20世纪50年代以后,国际竞技体育进入"大负荷、大投入训练阶段"

这一阶段运动成绩仍在增长但付出的努力比以往更大,其显著的特点是成绩获得与付出相称,只有付出代价和努力,方可有回报。另外,国家直接或间接介入,训练竞赛更加正规化、系统化、专门化。20世纪50年代初,苏联学者来华讲学,将"大负荷、大投入训练"理念传入我国。同时,新中国成立后,为国争光是我国运动员无上光荣的事情,各个项目的运动员无不艰苦顽强的训练。因此一贯坚持大运动量,特别是我国田径、举重、游泳等项目依靠这一原则在20世纪五六十年代多人次达到世界先进水平。

2. "郭兴福教学法"的启示

"三从一大"训练原则的"三从"直接移植军事大比武中的"郭兴福教学法"。20世纪60年代全军展开大练兵运动中,"郭兴福教学法"得到推广。《人民日报》社论号召"军事训练要从

难、从严、从实战需要出发”，希望全国都来学习“郭兴福教学方法”的宝贵精神，把它和各方面工作的实际情况结合起来，活学活用这个宝贵的经验。在体育界，首先是足球，紧接着全国田径、篮球、射击、航海等训练工作会议相继召开学习“郭兴福教学法”。

3. 日本女排大松博文教练训练方法的启示

世界冠军日本女排受邀访华，我国体育工作者从大松博文教练“人体生理的潜力还有很多可以挖掘，谁能挖掘出更多的潜在能力，谁就能忍受大数量的训练负荷，谁就能上去”的训练思想中受到启迪。1964 年 12 月国家体委在上海召开训练工作现场会，提出贯彻“从难、从严、从实战需要出发，大运动量训练的‘三从一大’原则”。并在训练中反对“骄、娇”二气，提倡“三不怕”、“五过硬”作风。

由于竞技体育训练的飞速发展，20 世纪 70 年代末以负荷量增长提高运动成绩的训练方式遇到了困难。随着生物学现代技术等的介入，国际竞技体育进入“科学训练阶段”，更加倡导训练科学化。因此，在新的形势下对“三从一大”训练原则也就提出了新的要求。

三、训练中贯彻“三从一大”训练原则的基本要求

1. 从　难

训练要有难度，要设置各种困难，让运动员在更为艰难、复杂的条件下勤学苦练，攀登竞技高峰。需要注意的是，不同项目由于项目特点不同，其训练难度也有差异，教练员要根据项目的特点、训练的不同时期及运动员个体特征等在训练过程中给予不同的分析。

2. 从　严

从严一方面是指运动队的管理，须制订训练规章制度，严格管理，常说“三分训练七分管理”，要根据运动员身心发展的规律，针对运动员训练的不同阶段，结合具体情况进行科学管理。另一方面是指训练过程，包括对训练计划的制订与实施、训练技术和负荷指标的质量保证以及训练作风的培养等。因此，要坚持从实战需要出发的从严，要在不同训练阶段、不同训练周期、不同训练课上甚至每一个练习的细节上高标准、严要求。

3. 从实际出发

“实战出发”是这一训练原则的核心，体现在训练要突出专项训练，这是现代运动训练的最根本原则。训练要从实战需要出发，并增加比赛性练习，提高运动员实际的比赛能力。1964 年周恩来总理就说：“‘三从一大’的实质就是练为战。”所以要从实战需要出发来“从难、从严”。专项是指与运动员训练水平相称的比赛本身，每一名运动员的专项特点是随其运动成绩水平的提高而不断变化的。因此，专项训练是与比赛本身的所有内容及其与之极为近似的一切。此外，也要注意增加不同层次的比赛次数，提高运动员实际的比赛能力，积累比赛经验。

4. 大负荷训练

根据运动员实际水平，须进行大负荷（包括训练负荷量和强度）训练。很长一段时间内，人们将“大负荷训练”等同于“大运动量训练”，因为据了解，“运动量”一词大量使用始于 20 世纪

50年代苏联专家的讲学中，由于当时我国专用术语处于初建阶段，加之许多翻译人员来自非体育专业，中文“运动量”这个词对应俄语的“运动负荷”时出现误译。按原俄文原意，“运动负荷”是上位概念，而下位概念是“运动量”、“运动强度”。

运动负荷是训练过程中，通过各种身体练习手段与方法及比赛对运动员有机体(生理与心理)所施加的刺激。因此“一大”是指大运动负荷，是运动员在承受一定的外部刺激时，使有机体在生理和心理方面所承受的总刺激，包括负荷强度与负荷量这两个既互相区别又相互联系的基本结构。在训练过程中，大是必需的，但要是同一性质的基础上的大，应该是符合专项特点，提高专项成绩必需的。“一大”训练要大的科学，其实质是根据运动项目的规律、运动训练过程的不同阶段运动员的个人特点等具体情况，科学地选择训练内容、方法和手段以及安排负荷强度和负荷量。

第六节　系统训练原则

一、系统训练原则概念

系统训练原是指持续地、循序渐进地组织运动训练过程的训练原则。这一原则的确立与运动训练过程的连续性和阶段性的基本特性密切相关。它一方面指出运动员只有长时间、持续地进行训练，才有可能攀登竞技运动的高峰；同时又强调在一般情况下，必须循序渐进地，而不是突变式地增加训练负荷，才能取得理想的训练效果。

二、系统训练原则的理论依据

1. 人们认识客观事物从已知到未知的规律性

各运动项目的知识以及竞技能力各要素的发展都有各自的体系和内在联系，反映了各运动项目由低到高、由易到难、由简到繁发展的规律，也反映了人们认识客观事物从已知到未知的规律性。因此，要根据运动项目自身体系及其内在联系，以一定的顺序安排训练内容，选用训练方法和手段，使运动员循序渐进地掌握技术、战术，发展身体素质，并逐步提高要求，才能取得良好的训练效果。

2. 人体生物适应的长期性

包括体能在内的构成运动员竞技能力的各个部分均需要经过长时间的训练才能得到明显改善和提高。运动员体能的改变要以运动员形态和机能系统的提高为基础，从而表现出来高度发展的运动素质，运动员有机体对训练负荷的生物适应必须通过有机体自身的各个系统、各个器官等的逐步改造才可形成。

3. 训练效应的不稳定性

运动员在负荷作用下所提高的竞技能力具有不稳定的特点，当训练的系统性和连续性遭到破坏而出现间断或停训的时候，已经获得的训练效应也会消失以至完全丧失。为避免这种情况，必须在训练效应产生并保持一定时间的基础上重复给予负荷，使得训练的效应得到强化和累积，并不断改进和完善。

4. 人体生物适应的阶段性

人体在训练负荷下的生物适应过程不仅是长期的，同时也是有阶段的。机体对一次适宜训练负荷的反应可分为工作、疲劳、恢复、超量恢复和训练效应消失等几个阶段。在更长一个时间的跨度内，如几个月至一年的训练过程中，运动员机体能力的变化同样经历着不同的阶段，这就是竞技状态的形成、保持和消失三个阶段。

三、贯彻系统训练原则的要求

1. 按阶段性特点组织训练过程

运动训练过程的组织实施必须遵循其阶段性的特点，有步骤、有秩序地进行。而这一步骤则是按固有的程序排列的。坚持全年、多年的不间断训练，保证运动员有机体所产生的一系列适应性良好变化能够获得长期的积累，使训练水平逐步提高，这就要求训练过程的每次课、每个小周期、每个训练时期以至每个训练大周期都与上一次课、上一小周期、训练时期和大周期有机地联系起来，使之在原有的基础上不断提高。

训练内容、方法和手段的选择是以各训练时期、阶段具体训练任务为基础，都应充分考虑它们之间的内在联系和本身特点。一般要按由易到难、由简到繁、由浅到深、由已知到未知的要求进行安排。

2. 保持训练的系统性

为保证训练过程系统不间断地进行，要使训练的各阶段有机地衔接起来。运动员系统的多年训练活动，必须以健全的训练体制作为保证。如我国的三级训练体制，包括中小学课外训练、业余体校和竞技运动学校的训练以及优秀运动队的训练三个层次。三级训练体制担负着训练过程中不同阶段的训练任务。各训练的组织形式之间要密切配合，在内容的安排、训练和比赛的要求以及所承担的具体任务上都要有机地衔接起来。

3. 防止运动员发生伤病

训练过程中要充分注意并采取有力措施防止运动员发生运动伤病。运动员伤病将影响训练的系统性和连续性，产生伤病还会使训练长期中断，甚至影响运动员的运动寿命。

第七节 适宜负荷原则

一、适宜负荷原则的概念

适宜负荷原则是指根据运动员的现实可能和人体机能的训练适应规律，以及提高运动员竞技能力的需要,在训练中给予相应量度的负荷,以取得理想训练效果的训练原则。

运动员在训练中承受了一定的运动负荷后,必然会产生相应的训练效应。但并不是施加了负荷就一定会产生良好的训练效应。因此,合理地安排训练负荷意义重大。实践中,合理地安排训练负荷主要体现在以下方面:能够根据训练任务、对象水平,逐步且有节奏地按照人体机能的适应规律加大运动负荷,直至最大限度;要求训练中遵循"加大→适应→再加大→再适应"的规律去安排运动负荷;负荷的递增是在一定的生理变化范围内,通过人体适应过程的规律而实现。

二、适宜负荷原则理论依据

1. 超量恢复规律

在运动训练的过程中,运动员有机体对运动负荷的反应一般为:耐受→疲劳(能量消耗)→恢复→超量补偿(恢复)→消退等特征(如图 2-1 所示)。训练后若安排有足够的恢复时间,在身体结构和机能重建完成后,运动中所消耗的能量等物质以及所降低的身体机能不仅能得以恢复,而且会超过原有水平,这种现象称作"超量补偿"或"超量恢复",一般将由于超量补偿所导致的机能改善称为"训练效果"。产生尽可能多的训练效果是运动训练的目的。在一定的生理范围内,负荷刺激越大,机体能量消耗则越多,疲劳程度就会越强烈。负荷解除后,如果能科学地安排一定的休息时间和方式,那么能量物质的恢复就会越快,产生超量恢复的水平就会越高。那么人体在此基础上所表现出的运动能力也就越强。

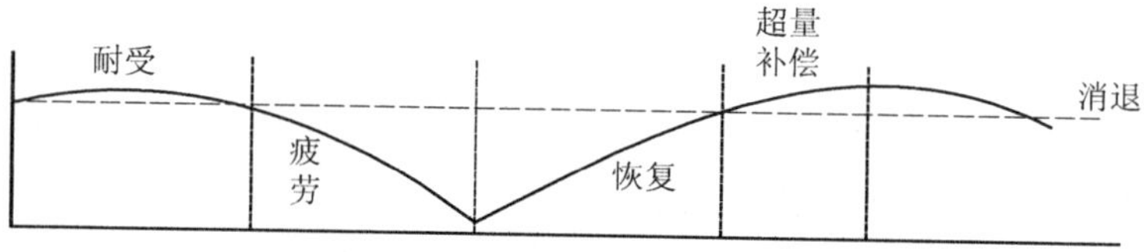

图 2-1 一次训练课引起的身体机能的基本变化过程[①]

在训练实践中,对机体的负荷通常都是连续施予的,几次负荷之间不同的间隔与联系会产生不同的效应。如果在前次负荷后机体的超量恢复阶段再施予负荷,会使机体水平不断提高;而如果前次负荷后运动员的机体还没有得到恢复便再次施予负荷,则会导致机能水平的下降。

2. 生物适应规律

适应性是生物体最基本的生理特征之一。适应性表现在若长期施加某种刺激,机体会通过自身形态、结构与机能的变化以适应这种刺激。人体对训练刺激的适应也不例外。有机体在生理极限范围内承受一定负荷的过程中会产生某种适应性反应。当有机体适应这一负荷后,会出现"机能节省化"现象。如果一段时间内,负荷刺激仍停留在原来水平上,有机体的机

① 全国体育院校教材委员会. 运动生理学. 北京:人民体育出版社,2002:322.

能水平就将停留在原来水平上。因此，只有在适应的基础上，不断通过加大负荷对机体施加更强烈的刺激，使机体不断获得新的适应，才能提高运动竞技能力水平。

3. 过度负荷

过度负荷是指超过运动员承受能力，导致运动员机体产生严重劣变的训练负荷。在训练过程中，如果施加于运动员的训练负荷超出运动员在该时相所能够承受的负荷极限，机体各系统功能的正常运行会遭到破坏，甚至会造成组织损伤等病理性劣变，破坏已经获得的积极的训练效果，还会损坏运动员的身心健康。因此，在训练过程中，要科学分析运动员机体承受负荷的最大能力，避免盲目过大或过快地施加负荷。

三、贯彻适宜负荷原则的基本要求

运动负荷是训练过程中，通过各种身体练习手段与方法，以及比赛对运动员有机体（生理与心理）所施加的刺激。运动成绩来自于运动负荷的作用，是运动负荷所产生效应的综合结果。

1. 正确理解负荷的构成

运动负荷应包括定性和定量两部分（见图 2－2），只有对训练手段与方法定性后，再做定量，才能对负荷做出正确的计量。

（1）训练负荷的定性

① 训练负荷专项性。专项是指与运动员训练水平相似的比赛本身。指负荷要与运动员所参与的、与自己训练水平相称的比赛要求相符合，专项特点是随着运动成绩水平的提高而不断变化的。专项训练是提高运动成绩的直接因素，是取得高水平成绩的唯一途径。

② 训练负荷对能量供应系统的作用方向。一切人体运动都需要通过肌肉的收缩来实现，肌肉运动的能量供应有三个供能系统（磷酸原系统、乳酸能系统和有氧氧化系统），分别参与不同工作时间、不同工作强度、不同能量需要的竞速运动。训练的重点则是根据项目要求的不同，发展相应的能量供应系统。因此，确定练习时肌肉工作主要以哪些供能系统产生作用是负荷定性内容之一。

③ 动作协调的复杂程度。协调性的复杂程度是训练中客观存在的，而区分它是运动负荷定性的一个方面。如在周期性运动项目中动作协调的复杂程度比较单一，对运动负荷的影响不大；但跳跃或投掷类项目，协调性的复杂程度则决定着负荷的大小与比赛的效果。协调性的复杂程度越高的练习，有机体承受的负荷就越大。要对此做出量化的定性，难度较大，目前在很大程度上还是经验性的评定。

（2）负荷定量

运动训练过程中的任何一个负荷都包含着负荷的量与强度这样两个方面。前者反映着负荷对机体刺激的量的大小，后者反映着负荷对机体刺激的深度。

① 负荷量的评价指标。一般为次数、时间、距离、重量等。次数是指训练中重复练习的次

数;时间是指统计单位中(一种练习、一次课、一周、一年或其他单位)训练的总时间;距离是指完成各种周期性练习的距离;重量是指完成练习的总负重量。

② 负荷强度的评价指标。常常通过练习的速度、远度、高度、单位练习的负重量或练习的难度予以衡量。这些测量的方法和指标分别适用于不同的运动项目和不同的练习。

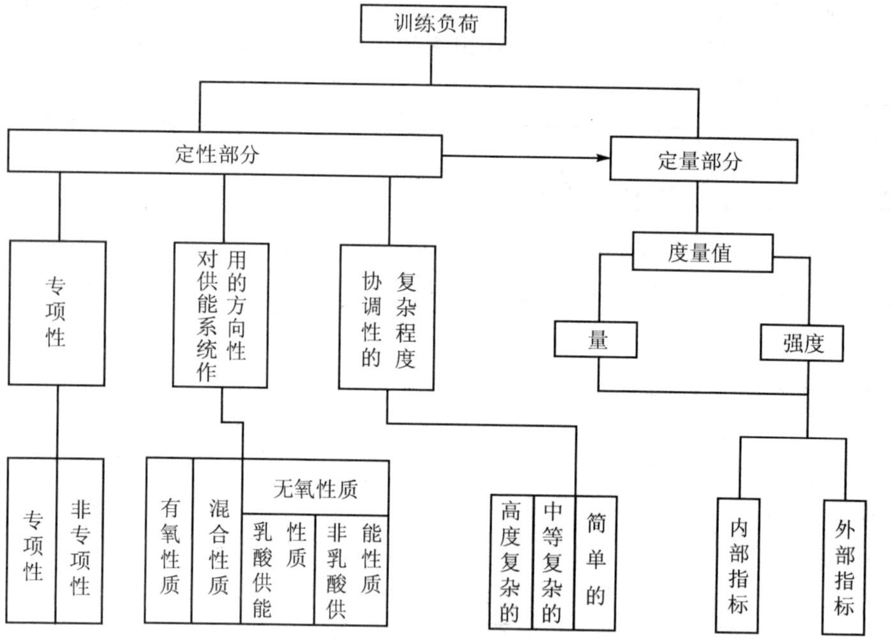

图2-2 训练中运动负荷的含义示意图①

2. 正确认识负荷刺激的生理临界

负荷量度的增加会带来更好的训练效果,而且越接近运动员承受能力的极限,效果就越明显。因此,尽管很困难但教练员都努力致力于寻找这一负荷极限。

运动负荷的大小是相对的,是由人体存在的个体差异及个体在不同时期承受负荷最大限度的能力所决定的。因此,科学地安排运动负荷的前提是必须科学地分析每一阶段每位运动员所能承受负荷的生理临界线及其变化阈值。作为教练员,只有随时掌握这条临界线的动态变化特点,才能使负荷安排做到有的放矢,富有针对性。负荷量度临界值的大小既随其发育程度、竞技水平等较为稳定的状态的变化而变化,又受到运动员健康状况、日常休息、心理状态因素的影响,因此测定评价必须有充分的科学依据。

在实践中,掌握这条生理临界线往往借助于生理生化指标来分析。负荷刺激的生理临界点很难把握,需要教练员不断在实践中探索。在对负荷极限认识还不具备完全把握的情况下,

① 延烽,赵志英,郑晓鸿.青少年运动训练100问.南京:河海大学出版社,2000:147.

通常应注意留有余地，以避免过度训练的出现。

3. 正确处理负荷量与负荷强度的关系

负荷的量和强度构成了负荷的整体，它们彼此依存又相互影响，由于运动负荷的表现形式多种多样及组合方式千变万化，处理好两者关系是正确安排运动负荷的关键。任何负荷的量都是以一定的强度为条件而存在的，任何负荷的强度又都以一定的量为其存在的必要基础。一个方面的变化必然会导致另一方面的相应变化，在分析负荷的大小时，一定要将这两个方面综合考虑。

4. 训练过程的监测与控制

训练过程中负荷安排不当是造成运动损伤、过度疲劳的主要原因之一，因此在训练过程中要注意及时把握不同时期运动员的竞技能力状况，运用综合方法和手段建立科学的诊断系统，选取可靠的指标，分析训练过程和训练效果，及时准确地判断负荷的适宜度和恢复程度以及训练实际效果与预期目标的偏离情况，并进行及时调控，使训练始终围绕预定计划进行，从而保证最佳的训练效果。

第八节　恢复原则

一、恢复原则的概念

恢复原则是指及时消除运动员在训练中所产生的疲劳，并通过生物适应过程产生超量恢复，提高机体能力的训练原则。在长期的运动训练过程中，只有当运动员的有机体得到适宜的恢复，才能保证获得理想的训练效果。早期运动训练中，人们主要将精力置于运动训练方面，认为恢复是自然发生的事。20 世纪七八十年代，人们逐渐意识到没有恢复就没有训练，恢复在运动训练中也占据着重要的地位。到了 20 世纪 90 年代，随着运动训练本质被逐步揭示，人们意识到从一定意义上讲，恢复甚至比训练本身还重要，教练员在设计训练时也将恢复提高到非常重要的地位。

二、适时恢复原则的理论依据

1. 恢复与结构-机能的重建

训练过程实际上是一个反复进行的身体结构与机能的破坏与重建过程。通过运动负荷，使运动员消耗大量能源物质，引起微细结构产生某种程度损伤，以及造成内环境紊乱等，然后在恢复期，利用机体所具有的适应性特点，进行结构与机能的重建，使得运动能力得到一定改善。而结构与机能的重建需要一定的时间过程。若在恢复不完全情况下进行下一次训练，这时机体尚未完成重建过程，不但不能提高运动能力，反而会加重微细结构的损伤程度，使运动能力进一步下降，并需要更长的恢复时间。因此，从某种意义上说，恢复意味着给予机体足够时间在训练后进行结构与机能的重建,以承担随后更大的训练负荷。

2. 超量恢复规律

人体机能能力和能量储备由负荷后暂时下降和减少的状态回复到负荷前水平的过程,称为恢复。在恢复过程中,能源物质的补偿在一段时间内超过原有水平,这种现象叫做超量恢复。超量恢复持续一段时间后再降回到原有水平,即完成了一次训练负荷后恢复的全过程。

在一定范围内,运动负荷越大,消耗越剧烈,恢复过程就越长,超量恢复也就越明显。正是由于运动训练能引起超量恢复反应,使得运动员竞技能力的提高成为可能并为之奠定了物质基础。所以,运动训练的恢复不是满足于恢复到先前水平的恢复,而是要追求超量恢复。

3. 疲劳消除规律

机体产生和消除疲劳是有规律的。其中,负荷训练和恢复训练的统一规律是指在训练的具体过程中,客观存在着负荷和恢复两类不同的相互依存、相互影响的同步过程;负荷刺激—疲劳产生的效应规律是指在大强度或长时间的负荷刺激下,机体必然产生相应程度的疲劳症状;机体下降与机能恢复的异时性规律是指在负荷训练和恢复规程中,机体机能的下降程度或提高过程均有异时变化的特点;负荷性质与恢复方法的对应规律是指负荷性质与恢复方法之间存在着紧密的对应关系。

显然,认识这些规律对于延缓疲劳产生、强化机能恢复、消除机体疲劳的意义十分重大。

三、恢复原则的训练学要点

1. 合理地制订训练计划

一般训练计划建立在两种假设的基础上:一是所有运动员都能从训练中恢复过来;二是不同运动员恢复的速率和水平是一致的。但要注意的是,首先运动员除训练外还有其他生活内容。这些活动是很难控制的,运动员可能在投入训练时已经处于某种程度的疲劳状态,这将可能导致在没有获得完全恢复的状态下,就进行训练,并会影响下一次训练的效果。其次,不同运动员的恢复状况和恢复时间是不一致的,不同运动员的身体素质状况是不同的。因此,教练员在制订训练计划时,不仅要包括运动训练内容,也要包括恢复和适应过程。

2. 正确认识负荷与恢复的关系

必须深刻认识训练过程中负荷训练和恢复训练并存的客观规律。这种规律不仅表现在负荷训练与恢复训练过程相继进行的特征上,而且表现在过程同步进行的特征上。因此,在训练实践中,不仅应认真规划负荷阶段中的负荷量、强度、时间、方式等系列因素,还应同时将恢复训练的措施、方法、效果等因素放在同等重要的地位上进行考虑;在以提高人体机能为主要目标的负荷训练过程中,要特别重视及时穿插恢复训练。

3. 正确分析疲劳的产生机理,判别疲劳程度

从19世纪80年代以来,人们对运动性疲劳产生的机理提出多种假说,最具代表性的有“衰竭学说”、“堵塞学说”、“内环境稳定性失调学说”、“保护性抑制学说”、“突变理论”和“自由基学说”等。教练员只有根据训练具体情况分析运动疲劳产生的原因，才能有针对性地制订恢复计划。

科学判断运动性疲劳的出现及其程度对合理安排体育教学和训练有重大实际意义。由于引起疲劳产生的原因和部位不同，疲劳表现的形式不相同，选用的测试方法也应有区别，通常是根据自我感觉和外部观察来进行的，也常常采用一些比较客观的生理和心理测试方法。

4. 采取消除疲劳的措施

（1）恢复方式

在运动实践中一般有两种恢复方式，即自然性恢复方式和积极性恢复方式。自然性恢复方式是指运动员训练后按日常作息或处于静止状态获得恢复的方式。积极性恢复方式是指运动结束后采用变换运动部位和运动类型，以及调整运动强度的方式来消除疲劳的方式。

（2）恢复手段

恢复手段一般包括训练学恢复手段及睡眠、医学、生物学、营养学、心理学恢复手段。

① 训练学恢复手段。主要包括变换训练内容和训练环境，交替安排负荷，调整训练间歇的时间与方式，在训练课中穿插和采用一些轻松愉快、富于节奏性的练习等训练手段。

② 睡眠是消除疲劳的重要手段。睡眠是机体借以维持正常生命活动的自然休息方式，在睡眠状态下，人体内代谢以同化作用为主，异化作用作用减弱，可使运动员精神和体力得到恢复。自然界的很多事物存在周期性的规律，运动员的生活作息也应有周期性的规律，应培养运动员有规律的生活作息，以利于缓解疲劳的积累。

③ 医学、生物学恢复手段。主要包括理疗恢复手段，如水浴、电疗、热疗、蒸汽浴、旋涡浴、氡水浴、含氧浴等，其他手段还有按摩、紫外线照射、红外线照射等。另外中医药调理也有利于增强免疫，改善代谢调节，提高机体恢复，加速疲劳消除。

④ 营养学恢复手段。由于运动时运动员的能量消耗大，运动后的能量补充除了考虑补充物的数量，还应注意各种营养素的适宜搭配。

⑤ 心理学恢复手段。可以加速训练后疲劳的消除，降低神经、精神紧张程度，调节运动员的情绪，减轻心理的压抑，对加速身体其他器官和系统的恢复过程产生积极的作用。采用心理调整措施恢复工作能力，减轻心理压抑，消除焦虑等主要是利用自我暗示、放松训练、音乐、气功等手段。

第三章　体能训练的内容及其训练方法

第一节　体能训练的内容及其内在关系

一、体能训练的内容

体能训练涉及身体形态、身体机能、运动素质、健康等诸因素。身体形态指人体的内外部形状。身体机能是指机体各器官系统的功能，它是身体活动能力的基础。运动素质是机体在中枢神经系统控制下，在运动时所表现出来的各种基本运动能力，通常包括力量、速度、耐力、柔韧、灵敏等。此外，健康（指人在身体、心理及社会适应方面的良好状态）的身体是运动员参加训练活动的必要条件。

构成体能的身体形态、机能、素质三个因素都有相对独立的作用，又有密切联系，彼此制约，相互影响，其中每一个因素的水平都会影响到体能的整体水平。三个构成因素之中运动素质是体能的外在表现，所以运动训练中多以发展各种运动素质作为体能训练的基本内容。

二、形态、机能、素质三者之间的关系

身体形态、机能、素质的许多指标在很大程度上取决于先天的遗传因素，在后天的自然生长发育过程中，这些指标随着年龄增长产生变化。对一般人来说，身体形态和身体机能只要具备正常的功能就可以适应日常环境和正常生活活动。但是对于运动员来说，由于他们必须在运动训练和比赛的特定环境里，要在承担超常的运动负荷和极度紧张的心理状态下进行活动，因此，仅仅使身体形态、身体机能和运动素质维持在一般的水平上是远远不够的，而必须在机体正常的生理范围内挖掘其最大潜力，乃至达到生理“极限”水平。由于现代运动成绩已达到极高水平，要创造优异成绩就必须使身体具有适应创造这种高水平成绩的基础。因此，体能训练就要在遗传和人体自然生长发育的基础上，对有机体中的可变异部分给予影响，使之提高，以符合创造高水平成绩的需要。鉴于上述原因，体能训练的根本任务就是要在运动训练中运用各种有效的方法和手段，使运动员各器官系统机能水平和身体形态得到全面提高，运动素质得到全面发展，掌握大量运动技术和技能，从而为专项运动素质的充分发展，以及掌握、改进、提高专项运动技术和专项成绩创造条件。

体能训练的基本内容是充分发展与运动员专项运动成绩密切相关的力量、速度、耐力、柔韧、灵敏等运动素质，从而深刻影响和促进运动员身体形态和机能的改善，提高运动员的健康

水平，为专项运动成绩和技术水平的不断发展奠定良好的基础。

第二节　身体形态及其训练

一、身体形态的概念

身体形态是指人体外部与内部的形态特征。反映外部形态特征的指标有高度（身高、坐高、足弓高等）、长度（腿长、臂长、手长、头长、颈长、足长）、围度（胸围、臂围、腿围、腰围、臀围等）、宽度（头宽、肩宽、髋宽）和充实度（体重、皮脂厚度等）等。反映内部形态的指标有心脏纵横径、肌肉的形状与横断面等。

科学研究证明，环境（自然环境、地理环境）和遗传等因素对身体形态有很大影响。例如，人体形态特征服从于伯尔格曼和阿尔林气候法则，即在恒温动物范围内，人类身体尺寸通常随环境气温的降低而增加。生活在低纬度环境中的人通常具有体重小，四肢长，肩、髋狭窄的体格特征；高纬度环境中的人具有胸廓、骨架发达，躯干长，四肢短的体形特点；但是，久居高原、高山地区的人，其体形特征则是胸廓外形和骨骼长度相对增加，主要生理特征为肺活量大，血液中氧饱和度增加，不同地区人体形态的变化表明，人的身体形态结构特点在很大程度上依附于自然环境和地理环境①。此外，从遗传因素来讲，身高的遗传力男子为 0.79，女子为 0.95；而体重的遗传力男子只有 0.50，女子只有 0.42。决定身体形态的其他一些指标也有相当大的遗传（见表 3－1）。

表 3－1　身体形态的遗传与环境决定

身体形态	男		女	
	遗传因素	环境因素	遗传因素	环境因素
身　高	79%	21%	95%	5%
坐　高	85%	15%	85%	15%
体　重	50%～63%	37%～50%	42%	58%
去脂体重	87%	13%	78%	22%
头　宽	95%	5%	76%	24%
头　围	94%	6%	72%	28%
肩　宽	78%	22%	78%	22%
胸　宽	54%	46%	55%	45%

① 段海俊：高原地理分布与高原训练[J]. 体育科学，1999(2)：27－39。

续表 3-1

身体形态	男		女	
	遗传因素	环境因素	遗传因素	环境因素
胸　围	50%	50%	50%	50%
腰　宽	79%	21%	63%	37%
盆　宽	75%	25%	85%	15%
臂　长	80%	20%	87%	13%
臂　围	65%	35%	60%	40%
腿　长	77%	23%	92%	8%
腿　围	60%	40%	65%	35%

二、身体形态的意义

(1) 身体形态与运动成绩有密切联系，不同的运动项目对身体形态有不同的要求，而遗传和环境等对身体形态起着重要的决定作用。因此，选材时应从遗传等多因素出发，把具有优越身体形态条件的儿童少年挑选出来。

(2) 身体形态在一定程度上反映着相应的生长发育水平、身体机能水平和竞技水平，身体形态在一定程度上影响着运动素质的发展。因此，应采用系统科学的方法对运动员的身体形态进行训练，以适应创造优异专项成绩的需要。

(3) 身体形态的改善在一定程度上影响着运动素质的发展。

三、身体形态训练的方法

身体形态训练的主要途径是运动员的身体训练和专项训练。

(1) 科学、系统而又适合专项需要的各种身体训练方法对身体形态都有积极影响，根据需要运用相应的身体训练方法，可以对运动员的身体形态产生最佳影响，有利于创造优异的专项运动成绩。

(2) 任何科学合理的专项训练手段对促使身体形态向专项需要的方向发展都有显著作用和积极的促进，几乎所有项目运动员的身体形态训练基本上都是通过专项训练手段和专项训练方法实现的。因此，专项训练是改善和提高身体形态的重要内容。

(3) 其他一些特定的形体训练手段，如舞蹈、芭蕾、健身操、持轻器械体操等对提高运动员的协调能力、节奏感以及形成良好的运动姿态和身体姿势都有积极意义。

四、身体形态训练的要求

（一）要注意遗传因素的影响

在运动员身体形态各项指标中，有的指标遗传度很高（如高度、长度和宽度指标），有的指标遗传度较低（如体重等充实度指标）。因此在选材时，应重视高度、长度和宽度等形态指标，而与肌肉有关的体重等充实度指标则应更多地依靠后天的训练加以改善和提高。

（二）要根据项目特点安排身体形态训练

由于各个专项竞技能力的主导因素不同，而这些专项竞技能力又都对特定的身体形态具有一定的依赖性，因此，必须根据专项的需要及其对竞技能力的需求特点，安排相应的身体形态练习方法与手段。

（三）要根据生长发育的形态特征安排身体形态训练

人体在不同年龄阶段的生长发育有不同的特征，一般是先长高度，后长宽度、围度和充实度。心脏发育过程中先加大心脏容量，后增厚心壁肌肉，与其相应的竞技能力发展的敏感期亦有不同，身体形态训练应与之相适应，而不可颠倒①。

（四）要采用多种方法和手段改善身体形态

影响身体形态的因素很多，如遗传、环境（自然环境、地理环境、气候等）、生活习惯、饮食等都会在一定程序度决定或影响运动员的身体形态，因此身体形态的训练不能只从训练的角度出发，也应注意其他手段的运用。例如，技能主导类表现难美性项目体操、艺术体操、花样滑冰、跳水、健美、健美操等对运动员体型和相对力量等都有很高要求；而摔跤、拳击、举重、散打、跆拳道等按体重分级的项目除了大级别外，对体重均有限制，对相对力量水平等体能素质也有很高要求。因此，必须注意饮食和营养的控制，要养成良好的饮食和生活习惯。

第三节　身体机能的训练

良好的身体机能是达到高水平体能的重要基础，身体机能水平也是体能训练涉及的重要内容之一。

一、身体机能的概念及意义

（一）身体机能的概念

身体机能是指运动员有机体各器官系统的功能。它是身体活动能力的基础，某一机能水平直接影响着运动时所需要的某一方面的能力。

人体生理机能包括中枢神经系统、心血管系统、呼吸系统、消化系统、生殖系统、内分泌系

① 田麦久．运动训练学．北京：人民体育出版社，2000：190．

统、物质和能量代谢、感官、体温等。运动训练中经常涉及的身体机能指标主要有心血管系统中的心率、血压、血红蛋白、心血管系统运动负荷(哈佛台阶试验)、心电图;呼吸系统中的肺活量、呼吸频率、最大摄氧量;肌肉结构中的肌纤维数量、长度、类型;感官功能中的视觉、听觉、平衡机能;高级神经活动类型,血睾酮等。

人的一切正常身体机能都是有遗传,同时又有变异。血型、血红蛋白、红白肌纤维比例等就表现出遗传特征。神经类型也有强烈遗传基础,且表现出一种显性遗传。其他如最高心率、最大吸氧量、血乳酸系统、ATP、ADP、CP、磷酸盐系统等也主要受遗传影响。例如心血管系统主要受遗传控制,其中最高心率的遗传系数高达0.859,血型和血红蛋白也完全由遗传决定;呼吸系统中最大吸氧量遗传力为0.936。

(二)身体机能的意义

(1)身体机能的许多指标具有强烈的遗传特征,因此必须从遗传学角度选择身体机能突出的儿童少年,这是运动员选材的一个重要方面。

(2)身体机能的某些指标又是有变异的(如肺活量的遗传性较小,后天训练改变的幅度大),因此应采用科学的训练方法,提高运动员身体机能,为达到高水平成绩奠定基础。

(3)某一机能水平直接影响着运动时所需要的某一方面能力。例如,体能主导类耐力性项目需要突出的心血管和呼吸系统功能;体能主导类速度力量项目需要突出的神经系统、骨骼肌肉系统、心血管系统功能;技能主导类表现难美性项目需要良好的心血管系统、神经系统和视觉、听觉等感官系统功能;技能主导类表现准确性项目对中枢神经系统以及高级神经活动类型功能要求很高;技能主导类同场对抗项目对中枢神经系统、心血管系统、呼吸系统、高级神经活动类型等均有很高要求。系统论的观点认为,人体是一个完整系统,各器官系统功能都是相互制约、相互影响的,因此必须全面发展和提高身体机能,以适应高水平运动训练的需要。

二、身体机能的训练与评定

(一)身体机能的训练

良好的身体机能是达到高水平运动成绩的先决条件,身体机能的许多指标既受遗传决定,也受环境影响,同时又有变异性,因此必须采用系统、科学的方法提高身体机能。身体机能的训练主要通过身体训练及专项训练的途径去实现。科学合理的体能训练及专项训练可以有效地发展运动员的身体机能;同时,运动员身体机能水平的提高又能有效地促进体能训练水平和专项成绩的提高与发展。

(二)身体机能的评定

目前关于运动员身体机能状态监控的方法大致分为三类:一是通过教练员观察或运动员自身的主观评价,如自我感觉运动强度表(RPE)。这类方法主观因素较多,仅能定性判断身体状况,不能对训练后的身体机能状态做出客观、准确的评价,因此不能对运动训练进行科学指导。二是通过运动负荷实验，根据运动员身体机能的变化评价机能状态。常用的方法有台阶试验和Cooper试验等。这类方法只能对某一时刻的机能评估起作用，而不能对机能状态进行动态变化趋势的评估。另外，在运动员一段时间的运动训练后再进行负荷试验，使身体承受额外的负荷，会加重运动员的疲劳程度，也不能准确反映运动员一定运动训练后的身体机能状态。三是运用血液生理生化指标，通过定量的方法评价运动员的身体状况。运动员的身体机能状况对科学安排训练负荷至关重要，运动员只有在承受了足够大的负荷和强度的训练，机体处于最大应激状态时，才能有效地提高运动能力。国内外学者对血液生理生化指标进行了大量研究，结果表明，血液生物学指标能够准确、客观、定量地反映运动员的身体机能状态，为教练员及时调整训练负荷、采取合理的恢复手段、提高训练成绩提供依据。

近40多年来，体育科研工作者经过辛勤研究和实践，推出的行之有效的实用生理生化指标不断增多，监测机能的范围逐渐扩大，评定水平和自动化操作程度也愈来愈高，测试过程和测定结果的反馈速度也不断加快。

测定各种运动场合下心率、血压(BP)及血、尿、汗、唾液的某些生化成分，可以间接地揭示人体运动时能量代谢特点和规律，反映运动肌的能量平衡、内环境酸化、水盐平衡、神经体液调节、组织损伤、免疫机能、营养状况等，因而是运动员机能评定中的重要内容。例如，测定24小时尿肌酐排泄量，以评定骨骼肌质量和磷酸肌酸含量；测定固定负荷的亚极限运动至力竭的时间，以比较不同个体糖原储量的多少；测定耐力运动中血液、汗、尿的尿素变化，以评定蛋白质和氨基酸的供能比值；测定长时间运动时血、汗中电解质含量的变化，结合运动成绩，展现出脱水对运动机能的抑制作用，为运动员合理补水、补电解质提供可靠的依据。已被训练实际广泛接受和采纳的心率、血压等生理指标和血糖、血乳酸、血尿素、血红蛋白等血液生化指标，以及简便可行的尿蛋白、尿胆原、尿肌酐等尿液生化指标，为运动员提供大运动量训练期间的运动机能、训练负荷、营养状况、疲劳与恢复等方面的反馈信息。血、尿、汗、唾液取样方便，无损伤或损伤少，易为运动员接受，且测定简易和快速，便于在运动中反复测定。

第四节　力量及其训练

一、力量的含义与分类

(一) 力量的含义

历年来，从传统的角度出发，力量被理解为是一种素质，并认为这是从事各类运动项目的基础。随着运动训练实践与理论的发展，人们对"力量素质"已产生了新的认识。并对其所包含的内容赋予了新的含义。

目前，国际运动训练理论界认为，把力量看做是一种单一的素质是不确切的，它应是一种能力的表现。因为，竞技运动中所阐述的"力量"的内容组成并不是单一的、不可分割的，而是几种素质的综合。按传统的分类，力量在竞技体育各个项目中可分为绝对力量(最大力量)、速度力量和力量耐力。其中，后两种就是几种不同素质综合在一起的能力的表现。力量的定义在现行的有关理论中普遍定义为“人体或身体的某一部分克服阻力的能力”。这种解释仅适合于单纯性力量，对速度力量及力量耐力并不确切，因为这个定义并没有包含这两种能力。

(二) 力量的分类

1. 单纯性力量

单纯性力量即是人体或身体某一部分克服阻力的能力。最大力量应是指运动员尽自己最大努力，克服最大阻力时所表现出来的能力。

分析运动实践可知，在大多数需要克服器械及人体重力性阻力的竞技项目中，如田径项目中的投掷、跳跃类项目，器械及由人体重力产生的最大阻力基本是恒定的。从机械力学原理可知，作用力与反作用力是一对大小相等、方向相反、具有同一作用点的力。因此，运动员所需要克服的阻力与此相等。如女子铅球为 4 kg，运动员在投掷时，她需要支承器械的重力性阻力就是由 4 kg 铅球产生的阻力，这种阻力并不可能因运动而增减。器械及人体所产生的远度或高度则并非由单纯性力量所决定，而由速度力量决定。

2. 速度力量

速度力量是指运动员在克服一定阻力时，使器械或人体产生可能的位移，它是肌肉加速度能力的表现。实际上，速度力量只是运动员在克服一定阻力时表现出来的加速度能力。它的大小与克服阻力的那部分肢体的运动速度有关。速度力量实际上就是运动员在特定的负荷条件下所表现出来的最大动作速度。所以，速度力量的训练本质是动作速度的训练。速度力量也只能用特定的指数来表示，可用如下公式计算：

$$\text{速度力量}=\frac{\text{可能达到的最大速度}}{\text{达到上述速度所花费的时间(s)}}$$

速度力量的典型表现形式是爆发力。

3. 力量耐力

力量耐力的表现形式是在一定阻力的情况下，运动员可能工作的时间长短，即运动员在一定阻力情况下克服疲劳的能力。因此，力量耐力应是运动员耐力的表现，它与运动员单纯性力量的大小没有决然的正相关。如某一个运动员最大力量为 100 kg，另一个运动员最大力量为 50 kg，如器械质量为 3 kg，那么谁工作时间长，就不能肯定；如器械质量为 35 kg，当然可以肯定前者的工作时间长。也就是说，运动员单纯性力量的大小，在克服某种阻力时，并不决定其工作时间的长短。

这些分析将帮助人们正确地理解力量的定义。应该区分不同运动项目的需要而进行力量的训练，不加区分地把力量认为是所有项目的基础，盲目地搞普遍性的力量训练则会浪费时间和精力。如有些周期性项目的成绩并不取决于最大力量的大小，则就不需要无限制地进行单纯性力量的训练。有些项目，如与流体力学特性相关的项目，如划船、自行车、游泳等项目，这类比赛项目中阻力的产生与速度的平方成正比，阻力是随速度的增长而不断增大的，则必须考虑“各种形式力量”的训练。

二、影响力量能力的因素

（一）中枢神经系统发放冲动的强度与频率

中枢神经系统的机能状态与力量能力有密切的关系。一方面神经系统可以调动参与工作的肌肉的数量，另一方面脊髓前角的运动神经元对肌肉发放冲动的强度大，频率高，则肌肉收缩速度也加快，从而产生的力量就大。冲动频率在最大用力量可由每分钟 5～6 次达到 45～50 次。

（二）肌肉的组织形态结构

（1）肌纤维的类型

肌肉力量的大小取决于不同类型肌纤维的百分比。肌肉纤维类型分为红肌纤维（慢肌纤维）、白肌纤维（快肌纤维）和中间纤维。白肌纤维无氧代谢能力比红肌纤维大得多，所以力量的大小主要由白肌纤维决定。白肌纤维百分比高，力量则大。

（2）肌肉的生理横断面

肌肉的绝对肌力由参与收缩的肌纤维数量和粗细决定。肌肉的生理横断面为该肌肉所有肌纤维横截面的总和。每根肌纤维的横截面增粗，则肌肉的生理横截面也增大，收缩力量就相应增大。

（3）肌肉内肌纤维的数量

肌肉内肌纤维的数量多，则收缩力量大。关于肌肉内肌纤维的数量目前存在着两种不同的意见：一种认为，人在出生后 4～5 个月，肌肉内纤维的数量就已确定；另一种意见认为，训练后导致肌肉肥大，除肌纤维增粗外，还由于肌纤维的纵向分裂，造成肌纤维数量增多。训练后是否会使肌肉纤维增多，尚未有定论。

（4）肌纤维的支撑附着面

肌肉内结缔组织增多、肌腱和韧带组织增粗都会改变肌肉的附着面大小，也就直接影响到肌肉的收缩力量。

（5）肌肉纤维的长度

美国人达登的研究论证，一个人力量的大小取决于肌肉的体积。肌肉体积的发展潜力又主要取决于各个人的肌肉长度（指肌肉两头肌腱之间的长度）。肌肉的长度是遗传的，不受后天训练的影响。

（三）肌肉的反应特性

（1）肌肉在工作时，动员参加工作的运动单位数量的能力，即肌肉的内协调能力的好坏决定能否调动更多的运动单位参加工作。动员参加动作的运动单位数量越多，则力量越大；反之,则小。肌肉内协调能力受中枢神经系统的支配,表现为肌肉内部对中枢神经传入的冲动所产生的反应能力。

(2)肌肉工作时,营养系统的供能状况为:肌肉工作时营养的供应直接影响到肌肉力量的发挥。力量首先与肌肉中储备的能量物质多少有关。在肌肉发挥力量的工作过程中,有机体经过肾上腺交感神经系统来实现中枢神经系统的营养供给。而在较长时间的工作进程中,营养系统的工作还依赖于有氧代谢能力。有氧代谢能力强,肌肉工作时产生的代谢产物就能及时被消除,从而使肌肉更好地工作。

(3)肌肉内感受器对中枢神经的系统的影响为:肌肉的两个重要感受器是肌梭和腱梭。当肌梭伸长时,感觉神经就会产生冲动,并传向中枢神经系统,然后通过运动神经将冲动送回到肌肉,恰当地引起一定量的运动单位收缩,以完成协调适中的活动。负荷越重,肌肉拉得越长,动员的运动单位数量就愈多。肌腱中有牵张感受器,当肌肉收缩时,位于肌腱中的腱梭被拉长,从而把收缩的信息送到中枢神经系统。如果收缩太强烈,而有可能伤及肌肉时,中枢就会传出信息,命令肌肉放松。这一反射不但能防止受伤,并且能报告肌肉的活动情况,使肌梭有效地协调运动。

在实践中,力量的表现还与其他因素有关,如肌肉完成动作时的工作条件、解剖学结构的影响等。

三、最大力量的发展的途径

最大力量的发展可采用两种方法。这两种方法都能取得相同的效果,但它们使这个素质增长的机制却不相同。

(1)依靠改善肌肉内协调和肌间协调增加力量。依靠肌肉内协调和肌间协调的改善来提高肌肉的力量不会使肌肉的体积增大,因而对周期性项目运动员来说,这具有决定性的意义。

(2)依靠肌肉体积的增大而使力量增长。其原理是通过有组织的训练,使练习完成后紧接着产生的超量恢复过程中工作肌的蛋白质剧烈地分解。因而,依靠肌肉横断面的增大,调整神经系统中保证肌肉内协调和肌间协调条件反射联系的完善,使力量得到发展。

在游泳、赛跑、滑雪、划船和另外专项的训练中常常用这两种方法来发展最大力量。但依靠改善肌肉内协调和肌间协调增加力量的方法用得较多,特别是在中、长距离赛跑项目运动员的训练中,因为它不会增加身体的质量。可是,依靠改善肌肉内协调和肌间协调所发展的力量,尽管力量增长相当快,但容易消退。短跑运动员同样可以采用这两种方法来发展最大力量。不过无论采用何种方法,都必须考虑到提高高级运动员的最大力量,只有根据具体专项的要求和运动员的个人特点才行。

四、力量训练时安排不同重量负荷应注意的问题

（一）不同重量负荷先后次序安排所起的训练效果

从总体来看，要发展最大力量，负重的安排应遵循由重到轻的顺序。如训练课中既有次极限重量的练习，也有非极限重量而重复到极限次数的练习时，首先应完成次极限重量的练习。

（二）要保证在较好状态下完成本次练习的主要重量

例如，该次练习主要是发展肌肉的内协调能力，那么就应该安排能促使这一能力发展的重量作为主要负荷，而且须在有机体较好状态下来完成它。

（三）要把起总体作用的练习与起相对局部作用的专门性练习相结合

要把对大肌肉群的练习，即在总体作用中起主要作用的用力练习放在所有练习的前面，如加强腹肌和腰部肌肉的练习。这样可使大肌肉群在不太疲劳的情况下得到锻炼，效果较好。同时由于采用少量的起总体作用的练习后，中枢神经系统产生兴奋，再做专门性的练习将使兴奋能更有选择的集中，有助于提高局部练习的效果。

（四）从事各种不同重量练习之后要有合理的间歇时间，以保证下一次练习的进行

当采用极限用力的50%以上负荷重量练习时，重复练习之间的休息间歇通常为2～3.5 min以上，极限用力需10～15 min。在进行同等重量的多次练习时，可把多次练习分组进行，延长组间休息时间。在安排不同重量的练习时，可把较小重量穿插在大重量后进行，这样既利于恢复，又可保持神经系统的兴奋性。

（五）在开始完成大重量的练习前，应当适当地安排几次略轻的重量作适应性练习

这样做，使有机体对大重量的练习有相应的适应过程，既可使神经系统处于良好的兴奋状态，又可防止伤害事故的发生。不过适应性练习只能使其起准备活动的作用，不宜引起有机体的疲劳。

（六）采用两次重复法和重量波浪式交替法进行最大负荷练习

在采用最大负重的练习时，尽管多次练习之间的休息时间较长，但疲劳的产生相对来说还是较快的。这时为了增加负荷量，可采用两次重复法和重量波浪式交替法。

两次重复法即把在训练课中所要完成的练习放在课的基本部分开始阶段和基本部分的结束阶段。这样既可使第一次练习时的效果有良好的保证，并通过两次练习之间安排的其他性质内容的练习得到调整、恢复，又不使其产生疲劳，使第二次练习亦可获得一定的效果。

重量波浪式交替法即在完成若干次主要重量的练习后，当开始出现疲劳时，便减轻10～15 kg，做1～2组，然后又采用主要的重量。减轻重量的练习可作为一种积极性休息，同时又可改进动作技术。

五、发展最大力量的负荷组成要求

(一)肌肉工作的方式

肌肉工作的方式主要以克制性和退让性相结合的动力性工作方式为主,要严格规定这两者的时间比例。做克制性动作的时间约为做退让性动作时间的1/2。例如,举杠铃用1 s,放下杠铃就要用2 s。也就是说,完整完成一次举杠铃练习为3 s,重复10次练习就需30 s。

等动练习也是有效的手段,不过它们的量不应该超出发展最大力量的工作总量的20%~30%。在力量训练过程中也可以采用静力性练习,但它们的数量不应该超出力量训练总量的10%。

(二)阻力的大小

在发展最大力量时应当用相当大的负重量,即需要用该练习中所能达到的极限重量的70%~90%的重量。但同时应当考虑到,虽然这个重量可以促使肌肉内协调提高、肌肉体积增大,但对改善肌间协调的效果不大。所能达到的极限重量的40%~60%范围内的重量,以及接近于比赛用的重量可以用来改善肌间协调。因此,在不增加肌肉体积而发展最大力量时,负重大小的范围应较广泛,这样可以综合利用各部分重量来提高速度力量素质。

在发展最大力量时用最大负重量是不合理的。其原因如下:

(1)用在一次练习中只能重复1~2次的重量,练习的效果要比在一次练习中可重复8~12次的效果小;

(2)最大负重常常导致伤害。

(三)完成练习的速度

如果依靠改善肌肉内协调和肌间协调来提高力量,那么中等的动作速度为最好。此时每个动作可为1.5~2.5 s。如用增加肌肉体积来提高最大力量水平,则动作速度应低些,每个动作可为4~6 s。同时,动作的克制性部分的时间应比退让性部分的时间少一半。

动作速度很高,效果却很小,其原因如下:

(1)最大力量或次最大力量只在动作的很少一部分时间内出现(在开始或结束),而在动作的其他阶段内,肌肉由于上一阶段所产生的惯性并没有获得应有的负荷;

(2)在高速度中要表现出最大力量,此时要让神经过程表现出最佳的协调性是比较困难的事;

(3)高速度的动作与高的伤害发生率联系在一起。

(四)完成一组练习的时间

力量练习中一组练习的重复次数是由所完成练习的附加重量起的作用决定的。如果练习的目的是要改善肌肉内协调,则其重复次数通常为2~6次。如果重量较小(为最大负重量的30%~60%),并且是为了改善肌间协调,则重复次数可以达15~20次。

在采用专项训练练习时,通常练习在形式和动作的协调性结构上均接近于比赛练习,那么它们的持续时间在5～30 s以内(上坡跑、拴住船艇划船、拖带制动装置游泳等)。

采用静力方式练习时,高级运动员一次练习的时间为5～12 s,青少年运动员为5～8 s。

依靠肌肉体积的增大来提高力量时,最好是采用30～60 s重复8～12次的练习。也就是说,每个动作大约可用4～6 s。这样长的工作时间可以完成许多足够大的负重练习(最大重量的80%～90%的重量),这样,一方面可以刺激最大力量的增长,而且又可以使相当多的肌纤维参与工作。其原因是,在完成任何一个力量练习时,做第一次时参与工作的肌纤维数量最少,而在最后一次时先参与工作的肌纤维能力自然下降,原先未参与工作的那些肌纤维将会补偿它们。

(五) 组间间歇的时间和性质

在不增大肌肉体积而发展最大力量时,组间间歇的时间必须保证下一次练习在工作能力已得到恢复的条件下进行。因而间歇时间要根据练习的时间长短和采用的负重大小来决定。工作时间越长或者负重量越大,那么间歇时间就越长。此外,参与工作的肌肉多少也影响间歇时间。起局部作用的练习之间的间歇时间自然要比在较大部位起作用的练习之间的间歇时间短,起总体作用的练习之间的间歇更长。由此可知,间歇时间的波动范围是很大的,从20～30 s到2～3 min。

可根据心跳频率合理地确定间歇时间,因为心跳频率的恢复与工作能力的恢复大致是同时的。因此,心跳频率恢复到工作前的水平就是新练习的开始信号。组间间歇内应当做小强度的工作,放松练习、自我按摩。

依靠增大肌肉体积来发展最大力量的方法,其间歇相对不长。起局部作用的练习之间为15～30 s;起较大部位作用的练习之间为20～45 s;起总体作用的练习之间为40～60 s。

(六) 在一次课中的重复数量

发展最大力量能力的练习的量变动范围很广。量的变动根据练习的性质和发展最大力量的方法而定。如果练习动员了大量的肌肉参与工作,则这种练习的数量不大,每一次课为10～15组。做这类有大量肌肉参与工作的练习,如不是让肌肉体积增大来发展最大力量的话,可做到40～50 min,而依靠肌肉体积增大来发展力量的话,则安排在30 min以内。如果是陆上的局部性练习,它们的数量可达20组。

六、力量练习时的呼吸调节

在训练中,极限用力只能在憋气的情况下才能进行。因为,憋气可以提高力量指标。例如,在吸气、呼气和闭气时进行背力测定,在憋气的时候背力最大——133 kg,在吸气时力量较小——127 kg,而慢呼气时则介乎两者之间——129 kg。

虽然憋气对力量练习是有益的举动,但憋气会对心血管系统的活动产生不利的影响,用力憋气会引起胸廓内压力提高,使肺的血液循环恶化而导致脑贫血和休克。经常重复憋气用力,对很少从事力量训练的人来说,会对有机体产生不良的影响,但在训练方法正确时,有机体可以适应上述的作用。经研究,举重运动员的多年训练并没有引起心血管系统活动方面的任何病理变化。

为了避免不良现象的产生,在完成力量练习时必须考虑到呼吸的调节:

(1) 当最大用力的时间很短,但有条件不憋气时就不要憋气。尤其在重复做不是很大用力的练习时,应尽量不憋气。

(2) 为避免用憋气来完成练习,对刚开始训练的人,所给予的极限和次极限用力的练习量不要太多,并让其学会在练习过程中完成呼吸。

(3) 在完成力量练习前不应该做最深的吸气,因为力量练习时间短暂,吸的气并不会立即在练习中产生作用,相反,深度吸气增加了胸廓内的压力,此时如再憋气就可能产生不良变化。

(4) 由于用狭窄的声门进行呼气,几乎可达到与憋气类似的同样大的力量指标,因此做最大用力时,可采用慢呼气来协助最大用力练习的完成。

七、发展和提高速度力量要注意的问题

(1) 要尽最大可能提高肌肉的最大力量。

(2) 要在已经获得的力量的基础上,在快速完成动作的过程中,培养表现这种力量的能力。但这种能力的培养,首先要掌握完整的技术动作,并反复练习到较熟练的地步。并以轻负荷开始逐步过渡到重负荷。在不同重量的负荷练习时都应有速度要求,并且练习中途不能停顿,动作幅度应尽可能达到最大,使之产生最大用力感和最大速度感。在不同结构动作的组合练习中,要强调衔接的协调、自然。

(3) 速度力量练习与单纯发展力量的练习相结合。从理论上讲,不带任何负荷动作是发展动作速度的有效办法。但是,运动实践中速度力量一般表现在具有一定负荷的练习中,不用负荷或负荷很小进行快速动作练习对神经肌内系统的作用极其短暂,其训练效果适应不了运动实践中速度力量的要求。而在单纯发展力量的练习中,由于负荷较重,动作速度又会产生暂时下降,而这种暂时下降又只有在负荷停止或大量减轻负荷 2~6 周后才会恢复。因此,在动作速度暂时下降时期,应采用一些非极限负荷或无负荷的速度练习,使速度和力量练习结合起来。

(4) 速度力量训练的负荷量要适宜。由于速度力量训练的最终目的是要培养运动员快速完成动作的能力,而速度力量性项目的负荷并不太重(例如,男子铅球 7.26 kg,女子铅球 4 kg),因此,以负重训练发展速度力量时,要采用适宜的负荷重量,照顾发展力量和速度的需要,适应专项要求。

(5) 学习动作时,对动作的速度要求应严格区别对待。对完不成动作速度要求的运动员,要逐步把他们的注意力从动作的空间特征转移到动作的时间特征上来。对难以掌握的、复杂的、速度要求高的动作,要严格按照循序渐进的原则进行。因为动作的空间特征是时间特征的基础;只有完成正确的动作,才能要求提高动作的速度。

八、爆发力的练习

爆发力由两个有机组成部分确定，即速度与力量。

（一）肌肉的工作方式

发展爆发力的肌肉主要工作方式是动力性的，尤其是克制性的动力工作方式。

（二）阻力的大小

阻力指标的范围相当广。促使单块肌肉和肌肉群能力发展的一般性、辅助性训练练习的负重量可采用运动员所能达到的最大重量的70%～90%。在动作结构和肌肉工作方式接近于比赛动作的练习中，负重量可用最大重量的30%～50%。专项练习（比赛的动作、短段落、跳跃的比赛动作等）的阻力大小可用与比赛相等或者与之没有极大差异的阻力。

如果运动员要发展力量部分，负重量可取上述指标的上限。而要促使速度部分提高，则取上述指标的下限。

（三）完成练习的速度

发展爆发力的练习应当用极限或近极限（运动员可能达到的速度的90%以上）的速度。如果主要是提高力量部分，那么通常用近极限的速度。如果是发展速度部分，则用极限速度。

（四）完成单个练习的时间

这个时间的标准就是应当保证运动员在完成练习时工作能力和速度不产生下降。因此，各种一般训练练习的重复次数为1～2次至5～6次。其变化是由负重大小、运动员的训练水平和技术水平，特别是由练习的结构决定的。

用专项力量训练手段组成的练习，其时间为比赛动作为一次，负重加速或不负重加速从5 s到10 s。

（五）组间间歇的时间和性质

休息间歇的长短应当保证运动员的工作能力能得到充分恢复，非乳酸氧债消除。练习的间歇时间可从1 min到3 min。这要根据参与工作的肌肉数量、运动员恢复过程的特点、训练水平和技术水平来决定。

间歇中可安排低强度活动。这样可使恢复过程得到强化，保证下次练习处于最佳的状态，并由此可缩短每次练习和每组练习之间休息间歇的时间（那样做可把时间缩短10%～15%）。

（六）一堂课中练习的次数

通常在一堂课中练习的量不大。量要根据练习的性质、练习是对爆发力的哪一部分起作用来定。一堂课中发展爆发力的练习通常不超过15～20 min。

对从事周期项目的高级运动员来说，实际上并不安排单一发展爆发力的课。爆发性练习只是作为各种综合课的组成部分来安排的，并且一般是在运动员的工作能力处于良好状态时进行。

九、力量耐力训练

总的来说,在选择专项训练练习时应当考虑选择那些能建立适合于比赛活动特点的必要条件的练习。为此,必须采用从外部形式到内部结构都与比赛练习相近似的练习。

(一)肌肉工作的方式

肌肉工作的主要方式是克制性与退让性工作相结合的动力性工作方式。在相当大的范围内还可以利用静力性的练习。它们可以在动作个别较慢的阶段中对提高运动员的能力起作用。

(二)阻力的大小

阻力的变化范围可以很大,尽管在完成个别练习时用力大小可达到极限用力的70%~80%,但用负重练习时,大部分练习的负重范围主要还是采用最大负重的40%~60%的重量。

在做专项训练练习时,所选阻力大小可用等于比赛性练习的阻力或用超过此阻力10%~30%的阻力。静力练习的用力大小可采用在每个具体练习中所能达到的力量的70%~100%。

(三)完成练习的速度

完成各种专项训练练习的速度主要是要使练习能保持比赛性练习的基本时间特征,因此速度通常接近于比赛性练习的速度。

在完成一般性和辅助性的负重练习时,动作的主要速度同样也应是比赛性练习的速度。不过也可以做较大的变动,可从中等速度到接近于比赛性练习的速度。

(四)完成一组练习的时间

动力性练习通常要做多次,直到产生很大疲劳为止。做负重力量练习时,重复次数可从20~30次直至150次。这个指标的变动根据是运动员的训练水平、技术水平、专项以及所采用的练习的特点。

静力性工作的一次练习时间可在10~12 s到20~30 s之间,这根据运动员训练水平及负重大小而定。

运用各种专项训练练习时,它们的练习时间在相当大的程度上是由所从事的专项的距离长度决定的。大多数练习的时间可从30 s~2 min,个别情况可达到5~10 min。

(五)组间间歇的时间和性质

间歇时间可安排在30~90 s之间,根据练习的时间和参与工作的肌肉多少而定。如果练习的时间相当短(20~60 s),而又必须使疲劳积累,那么下一次练习可在工作能力没有完全恢复时就进行。间歇时间可根据心跳频率的恢复情况确定。当心跳频率恢复至120~140次/min就可开始下一次的练习。

如果练习时间较长(2~10 min),并且希望每次练习都产生良好效果,那么间歇时间就应使工作能力充分恢复到工作前的水平,或接近于工作前水平。

(六) 一次课中重复的次数

如果提高力量耐力只是课中的一个内容，那么重复次数通常不超过 10～12 次。如整堂课的内容全是提高力量耐力，那么重复次数就可很多，达 40～50 次。例如，德国优秀游泳运动员常常这样来提高力量耐力：20 次练习为一组，做两组，每次练习时间为 1 min，间歇 15 s。这样，包括准备活动在内，这部分内容就将近 1 h 了。

十、力量训练时采用不同形式阻力及各自的特点

力量训练一般都通过克服不同形式的阻力来进行，不同形式的阻力有不同的特点。

(一) 克服外部阻力的练习

外部阻力通常有下述几类，如图 3－1 所示。

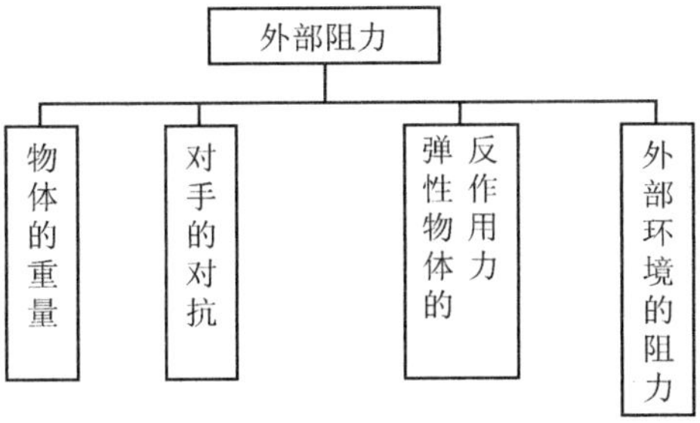

图 3－1　外部阻力的分类

1. 克服物体重量的练习

克服物体重量的练习设备常用的有杠铃、壶铃、沙袋等。它们可作用于最小或最大的肌肉群。其重量也较容易掌握。但做这些练习时的预备姿势往往是和静力握住物体联系在一起的。如果物体的重量很大，就难以采用正确的预备姿势，并且在动作的决定性阶段难以集中力量去完成，放下器械时也多半比较紧张，造成多余的负担。

2. 克服对手对抗阻力的练习

采用克服双人或多人的对抗练习，可以模拟实战的需要，能够解决重量性物体所不能解决的阻力。在配合良好的情况下可以达到较好的效果。但其不足之处在于阻力增加的程度不易掌握，练习的时间不能太长，容易造成较大的心理负担，且易受伤。

3. 克服弹性物体阻力的练习

克服弹性物体阻力的练习设备常用的有弹簧拉力器、橡皮筋等。其特点是随着动作的结束而阻力增加。最大阻力表现在动作结束时。因为根据虎克定律，弹性物体形变的大小与作用力的大小成正比。如为了使整个动作过程中表现出来的阻力大致相等，就必须用弹力很强的或很长的弹性物体。相反，如果在动作结束阶段要表现集中用力时，又应该选择柔软的、有弹性的、较短的物体。往往弹性物体并不能提供动作用力阶段所要求的阻力。

4. 利用外部环境的阻力的练习

外部环境的阻力一般指沙地、较深的雪地、山地、锯末跑道等。这类阻力对有机体下肢部位,尤其是小肌肉群的力量发展有利。但它们所能作用的部位有限。

(二) 克服自身体重的练习

克服自身体重的练习通常是在四肢的远端支撑时完成的。在这种情况下,身体的肌肉处于不利于用力的情况。但克服自身体重的练习较易完成,且易于组织教学,运动员也不致于产生多余的心理负担。

第五节　速度的训练

一、速度的含义及其分类

速度能力是指人体进行快速运动的能力。它包括以下能力:

(1) 在要求急速运动反应的状态下,表现紧急反应的能力。

(2) 保障各种直接决定动作速度特征的有机体的活动迅速运作的能力。第一种能力习惯上被称之为"快速运动反应能力",而第二种能力就是"快速动作能力"。不把"速度"称为一种"素质",而称为"能力",其原因主要是因为它的表现并非是纯单一的、最基本的能力的表现。在许多训练理论中认为"速度素质"是人体快速完成动作的能力和动作反应时间的总称。有的理论中把"移动速度"也列为该素质的组成成分,显然并不确切。因为"移动速度"实际上是力量、耐力、技术、柔韧以及动作速度、动作速率等内容的总和。因此,快速能力是人的各种功能系统所表现出来的某种特性的总和,不应当与外部记录的运动动作的速度特征(单个动作的速度、动作交替的速率等)等同起来。后者不仅取决于那些本身属于快速能力的因素,而且取决于力量和其他运动能力。当"速度素质"的内涵包含这些成分时,简单称为"素质"其实并不恰当。

"速度能力"与人体的反应速度、动作速度、动作速率有关。

二、影响速度能力的因素

(一) 神经系统的机能状态

神经系统的工作状态是影响速度能力的重要因素之一。尤其是当动作表现出最高频率时,神经中枢兴奋与抑制的转换速度,即神经过程的灵活性,起决定性的作用。神经系统在有机体整体工作时可以影响运动员参与工作的注意力集中的程度,这就直接影响运动员完成动作技术的好坏。它也直接影响肌肉紧张的程度。

速度能力的表现水平与肌组织的最佳状态有关,在放松时肌弹性最小,紧张时肌弹性最大,这时速度能力的表现最为良好。肌肉的放松能力越高,肌肉的紧张度越高,它们之间的交替状态越协调,则速度能力的表现水平也就越高。

神经肌肉器官与植物性机能之间的相互联系也是多变的,神经系统状态良好,使神经肌肉器官的机能活动,以及内脏器官的反射活动,在身体负荷的条件下产生良好的"运动-植物性机能"的反射性联系,从而使各种机能适应肌肉工作的需要,表现出良好的工作效果。同时,除中枢神经接受刺激强度的能力外,其抵抗疲劳的能力也直接影响速度能力的表现。

对动作反应速度来说,感受器及分析器的特征、中枢神经过程与神经肌肉装置之间的关系决定着这一速度的快慢。动作反应速度根据其形式和复杂程度表现不一。例如,简单反应和复杂反应、视觉动作反应、听觉动作反应等存在着很大的不同。在这些反应中,中枢神经起着决定性的作用,当然与其他因素,如动作协调的复杂程度等也有关。

(二) 能源物质的储备及相应酶的活性

速度能力表现的能量供应主要由无氧机制来保证。从生物化学的观点看,动作速度取决于肌肉中 ATP 的含量及在神经冲动作用下 ATP 的分解和再合成的速度。由于速度能力的表现都是短时间的,供给肌肉工作的 ATP 的再合成主要靠无氧氧化,即磷酸肌酸与糖酵解的无氧氧化过程,肌肉活动所需能源物质的储备充足与否及促使能源物质分解、合成的酶的活性,直接影响肌肉的工作状态,影响速度能力的表现。

(三) 动作技术的熟练程度

正确的动作技术可以保证运动员用力的合理程序和效果,并可减少无谓的消耗。动作技术掌握得越合理,越熟练,越能使有限的能量获得较大的效果,并推迟疲劳的出现,从而使运动员表现出较高的工作强度及良好的速度。

(四) 肌肉的组成成分

肌肉纤维的组成成分直接影响速度能力。人体骨骼肌分为白肌纤维、红肌纤维及中间纤维。不同的人体内红、白肌纤维的百分比是不同的。研究表明,它们的组成比例由遗传所决定,两者在后天并不可相互转化,可以改变的只是中间纤维的功能。白肌纤维成分比例较多的人相对来说速度能力较好。这是因为白肌纤维无氧代谢能力较强,神经冲动的传导速度在白肌纤维中表现得比在红肌纤维中快。

三、简单反应速度的训练

简单反应就是用早已熟悉的动作去回答早已熟悉的、但突然出现的信号,例如,起跑时对鸣枪的反应。

(一) 简单反应速度的训练原理

(1) 简单反应速度存在着转移的现象,即人对一些情况反应较快,那他对另一些情况也会有较快的反应,各种各样的动作速度练习都可逐步提高简单反应速度。不过这种转移是不可逆转的,即反应速度的练习并不影响动作速度。

(2) 简单反应速度的提高在很大程度上取决于运动员对信号做出回答性反应动作的熟练

程度。这是因为动作熟练后,一旦信号出现,中枢神经无需再花费较多时间去沟通与运动器官之间的反射联系。

(3)简单动作反应与心理训练因素有关,与运动员集中注意力的能力、辨别信号的能力、准确辨别细微时间间隙的感觉能力有关。训练中对运动员的这些能力都应进行训练,一方面从直接的身体训练中采用有效的手段,另一方面可把身体训练与心理训练结合起来。

一般来说,视觉—动作反应的时间,非运动员平均为0.25 s(0.2～0.35 s之间),而运动员较短,为0.15～0.2 s,部分运动员可达到0.1～0.12 s。听觉—动作反应时间较短,非运动员平均为0.17～0.27 s,多年训练的运动员大约为0.10～0.15 s,国际上优秀短跑运动员可达到0.05～0.07 s。如果说,运动员未进行过简单动作反应速度的专门训练,那么对他们进行一般性的速度练习,如采用各种各样的游戏和球类活动,就可以发展简单动作反应速度,而且可达到良好的效果。

(二)在运动实践中,决定简单反应速度表现好坏的因素

在运动实践中,简单反应速度表现的好坏取决于下列因素:中枢神经系统的兴奋程度、集中注意力的能力、肌组织的准备状态、学习和掌握技术的能力、对特定反应和一般反应的区别能力、遗传因素(如肌肉组织中自肌纤维的比例)等。如果要把专项的简单动作反应速度提高到一定程度,就必须针对上述因素采用相应的、专门的方法和手段。

(三)常用的培养简单动作反应速度的方法

1. 完整练习法

完整练习法即让运动员用早已掌握的完整的各种简单的动作或复杂的动作(或组合),尽可能快地对突然出现的信号或突然改变的环境反复做出反应。如反复完成蹲踞式起跑,根据教练员发出的信号改变动作方向,对对方的各种动作做出预定的反应动作等。这种训练对刚参加专项训练的人来说效果是明显的。再往后,如仍用这种方法来巩固和提高反应速度就较困难。

2. 分解法

由于简单动作反应是通过具体的、有目的的运动动作及其组合来实现的,因此,可发挥分解法充分利用动作速度向简单动作反应速度转移的效果。分解法就是分解回答性动作,使之处于较容易完成的条件下,通过动作的分解来提高局部动作的完成速度,从而提高反应速度。例如,田径运动员采用蹲踞式低姿起跑的反应时间较长的原因主要是因为运动员的手臂支撑着较大的重量,要较快地离开支撑点是困难的。因此,可用分解法将其分为两步进行,先单独练习对起跑信号的反应速度(如用高姿起跑或手扶其他物体),而后不用起跑信号单独练习第一个动作的速度。这样做最终可取得良好的效果。

3. 变换法

让运动员在变化的情况下去完成练习,即根据动作的强度和具有时间变化的信号刺激,明显改变练习的形式和环境来提高简单动作反应速度。应用变换法还可在接近比赛的条件下,

结合采用专门的心理训练来做发展简单动作反应速度的练习。这样可使运动员逐渐适应多变的环境，消除妨碍实现简单动作反应的多余紧张，避免兴奋的不必要扩散。

4. 运动感觉法

运动感觉法是心理训练与身体训练相结合的一种方法。练习分三个阶段：第一阶段，运动员用最快的速度对信号做出反应，如做 5 m 的起跑，每次练习后从教练员那儿获得该次反应练习的实际时间；第二阶段，运动员自我判断反应时间，并立刻与教练员的实测时间进行判别比较；第三阶段，当这些刺激比较能在大多数情况下吻合时，运动员就能准确确定反应时间的变化，按所要求的速度去完成练习，逐步自由地掌握反应速度，使反应速度得到提高。这种方法的基础是基于这样的一个原理：辨别时间差的能力越强，越精细，如达到 0.1 s，那么运动员就可把这种准确差的感觉转移到反应速度上来。

提高简单反应速度的方法还有许多，如培养运动员把注意力放在将要进行的动作上，比运动员把注意点集中在信号上的反应速度要快一些。又如，由于反应动作的完成与动作开始前肌肉的紧张程度有关，肌肉紧张反应速度就快，因此更要做好完成动作的准备。如让运动员起跑前把脚贴紧起起跑器，使小腿肌肉预先紧张起来，做好完成动作的准备。

四、怎样提高复杂反应的速度

（一）复杂反应的含义

复杂动作反应是指对瞬间的变化做出相应动作的回答。在那些突然变换动作情况的项目中，如球类项目、一对一的对抗项目，对复杂动作反应速度有极高的要求。

复杂动作反应在运动中大部分属于“选择”反应。选择反应包含有两种反应：一种是对移动目标的反应，对移动目标的反应过程，主要是指对“运动客体”的变化做出反应；另一种是选择动作的反应，这主要是指根据对手动作变化做出相应动作的反应。

严格来说，复杂动作反应的训练应属于专项训练的范畴，属于运动技术和战术训练的组成部分。特别是在球类运动和一对一对抗项目里，由于复杂动作反应具有这种特点，因此，复杂动作反应就有很强的“专项”性。因此，复杂动作反应的提高，最主要、最有效的方法就是要在训练中模拟整个比赛的情况，以及有系统地参加比赛。由于对方所产生的变化只有在比赛中才能充分地显露出来，而自己所选择的反应动作是否有效也只有在比赛中才能得到检验，所以比赛法是提高复杂动作反应的主要方法。

（二）培养复杂反应常用的和其他专门性手段、方法

（1）对移动目标产生反应并做出选择，一般要经历四个阶段。一是如对球类运动中的“运动客体”——球的反应，首先要看见球；二是判断球的速度和方向；三是选择自己动作的方案；四是实现这个方案。这四个阶段组成了反射的潜伏期。这四个阶段整个过程时间一般为 0.25～1 s。实践证明，前两个阶段的时间大约要耗费整个反应时间的一半以上。而这个时间的主要部分又都用在第一阶段，用于第二个阶段的时间不多，约为 0.05 s。因而在培养运动员

对运动客体的反应速度时,特别要注意缩短反应开始的这两个阶段的时间,可采用两个主要方法:

① 培养在视野中预先"观察到"和"盯住"客体以及预计客体可能移动的方向的本领,即要加强"预料"能力的培养。这种本领要在技术和战术动作的提高过程中以及通过专项训练练习来培养。

② 在练习中有意识地引入、增加外部刺激因素。如可以在专项训练练习时增加球的数量,采用多球的游戏法;缩小练习的场地;安排一对二的训练练习等。还可采用带有程序设计装置的练习器和其他专门设备,如乒乓球、排球的多球训练。

选择反应来自于实用心理学,它取决于"必择其一"的背景所含的数量。如果在一对一项目中,运动员已判断出对手只能用一种方式进攻,那么选择反击的方式的不准确性将非常小。如预测对手发生一定的困难,相应时间增加,选择回击的不准确性也就会增大。

考虑到这些,在培养选择反应速度时,首先要努力教会运动员巧妙地利用对手可能做出动作的"潜伏信息"。这种潜伏信息可从观察对手的姿态、面部表情、准备动作、总体的风度等得来。实践证明,一旦能准确意识到对手可能采用的进攻方式,就可能准确地选择相应的回答动作来缩短反应时间。

(2) 为了提高选择反应时间,可以在专项训练练习中使需要选择的情况更复杂化。例如,让训练的同伴提供更多的需要做出反应的动作,并尽可能地使运动员掌握可供选择的、回答性动作的数量。要达到这一点,必须在提高复杂动作反应速度的同时,提高运动技术,增加掌握技术动作的总量,培养良好的协调能力,增加战术方案。另外,可以设计专门的练习装置和器材,如拳击、击剑的电子靶。

五、动作速度的训练

动作速度训练的主要方法有重复法、比赛法和游戏法。

(一) 规定最高速度指标和变化练习程序的重复法

运用这种方法时要使运动员能在练习时最大限度地表现出动作速度,并能在专门化的条件下,通过练习程序的变换促使各种速度之间产生最大可能的转移,减少技术动作定型对速度提高的影响。练习程序的变换可采用下述一些措施:

(1) 降低速度练习的外部条件,利用辅助的、能使动作产生加速度的力量。在负重练习中,减少重量的多少能在普通的条件下促使动作速度不断提高,因为在同一练习中,如动作结构相同,速度转移是良好的。在克服自身体重的练习中,可采用助力来减轻运动员的体重。如在体操等项目中可由教练员、同伴使用保护带进行直接的体力上的帮助。在周期性项目的练习中,可采用专门的设备给予运动员向上的牵引力(如高架的牵引输送装置)。可限制自然环境的阻力,如自行车项目可由摩托车带着挡板领骑、顺风跑、顺水游泳、在海水池中游泳等。还可以利用帮助运动员把自身动作惯性转移到速度上去的外部条件,如下坡跑、下坡骑自行车等。也可在移动中引入可控制大小的外部力量，如牵引跑就可给运动员身体重量提供附加加速度。

(2) 利用动作加速后的后效作用以及器械重量变化后的后效作用。实践和实验证明，在完成上一次动作的影响下或在上一次类似重量的负重动作影响下，可以使动作速度暂时得到提高，例如，在跳高前先负重跳，在推标准重量的铅球前先用加重的铅球推等。这是由于在第一次动作完成后，神经中枢剩余的兴奋在随后的动作过程中依然保持着运动指令，从而可以大大缩短动作进行的时间，提高加速度和工作的力量。但这种后效作用的产生取决于负重重量的大小和随后减轻的情况，练习重量的数量和采用标准的、加重的、减轻的重量的练习交换的次序。又如，用增加重量的铅球练习后，再用标准重量的铅球推的次数，两者合理的比例大致为 1∶3～1∶2。而在用标准重量铅球练习后，再推减轻重量的铅球的次数，两者为 1∶1。在同一次课内，把加重、标准、减轻重量的速度练习组合在一起时，正确的安排顺序为加重—标准—减轻。在短跑训练中，应该是上坡跑—水平跑道跑—下坡跑。这种由重到轻的安排趋向是由后效作用所决定的。

(3) 采用领跑和声响、灯光信号发出速度感觉指令。领跑的方法主要是努力建立达到必要动作速度的实物方向标，同时可以努力减少动作速度的障碍(空气的迎面阻力)。利用声响、灯光信号发出速度感觉指令可以提供必要的动作节奏或控制动作速度的变化。

(4) 利用“疾跑”效果，把加速阶段引入主要动作练习。大多数速度练习都包含有从静止到最大速度的“疾跑”阶段，如在短跑练习开始时的加速度，田径跳跃项目、技巧和体操支撑跳跃中的助跑，投掷中的预备动作等。“疾跑”是在练习的主要阶段提高速度的最重要前提。因此，在一定的情况下要采用合理的辅助加速动作，并把它引入练习的最后阶段。例如，推铅球最后出手前附加转体；在体操支撑跳跃中，采用起跳后触悬挂物体来增加蹬地的动作加速度。

(5) 缩小练习完成的空间、时间界限。运动活动中速度表现的平均水平主要是受专项活动持续时间的影响，因此在培养动作速度的过程中，可以限制练习的总时间及练习完成的空间条件，使动作能以最大速度完成，从而提高训练效果。例如，在周期性项目练习中，可以缩短练习距离，只安排近似于比赛距离的练习。在球类和一对一对抗的项目中，限制活动的时间、场地，从而使运动员能加速移动。

(二) 比赛法

比赛法是进行速度训练经常使用的方法。苏联速度类项目的高级运动员一年的正式比赛达 100～200 次以上。由于速度练习时间短，经常使用比赛法是可能的。由于经常比赛训练，就使动员有机体表现出最大速度的可能性增加。

(三) 游戏法

游戏法与比赛法的作用一样，可以激发运动员高涨的情绪。同时，由于在游戏过程中能引起各种动作变化，还可以防止因经常安排表现最大速度的练习而引起“速度障碍”的形成。

六、"速度障碍"预防与克服

"速度障碍"是指运动员在达到一定的速度水平后，长时间停滞不前，甚至不能再提高的现象。速度障碍在需要各种表现出速度的动作中都会有所表现，而不单单表现在跑的速度方面，还有跳高的起跳速度、投掷的出手速度等。

速度障碍的形成与速度的训练方法和手段本身的矛盾有关。提高某动作的速度需要反复练习，可多次重复又会导致形成动作的动力定型，使反映动作的各种指标比较稳定。这种稳定不但反映在动作的空间特征上，如动作幅度、方向等，而且也反映在时间特征上，使动作的速度和频率都产生较牢固的稳定状态，形成所谓的"速度障碍"，妨碍速度能力的进一步提高。

预防"速度障碍"，对不同训练水平的运动员应采用不同的做法。

对刚参加的训练者，预防"速度障碍"的主要做法是不急于搞过细的"速度"专项化训练，应该在若干年内先进行预备性的全面的身体训练。主要突出速度力量的训练，采用各种手段，如游戏、球类、跳跃等，以及用不同的形式进行练习，即使采用专门的速度练习也应在方式上进行多种变化，例如，100 m 跑达到 11 s 的成绩，既可以通过专门短跑训练来达到，也可以通过全面身体训练把重点放在速度力量的练习上来达到。虽然这两种训练手段达到的成绩是一样的，但用专门的短跑训练以最高速度进行反复练习的做法，会导致动作时间特征的稳定，形成"速度障碍"。与之相反，后一种情况就不会形成类似的动力定型。

高级运动员要预防"速度障碍"，应在一定阶段内减少其经常采用的速度练习，而增加速度力量练习及其他一般素质的练习和专项素质练习的分量。例如，把跳高运动员跳过横杆的练习数量限制在所有跳跃练习的 12%～15%范围内。其他的主要时间来练举重及各种形式的(不是平常采用的)跳跃练习。这样就可以防止形成跳高时蹬地速度的稳定。在短跑、投掷、举重中也同样可以进行类似变化的安排。

一旦形成了"速度障碍"就必须采用有目的的专门性手段来破坏并削弱它。

破坏"速度障碍"的主要办法是创造一定的补充条件来突破已经牢固形成的最高速度。如采用下坡跑、领跑、加速跑、牵引、投掷轻器械及轻重不同器械轮换交替训练等。但在采用这类手段时，不应过分地降低条件，而且要注意，在降低条件后达到的速度应是运动员在不久的将来又能在正常条件下达到的速度。否则，由于条件过分偏离专项的要求，专项必要的动作的空间特征也会受到破坏，从而导致以后恢复到正常训练的时间延长，产生不良后果。

削弱和破坏速度障碍的依据是动力定型的空间特征较时间特征稳定。如果一段时间内不做主要的速度练习，"速度障碍"可能消失，而动作技术的空间特征将保留下来。如果在这个时期内借助其他手段又提高了速度力量等素质，那么过一段时间则可能使成绩得到提高。例如，在一个试验中，较高级水平的跳高运动员停止了几个月专项练习，这样并没有对他的技术起副作用。在这段时间里主要发展他的速度力量素质。以后，当他重新进行跳高专项练习后，成绩得到了提高。

对待速度障碍应该防患于未然，在训练前期千万不能操之过急。把专项训练的比重、专项强度提高至不恰当的高度是不足取的做法。争取运动员立竿见影式的提高，而忽略运动员的长远前景是不对的。

七、在一堂训练课中和一周中速度训练的安排

要取得速度素质训练的良好效果，训练课中速度练习的位置及训练课在一周中的位置是很重要的。

通常，在一堂训练课中，速度练习的量相对于其他练习来讲是不可能很大的，即使是从事速度性项目的运动员也是这样。其原因主要是：

① 速度练习具有极限的强度，并伴有很大的心理紧张。

② 由于练习后身体产生疲劳，不光练习总强度降低，而且动作的结构和动力学特征，特别是组成专项动作的某部位的动作速度会下降，动作技术特征受破坏必然要影响训练效果。所以高强度的速度练习在训练课中总量总是较少的。

速度训练练习在课中的安排应考虑安排的时机能保证速度训练练习取得良好的效果。要保证速度练习取得良好效果，必须具备两个必要的条件：

① 中枢神经系统有相当高度的兴奋性，只有中枢神经系统有了高度的兴奋状态，才能使兴奋与抑制有良好的转换过程；

② 有机体磷酸肌酸能源物质有充足的供应。

从这两点考虑，速度练习一般都应当安排在课基本部分的前半部分。

课中练习之间间歇时间的控制也应从上述两个基本条件考虑，既要使练习后神经系统的兴奋性不至于产生本质上的降低，又要使能量物质基本得到恢复。一般来说，次间间歇可安排2～3 min，组间间歇安排7～10 min，每组练习4次左右。距离短(工作时间短)、强度要求高的练习放在前面；距离较长，强度次之的练习放在后面。速度训练练习的持续时间最长不宜超过22 s。

一周中，训练速度的课宜安排在休息天后的第一天，以及有氧性质负荷课的后一天。不宜安排在速度耐力课后面。具体安排及原因可参看小周期构成的有关问题。

第六节　耐力及其训练

一、耐力素质的含义及分类

所谓耐力素质是指运动员克服疲劳的能力。20世纪80年代初，国际运动医学联合会对“疲劳”做出下述定义，即“不能维持预定的工作强度”则称为“疲劳”。从这一定义出发理解“疲劳”，应当认识到，以任何一种强度进行工作都必然会产生疲劳。也就是说，不仅在低强度、长

时间的工作时存在着疲劳,而且在高强度、短时间的工作时,同样也存在着疲劳。运动员无论进行何种强度的工作,在工作进行中都可能会出现不能再坚持该种强度的时候,或因各种因素的相互不协调而产生强度波动的状态。实际上,这种不协调本身就是由某些因素疲劳而产生的反应。因此,相对于任何一种工作强度来说,都存在着耐力的问题。根据工作特征的不同,疲劳可分为智力上的疲劳、感觉方面的疲劳、感情上的疲劳及体力上的疲劳。在运动训练过程中较有意义的是由肌肉活动引起的体力上的疲劳。这里的耐力素质主要是指克服运动活动过程中体力上疲劳的能力。

从上述论述可见,通常人们把耐力只是理解为长时间工作中才有的机能状态变化,这种理解是局限和片面的。如果只从长时间工作的需要考虑耐力的训练,就会忽略高强度工作状态时必要能力的训练工作。高强度工作中的耐力是达到这类项目高水平成绩必不可少的重要因素之一。

在运动实践中,往往要对耐力素质进行分类,以便在训练中有针对性地安排训练内容。

从运动员运动时能量供应系统角度分,可把耐力分为无氧耐力与有氧耐力。从运动训练的角度分,可分为一般耐力与专项耐力。这两种分类,在实践中都是经常用到的,但是绝不能就把一般耐力等同于有氧耐力。

实践中体力上的耐力可区分为无氧耐力和有氧耐力。无氧耐力又可分为磷酸肌酸供能体系的耐力和乳酸能供能体系的耐力。这是从能量供应体系的工作能力状况来划分的耐力类型。如果把耐力仅仅看做是在长时间工作中才起作用的观点是错误的。其实,凡有疲劳产生的情况,就有耐力问题。从供能情况看,百米跑就存在提高耐力的问题。百米跑可分成四个阶段,第一是反应阶段,第二是加速阶段,第三是最大速度的保持阶段,第四是减速阶段。第四阶段就属于磷酸能消耗殆尽,产生乳酸性无氧供能的状况。如何提高磷酸能供能储备就成为百米跑的耐力问题。

实践中从专项角度考虑也可分为一般耐力和专项耐力。在任何一个项目中,耐力都是一个多因素的能力,因此,运动员的一般耐力是相对于专项而言的,是运动员有机体各种机能特征的综合。这里指的“各种机能特征”,并不是指对某一专门活动所特需的部分。一般来说,它具有下列特点:

① 工作持续时间长;

② 工作不间断;

③ 强度相对不大;

④ 大肌肉群参加工作;

⑤ 心血管体系能给予较良好的保证。

在实践中不能把一般耐力简单地与有氧耐力等同起来,只有把它看做是一种专项耐力的基础且有多方面的表现才对。专项耐力是指在专项负荷的条件下,为了专项成绩而最大限度动员有机体机能能力,用以抵抗疲劳的能力。

二、影响耐力素质的因素

耐力与运动员其他方面的素质有最紧密的联系，它是一个多因素的能力。影响它的因素除先天性的身体组织结构，如红白肌纤维的组成比例和神经特征外，还有如下因素：

（一）运动员的个性心理特征

运动员的运动动机和兴趣、对面临的运动活动的心理稳定性、努力程度、刚毅性、自持力以及其他的意志品质都直接影响到耐力。

（二）有机体活动时能量交换和获得的机能能力

有机体活动时能量供应以及保证能量交换和获得能量这一体系的机能能力（其中包含对运动员有机体各种能量储备，能量交换过程的动员和进行等）对耐力素质也有很大影响。

（三）有机体机能的稳定性

有机体机能稳定性可以使有机体各个系统在疲劳发展及内环境产生变化时，机能积极性仍然保持在必要的水平上。

（四）有机体的机能节省化，协调的完善，力量合理的分配

机能节省化主要反映在随着训练水平的增长，在一个单位工作时间中能量消耗的减少；协调的完善可以减少不必要的能量消耗；力量合理的分配则可提高能量的利用程度和效率。这些都直接决定了有机体能量储备的利用率。

现今，上述因素中的许多指标不仅在质量上，而且在数量上都已能标志出来，并能够对它们在各种项目所需耐力中的"比重"做出一定的评价。例如，可用有机体无氧和有氧能力的许多指标来判别能量供应的组成及其机能特征，如工作时的最大需氧量、达最大需氧量时的极限时间、无氧阈、在工作进行时血乳酸的浓度等。

三、专项耐力的含义

（一）专项耐力的确定可用下述几种指标

（1）用通过比赛距离的最短时间与各段距离的速度相比。绝大多数周期性项目都可采用这类指标来评定专项能力。具体做法可有两种评定的指标。

① "速度储备"指标。用全程成绩求出某一段落的平均时间，与单独通过这一段落距离的最好成绩之间的差数。例如，运动员跑 800 m，成绩为 2 分 10 秒，则他跑 800 m 时每 100 m 的平均时间为 16 秒 25（2 分 10 秒÷8）。如他单独跑 100 m 的成绩为 12 秒 5，那么他的"速度储备"就是 16 秒 25－12 秒 5＝3 秒 75。

② "耐力指数"指标。用全程成绩减去单独通过某一段落的最好成绩与段落数的乘积。例如，运动员 800 m 成绩为 2 分 10 秒，100 m 最好成绩为 12 秒 5，则耐力指数为 2 分 10 秒－（12 秒 5×8）＝2 分 10 秒－1 分 40 秒＝30 秒。

这类指标适宜于运动员个人的专项耐力评定，不适合于人与人之间的比较，属相对指标。

因为可能人与人之间虽然成绩不一样,但各人的速度也不同,可能速度储备等指标会一致。

(2) 在比赛过程中保持或提高合理的运动积极性的程度,这类指标有:

① 在比赛负荷量增加或完成预定的量时,速度的保持程度。例如,在计时跑中,速度保持得好,完成的距离就更长。

② 在标准比赛负荷量的条件下,用力强度增长的指标。如举重项目中,后面试举时所举重量的增长指标、田径投掷和跳跃项目中远度增长的指标等。

③ 在比赛过程中有效比赛动作数量的保持和增加。如在动作没有限量的项目(球类、一对一对抗项目)中动作的数量。

(3) 比赛中动作技术的稳定性。这种指标在技术复杂的运动项目中特殊重要,如竞技体操、跳水、花样滑冰等项目。

专项耐力还可以用完成专项训练练习负荷总量的指标进行判别。如田径、游泳、划船训练距离的公里数,举重运动员练习的试举次数及负重总量,体操运动员的重复练习总次数等。

对专项耐力来说,只有在比赛时或与比赛的条件极其相近时所表现出来的耐力才最具有判别的价值。在平时训练中,可以采用合理的专项模拟测验来检查专项耐力,但模拟测验也要尽可能接近于该专项比赛的条件。例如,测定10 000 m赛跑运动员的耐力指数,用100 m跑的速度来衡量是不科学的,而用1 000 m或更长距离的速度来作为衡量指标才较客观。

专项耐力训练要从比赛和训练两方面考虑。要使运动员在专项训练中承担比比赛更大的专项量和强度,并使身体训练、技术训练和其他各部分训练内容的负荷总量从一个训练阶段到另一个阶段有规律的增长。

(二) 专项耐力训练的任务

只有通过专项耐力训练,建立专项耐力储备,才可能在比赛中充分发挥比赛时所需的专项耐力。因此,专项耐力训练的任务在于:

① 充分利用专项运动负荷的增长来发展专项耐力,建立必要的专项耐力储备。

② 建立稳定的比赛能力。

这两个任务的关系是,前者为后者服务,后者又是前者考虑的着眼点,是训练的最终目标。

四、不同的运动项目的专项耐力特点

由于运动项目的不同,其专项耐力表现具有不同的特点。

(一) 长距离、超长距离的耐力特点

长距离、超长距离项目(如马拉松跑、竞走、30～50 km的滑雪,100 km以上的自行车等)的耐力在相当大的程度上是由运动员的有氧能力所决定的。他们的成绩与运动员有机体的最大需氧量水平以及其他有氧代谢指标有关。这类项目的耐力较之其他类项目的耐力更取决于机能节省化的程度和合理分配体力的能力。从心理角度分析,这类耐力的特点是需要最长时间的、稳定的、连续的意志紧张。

对那些中等距离的项目和比赛强度又区别于那些次极限强度项目(如 200～400 m 游泳、1 km划船等)的其他项目来说,一个重要的特点是,比赛时它们的无氧过程比重(主要是糖酵解过程)可能超过有氧过程或与之相近。这类项目的耐力与运动员的速度、力量能力的联系更紧密。但速度、力量的绝对指标并不能保障这类项目的专项耐力和运动成绩的提高。只有针对这类项目耐力的生理特点做专项性的耐力训练才能取得成效。

(二) 短距离类项目(田径的短跑、短距离自行车赛及其他类似项目)的耐力特点

这类项目耐力的特点首先是要有达到动员最大工作强度的能力,以及力争能在最短时间内保持这种最大工作强度通过比赛距离。这类项目的耐力取决于无氧过程(包括两个阶段——非乳酸供能和糖酵解过程)对能量转化、利用能力的可能程度和效率。这类项目在练习过程中要求意志高度集中,神经系统状态稳定,并在复杂条件下控制动作协调,保证相应神经冲动的能力。而且在练习中会产生有机体与之相联系的其他变化,在恢复时期内对植物性系统也有相当高的要求。

在周期性的这类项目的比赛中,它们的耐力有相似之处,但完全相似是没有的。无论是周期性的这类项目,还是其他的类似项目,对耐力都有专项的要求。例如,在举重、拳击、摔跤等项目中,其耐力具有"力量性"的特点。此类项目,一般来说克服的重量越重,对运动员的力量要求就越大,因而耐力的发展与个人的力量能力的关系就越密切。但此类项目的专项耐力又不能仅仅归结为力量能力,它还包括在比赛中心理紧张时保持用力的能力和使用力强度不断增长的能力。因为比赛时情绪紧张和疲劳同时并存,负荷总量很大,而且技术还不能出现错误,这就要靠耐力来保证。

(三) 球类项目耐力的特点

球类项目中的耐力亦可称之为"比赛耐力"。这类项目的耐力是由下述因素决定的。比赛时动作没有统一的标准,并且动作的方式和数量是广泛的,是无法预先估计的;也不可能事先准确地确定比赛时所要承担的负荷,甚至比赛总的时间也不能预先准确地确定。所以这类项目需要有相当大的耐力储备。这类项目一方面由于带有大量极限强度的动作(如加速移动、进攻、打击等),对无氧供能体系提出了相当高的要求;另一方面,由于积极的动作与相应的间歇进行交替,并且总负荷量很大,从而对有氧供能体系又有很高的要求(如高水平冰球运动员比赛时需氧量平均水平接近个人最大需氧量的 90%,其波动范围可从 75%～100%)。

(四) 全能项目的耐力特点

全能项目的耐力与全能所包括的项目的负荷和各项目相互之间的影响有关,它们又都与个别项目的成绩有关,都可能使个别项目成绩的取得产生一定的困难。因此,全能项目中各个项目取得高水平成绩越困难,则全能项目耐力的培养就将具有更大的意义。

五、一般耐力训练的任务

一般耐力训练的任务是要在一般身体训练的过程中有计划地对影响耐力的各个因素进行

训练,扩大有机体进行一般工作的机能能力,建立提高专项负荷的条件,并利用素质转移的效果为发展专项耐力打下基础。

一般耐力训练要与提高心血管、呼吸系统机能紧密联系。适宜强度而又能长时间连续工作的能力通常就是“有氧耐力的表现”。它与氧的吸入、输送、利用等有关。对一般耐力来说,有氧耐力的培养的任务有两个:一是建立提高运动负荷的前提条件;二是产生耐力向专项练习转移的效果。人体的有氧能力是无氧能力的基础,高度无氧能力应建立在高度发展的有氧过程基础上。因为高度的有氧能力不仅有助于更有效地进行氧化过程,最快地消除无氧过程中积累的乳酸,而且还能最有效地提高肌肉中糖原的贮藏量。而肌糖原贮藏量又与无氧能力直接有关。因此,即使是以练速度耐力为主的中距离跑运动员,虽然这项运动所负的氧债绝对值最大,也应该在发展有氧能力的基础上再过渡到无氧训练。当然在具体安排中需要采用合适的比例。

对专项成绩在很大程度上取决于运动员的有氧耐力的项目来说,有氧耐力的训练已属于专项耐力的训练,更需要大力发展。相反,无氧耐力在此时亦作为它们一般耐力的一个相对重要的内容。无氧耐力的提高促使有氧耐力的提高。另一方面,对有氧耐力起主要作用的项目来说,它们在比赛过程中并非仅有单一的供能体系在工作,依然会有相当成分的无氧过程,所以对无氧耐力虽然不做主要训练,但从提高运动负荷强度来说也应进行必要的训练。

在进行一般耐力训练时,应当充分考虑到专项中各种影响耐力的因素的比例、运动员的实际训练水平、不同阶段内负荷的内容和量等。

六、耐力训练的主要手段及基本要求

(一)耐力训练的主要手段

(1)各种形式的长时间跑,如持续跑、变速跑、变换训练环境的越野跑、法特莱克跑、间歇跑。

(2)除跑以外的长时间活动及其他周期性运动,如游泳、滑冰、自行车、划船等。

(3)长时间重复做某一非周期性运动,如篮球训练中经常做的各种不规则滑动、跑的练习,排球训练中经常做的滚动救球练习等。

(4)多种长时间游戏及循环练习等。

(二)耐力训练的基本要求

(1)耐力训练应循序渐进。耐力训练应以一定的训练时间、距离和数量为起点,逐步加长时间和距离,再提高到接近“极限负荷”。

(2)耐力训练应注意呼吸。呼吸能力对耐力训练十分重要,呼吸的作用在于摄取发展耐力的必要氧气。机体摄取氧气是通过提高呼吸频率和加深呼吸深度实现的。在训练中应培养运动员加深呼吸深度供氧的能力,并注意培养运动员用鼻呼吸的能力。同时还应加强呼吸节奏与动作节奏协调一致的训练。呼吸节奏紊乱必定会导致节奏的破坏,使能量物质的消耗增加,不利于耐力水平的提高。

(3) 无氧耐力训练应以有氧耐力为基础。无氧耐力的发展是建立在有氧耐力提高的基础上。这是因为通过有氧耐力训练,运动员心腔增大,每搏输出量提高,从而为无氧耐力的发展打下了坚实的基础。如一开始便是无氧耐力训练,那么心肌壁就会增厚,这样虽然心脏收缩能力强而有力,然而每搏输出量难以提高,从而影响到全身血液的供给,对今后发展不利。所以,在发展无氧耐力之前或同时,应进行有氧耐力训练。在具体训练过程中,则应根据各方面的情况对两者的比例进行科学合理的安排。

(4) 要加强意志品质培养。耐力训练不仅是身体方面的训练,也是意志品质的培养过程。因此,在耐力训练中除了应注意提高运动员的练习兴趣外,还应注意培养艰苦耐劳、坚韧不拔的意志品质。

(5) 对运动技术应严格要求,并适当控制体重。发展耐力素质应对技术提出严格要求,并对运动员体重进行适当控制。脂肪过多会增大肌肉内阻力,摄氧量的相对值也会因体重的增加而下降。体重过重,消耗的能量也必然增加,这都会影响耐力素质的发展。

(6) 应兼顾女子生理特点。女子体脂约为体重的20%～25%,男子约为10%～14%。脂肪不仅具有填充和固定内脏器官的作用,而且可以储备能量并在必要时供运动消耗。女子的皮下肌肉和一些内脏器官中的脂肪含量较多,并且具有动用体内储存脂肪作为能源的能力,因而进行长距离游泳和长跑等耐力项目的能力很强。由于女子机体能有效地利用储存的脂肪作为运动的能源,故有利于从事较长距离的耐力训练。应当注意的是,女子运动员在月经期间不宜从事大强度、长时间的耐力训练,应避免剧烈运动及其他外部刺激。当然,适量的运动还是必要的。

第七节　柔韧素质及其训练

一、柔韧素质的含义及分类

从外部看,柔韧素质通常表现为人体各个不同构造的关节所许可的屈伸动作及其动作的活动范围。它与运动员的力量能力、速度能力和其他运动能力不同,柔韧素质不属于动作的原动性因素,只是属于支撑运动器官的形态功能特性,它决定着运动器官各个环节相互之间的活动程度。不同的项目对柔韧素质有不同的要求,它在运动活动中有着相当重要的意义。

青少年时期是柔韧素质发展的最佳时期,尤其是在低学龄段内,在有针对性的训练作用下,这一素质的发展速度及效果较其他时间要快和好得多。

柔韧性发展的潜在可能受各个关节和韧带装置的解剖特点所限制。动作的实际幅度首先要受到对抗肌紧张度的限制。因此,柔韧性的指标取决于被拉长肌群的放松及对应于动作的肌群的紧张,取决于两者之间能否协调结合的能力。但是发展柔韧性不能仅归结于改善肌肉间的协调性上，还需要包括在改善肌肉和韧带的可塑性基础上，所产生的一系列特殊的形态功能变化。多年进行柔韧性训练，就可发现骨联结的表面产生了改变。

柔韧素质可以分为一般性柔韧和专门性柔韧两种。一般性柔韧通常指运动员在进行一般训练时，为适应和保证一般训练顺利进行所需要的柔韧素质。例如，球类运动员在速度练习时，为加大步幅所需要的腿部柔韧性；田径运动员负杠铃进行深蹲练习时，所需要的大腿后群肌肉表现出来的柔韧性等。专门性柔韧即是专项运动技术所特需的柔韧性。例如，体操运动员为完成各种器械练习时所需要的肩、髋、腰、腿等部位大幅度的活动，游泳运动员在比赛中所需要的肩、腰的大幅度活动等。专门性柔韧是建立在一般性柔韧基础上的。一般来说，由于柔韧素质极少有选择性，因此，同一身体部位所具备的柔韧性在各种不同的运动项目中都可以表现出来，只是幅度大小不同而已。

二、影响柔韧素质的因素

影响柔韧素质的因素有很多，有有机体本身解剖特征的因素、神经活动过程特点的因素、心理因素及身体状况等。大致有以下几个方面：

(一) 肌肉、韧带组织的弹性

肌肉、韧带组织的弹性是影响柔韧素质的最主要因素。遗传对它们有着一定的影响，但也取决于男女性别、年龄特征及中枢神经系统的兴奋性。在中枢神经系统的影响下，肌肉的弹性会产生显著的变化，如比赛中情绪高涨，柔韧性会有很大程度的提高。

(二) 关节的骨结构

关节的骨结构是影响柔韧性诸因素中最不易改变的因素，基本上完全由遗传所决定。虽然训练可以使骨结构产生部分的变化，但也仅表现在关节内软骨形态的变化方面。而且这种变化只能局限在关节骨结构许可的范围内。

(三) 关节周围组织的体积大小

关节周围组织体积的大小对关节活动起着限制作用。它一方面受先天遗传的影响，另一方面也受后天训练的影响。往往由于这些关节周围组织体积的增大而影响柔韧素质的发展，如有些肌肉体积增大就影响其周围关节的活动幅度。

(四) 神经活动过程特点

神经活动表现为兴奋与抑制的转换。这一转换过程的灵活性与运动活动中肌肉的基本张力有着密切的关系，特别表现在中枢神经系统调节对抗肌之间的协调，以及对肌肉紧张和放松的调节。由于神经活动过程分化抑制的发展程度对运动员随意放松能力起重要的作用，因此与柔韧素质有着密切的关系。神经系统能很好地改善对抗肌之间的对抗程序，这将使肌肉放松与紧张的调节能力得到提高，使柔韧性得到良好的表现。

(五) 心理紧张度

运动员表现出来的心理变化可以通过中枢神经系统、体液调节等影响到有机体各部位的工作状况。心理紧张度过强、过长会使神经过程由兴奋转为抑制，严重影响各部位的协调能力，从而影响柔韧性；反之，如心理紧张度适度，则有助于柔韧性的表现。

（六）外部环境的温度和表现柔韧性的时间

18 ℃以上的外界温度是表现柔韧性的最适宜温度，18℃以下则对柔韧性的表现不利。在一天的不同时间内，运动员的柔韧性也不相同。虽然这与一天内外界温度的变化有关，但更重要的是一天内有机体的机能状态存在着一定的变化。例如，刚睡醒时柔韧性较差，早晨明显下降，中午比早晨好。

许多人以为早晨人的柔韧性好，其实是一种误解。利用早晨进行柔韧性练习主要是因为肌肉内的张力通过一夜睡眠已得到调节，多余的肌紧张已得到消除，肌肉处于松弛状态，韧带易于拉开。

（七）主动柔韧性与肌肉的力量有关

有机体某部位的力量大，有助于增大这个部位的活动幅度，显而易见，这个部位的主动柔韧性就必然好。但是力量训练将使这部位周围的肌肉组织、韧带等软组织体积增大，那也将影响到关节的灵活程度。因此，在练习时可采用力量练习和柔韧性练习合理结合的方法，克服因力量训练带来的不良影响，从而使这两种素质的发展都达到很高的水平。

（八）有机体疲劳的程度

在有机体疲劳的情况下，柔韧性会产生很大的变化，这时主动柔韧性指标下降，而被动柔韧性指标则会提高。

在运动活动的实践中，准备活动做得充分与否、训练时间的长短等非本质性因素对柔韧性也有相当明显的影响。

三、发展柔韧素质的训练手段

发展柔韧素质的训练手段与方法很多，我国的武术、杂技、戏曲等在培养演员过程中就有许多行之有效的传统训练手段与方法，如搁腿、耗腿、弯腰、一字步等。发展柔韧素质的各种手段与方法分为两大类：主动性练习与被动性练习（如图 3－2 所示）。在这两种方法中又都包含有动力性练习和静力性练习。主动性练习即通过与某关节有关联的肌肉的收缩，增大关节的灵活性。被动性练习即是指主要依靠有机体某部位自身的重力或肌力作用促使关节灵活性增强。发展柔韧性的练习主要运用加大动作幅度，拉长肌肉、韧带的原理。

主动动力性柔韧练习可根据其完成动作的特点分为单一的和多次的（如两次重复和多次重复的体前屈）练习形式、摆动的和固定的（如固定支撑点的拉肩）练习形式、负重和不负重的练习形式等。

主动的静力性柔韧练习就是利用自身的重力或肌肉力量，在关节或动作处于最大幅度的情况下，保持静止姿势，尽量拉长肌肉或韧带的练习形式，如把杆拉腿、体前屈后静止保持不动等。

被动动力性柔韧练习是指依靠教练员、同伴的帮助,逐渐地加大有机体某一部位的幅度。被动的静力性练习即由外力来保持固定的姿势,如依靠同伴的力量保持体前屈的最大幅度。

被动性柔韧练习对于发展主动的柔韧性来说,其效果比主动性柔韧练习差一些,尤其是被动的静力柔韧练习更是这样。但它却可以达到更大的被动的柔韧性指标。而被动柔韧性的指标通常超过主动性柔韧性指标。这一差别越大,潜在的可伸展性就越大,这将使主动动作幅度扩大的可能性也越大。在训练过程中两者的内容安排应兼而有之,对于那些柔韧素质要求极高的运动项目,如体操等项目,被动性柔韧练习是不可缺少的。

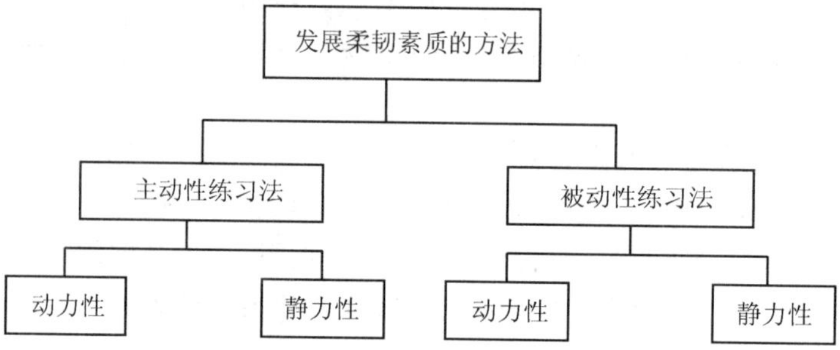

图 3-2　柔韧素质的练习方法

四、柔韧素质训练基本要求

(一)一般来说没有必要使柔韧性的发展水平达到最大限度

在运动中,虽然专项往往对柔韧性有较高的要求,但没有必要使柔韧水平达到最大限度,只要能保证顺利地完成必要的动作就可以了。当然要保证顺利地完成必要的动作必须有一定的"柔韧性储备",即所发展的柔韧性水平应该稍微超过完成动作时的最大限度。但是,超过关节的解剖结构限度的正常灵活性,也就是过分地发展柔韧会导致关节和韧带的变形,影响关节结构的牢固性。在某些部位,柔韧性的过分发展甚至会影响到运动员的体态。

(二)柔韧性的发展要兼顾有相互联系的部位

在有些动作中,柔韧性的表现不仅仅是在一个关节或一个身体部位,而是牵涉到几个相互有联系的部位。例如,体操中的"桥"就是由肩、脊柱、髋等部位的关节所决定的,因此就应该对这几个部位进行发展。如果其中某一部位稍差,可以通过其他部位的有效发展得到补偿。这样做也可以使运动员身体各部位得到协调发展。

(三)柔韧性练习要经常,并要持之以恒

柔韧性发展较快,但是停止训练后,肌肉、肌腱、韧带已获得的伸展能力消退也快,因此柔韧性的训练要经常。如果训练的任务仅是为了保持已达到的柔韧性水平,那么每天的练习可以少安排一些,有些练习可在课后进行,也可安排在训练课的准备活动、基本部分的结束阶段进行。还可以放在其他练习之间的间歇,特别是力量练习和速度练习之间的间歇时进行。这

样既可以调节其他练习对身体产生的影响，同时又由于身体各部位已活动充分而获得良好的柔韧性训练效果。

（四）随着柔韧性水平的提高，练习应逐步加大幅度，但不能急于求成

由于肌肉、韧带等的伸长不是一朝一夕就能达到的，所以应逐步提高要求。直接拉长肌肉时可能会出现疼痛现象，对此要进行具体分析，只能以原有水平作为衡量标准，不能盲目，急于求成。在同伴帮助下进行被动性练习时更应谨慎，以避免肌肉韧带拉伤。

（五）在柔韧性练习前应充分做好准备活动

肌肉伸展与肌肉的强度有关，通过准备活动提高肌肉的强度、降低肌肉内部的粘滞性有利于柔韧性的发展。

（六）柔韧性练习可结合发展其他素质的练习和协调性练习进行

素质的发展相互间有转移的现象，运动器官的生长发育也会影响各种素质之间的关系，因此柔韧性练习要与发展其他素质的练习、协调性练习结合在一起，使之相互促进，朝有利的方向发展。

（七）柔韧性要从小培养

我国武术界、杂技界在这方面有丰富的经验，从小发展的柔韧性，由于是在有机体自然生长发展的过程中实现的，因此能得到巩固和保持，不易消退。

（八）其他因素对柔韧性的影响

要注意外界温度对柔韧性的影响，以及一天中安排的时机和疲劳对柔韧性的影响，以取得柔韧性练习的最佳效果。

五、柔韧素质训练的常见方法介绍

柔韧素质训练的具体方法较多，但归纳起来不外乎两个方面的内容：一是专项运动所必需的柔韧素质练习；二是一般性柔韧素质练习。专项柔韧素质训练的具体方法在此不做具体的讨论。由于一般性柔韧素质训练的具体方法适用面广，并且是各专项柔韧素质发展的基础，为此，从人体各关节部位出发，以动力性和静力性柔韧素质发展方法为指导，提出几种一般性柔韧素质训练的具体方法：

（一）颈部柔韧性练习

① 静力性练习。可采用使头部尽可能的屈、伸、侧倒至最大限度，并维持一段时间的静止练习。

② 动力性练习。使头部在尽可能大的活动范围内做绕环运动，或练习者双手托下颌，做使头向左、右方向运动的练习。

（二）肩关节柔韧性练习

① 静力性练习。可采用压肩（正、反、侧三个面）、控肩、搬肩练习。

② 动力性练习。可采用握棍转肩，或借助橡皮条做拉肩、转肩及风火轮练习（通常称

轮臂)。

(三)肘关节柔韧性练习

① 静力性练习。可采用屈肘、反关节压肘至最大活动范围的一系列练习,并使之维持一段时间。

② 动力性练习。最常用的方法是做肘绕环运动,即固定肩关节的活动,并使上臂保持在一个水平面上,然后以肘关节为轴做绕环练习。

(四)腕关节柔韧性练习

① 静力性练习。可采用屈腕、伸腕至最大活动范围并维持一般时间的控腕练习。

② 动力性练习。可采用腕绕环运动、抖腕运动等手段。

(五)腰部柔韧性练习

① 静力性练习。主要方法有下腰、控腰两种。

② 动力性练习。可采用腰绕环、甩腰等练习方法。

(六)髋关节柔韧性练习

① 静力性练习。可采用耗腿、控腿,纵劈叉、横劈叉、抱腿前屈等练习。

② 动力性练习。可采用搬腿、踢腿(正、侧面以及外摆、里合四个方面)、盘腿压膝等练习。

(七)膝关节柔韧性练习

① 静力性练习。主要有压膝、屈膝两种练习。

② 动力性练习。可采用膝绕环、快速的蹲立练习等。

(八)踝关节柔韧性练习

常用的方法是坐踝、绷脚面、勾脚尖练习以及提踵练习等。

应当指出,发展柔韧素质必须坚持静力性练习同动力性练习相结合的原则,如果纯粹地采用静力性练习手段,其训练效果必定不佳。

第四章　不同竞技项目的体能训练

第一节　足球运动员的体能训练

一、足球运动的项目特征

足球运动令无数人为之兴奋和痴迷。足球场上，比赛双方你争我夺，以射门得分为目的。从中可以看到人性中积极、向上的一面。足球唤起人们喜悦与悲伤的极端情感，这使它最终成为世界上最普及、影响最深远的运动，从而赢得"世界第一运动"的美称。足球运动有如此大的魅力，不仅在于足球运动孕育着丰富的内涵，而且也与足球运动的特点有关。

(一) 整体性

足球比赛每队由 11 人上场参赛。场上的 11 人思想统一，行动一致，攻则全动，守则全防，整体参战的意识要强。

(二) 对抗性

足球运动是一项竞争激烈的对抗性项目，比赛中双方为争夺控制权，达到将球攻进对方球门，而又不让球进入本方球门的目的，展开短兵相接的争斗，尤其是在两个罚球区附近时间、空间的争夺更是异常凶猛，扣人心弦。一场高水平的比赛，双方因争夺和冲撞倒地次数多达 200 次以上，可见对抗之激烈。

(三) 多变性

足球运动是一项技术上多彩多姿，战术上变幻莫测，胜负结局难以预测的非周期性运动项目，比赛中运用技术、战术时要受对方直接的干扰、限制和抵抗。技战术是依临场中具体情况而灵活机动地加以运用和发挥。

(四) 易行性

足球竞赛规则比较简单，器材设备要求也不高。一般性足球比赛的时间、参赛人数、场地和器材也不受严格限制，因而是全民健身中一项十分易于开展的群众性体育运动项目。

二、足球运动员的总体特征

(一) 足球运动员的体能特征

随着现代足球全攻全守型打法的确立，比赛要求运动员不断地进行交叉换位、互相补位、随机策应和反复冲刺跑，在激烈对抗中快速完成技战术动作上百次，比赛强度非常大。一场比赛中球员的跑动距离在9～14 km,平均为10.8 km。在整场比赛中,球员的运动状态也是多种多样的,包括站立、走动(4 km/h)、慢跑(8 km/h)、低速跑(12 km/h)、中速跑(16 km/h)、高速跑(21 km/h)、冲刺跑(30 km/h)、后退跑(12 km/h)等多种运动形式。其中,站立、走动、慢跑、低速跑和后退跑等以有氧供能为基础,并在比赛中占大量比例高速跑、冲刺跑以无氧供能为基础,虽然所占比例较小,但在足球比赛中却是十分重要的。因此,足球运动具有以有氧供能为基础,无氧供能为关键的供能特点。

1. 体能的特异性

足球运动的体能与其他运动项目相比有一个明显的区别就是"间歇性",即运动员各种强度的跑动总是伴随着不同时间的间歇。因此,不能简单地照搬其他项目的体能训练方法,而是要通过特有的手段去发展适合足球运动特点的体能。其生理学机制在于适应过程的专项特异性。适应性反应的专项特异性不仅表现在身体素质和植物性神经系统能力的发挥方面,还表现在心理因素的发挥方面,特别是在完成紧张肌肉活动,又必须用意志来加强工作能力这一方面。此外,足球运动员需要全面均衡地发展有氧耐力和无氧耐力。足球运动员体能是一个有序的开放系统,有氧耐力和无氧耐力是系统的主要组成部分,单方面发展有氧耐力或无氧耐力会使系统失衡,打乱运动员的体能系统,从而影响运动员的竞技状态。

2. 体能的时间局限性

根据竞技状态的周期性规律,最佳体能水平只能保持在相应的时间段,这就是体能的时间局限性。足球运动员体能的产生与发展过程就是其有机体的应激和适应过程。在足球专项训练中存在着两种适应性反应:急性但不稳定的反应与长久且相对稳定的反应。通过短期体能强化训练,可刺激运动员机体产生急性适应性,但这种通过专项强化训练所获得的体能有极大的不稳定性。因为这种适应性反应是通过高强度的专项负荷所获得的,是以超量恢复为其表现特征的,并不是建立在各种器官、系统的肥大与变异的基础上,即生物学的形态改造上,这就导致体能存在着时间局限性。

3. 体能的个体性

足球运动员按其场上的区域主要划分为前锋、前卫、后卫、守门员四个不同位置。各个位置的球员在比赛场上发挥的作用是不同的,因此表现出来的活动方式也是不同的。由于四个位置的不同功能和球员在整个球队中作用的不同,他们在体能上也存在着差异,这就是体能的个体差异性。从一场比赛中球员的活动情况来看,前锋队员在加速、爆发力等能力上更加突出,前卫队员在有氧中高强度跑及灵活性等方面比其他位置的队员更加突出,后卫队员的体能表现出爆发力及有氧中低强度跑方面的优势,而守门员的体能则体现在身高、体重、爆发力和反应速度方面。

4. 体能的整体性

足球运动员体能的综合性表现在以下两个方面:

(1) 足球运动员在比赛训练中体能的外在表现是多因素综合作用的结果,如果运动员具有保持长时间活动的能力，不但与运动员有氧耐力有关，还与运动员的肌肉耐力、恢复能力以及意志力等有密不可分的关系。只强调单一因素的作用，往往会陷入误区。

（2）足球运动员的体能除受能量供应系统的影响，还存在其他因素，比如恢复手段、营养、心理等都会影响运动员的体能周期变化和外在表现。解决运动员的体能问题也必须从多因素出发，不仅从生理机能考虑，也要从心理方面考虑。

(二) 足球运动员的形态特征

足球运动员的身体形态总体上为粗壮型，身材高大、壮实是高水平球队的一个明显特征。但不同地区、不同运动员之间的差异很大。因此球队中运动员的身体形态的合理差异性是高水平球队的又一个重要特点。从我国足球运动员的长度指标、体格指标和围度指标来看，我国优秀足球运动员的身体形态主要的特征表现为身材高大、体格健壮、肌肉细长并富有弹性、脂肪层薄、踝关节围度小、跟腱清晰和足弓高。

(三) 足球运动员的机能特征

器官系统在活动中所表现出的能力大小是运动员体能的一个重要方面。如前文所述，足球运动的身体机能可以从多个角度进行分类，如身体各器官系统、运动中的耗氧性质或有氧无氧与肌肉做功系统综合分类等。

1. 足球运动员有氧无氧混合供能特征

由于职业足球比赛中运动形式的复杂性，足球运动员的体能由多种机能能力综合完成。有氧供能与无氧做功是足球运动能量代谢的一个特点。足球比赛中混合供能的特点是有氧供能在量上占绝对优势，但在重要性上无氧供能明显。

2. 足球运动中有氧能力与无氧能力的对立统一关系

有氧能力与无氧能力是对立统一，关键是要能区别足球比赛中供能与做功的特殊规律。足球比赛中有氧能力并不排斥大量的无氧做功，这些无氧功既是无氧能力的基础，也可纳入有氧能力的范畴。在此基础上，有氧与无氧能力既是对立的也是统一的。足球比赛的高强度、短间歇、短距离、高能耗的特点正是这种专项能力结构形成的基础，因此训练必须与之相一致。

(四) 足球运动员的素质特征

1. 专项力量素质

足球运动员的力量素质除了表现出竞技运动众多项目中所共有的特性外，更主要的是体现出足球运动本身所需要的快速力量，即肌肉迅速收缩和伸展的能力，且具有很高的灵活性及准确性。

2. 专项速度素质

速度是足球运动中最为重要的素质，是运动员在比赛中争取时间优势的重要条件。就足球运动而言，速度素质应具有反应快、起动快、急停变向快、动作衔接及动作转换快和绝对速度快等特点。

3. 专项耐力素质

耐力素质所表现的是运动员机体对氧的代谢能力,从足球运动比赛时间及规律上看,对其要求可分为一般耐力和专项速度耐力,尤其是专项速度耐力在足球运动中占有重要地位。

4. 专项灵敏素质

足球运动对运动员在灵敏素质方面所提出的要求则主要是快速、协调、准确。只有具备了这些素质,才能与足球运动所需要的反应速度快、应变能力强的专项特点紧密结合,从而促使运动员技术、战术水平的发挥。

5. 专项柔韧素质

柔韧素质在足球运动中所表现出的意义主要是要求运动员关节韧带,特别是腰、胯、膝、腿、踝关节韧带的韧性强。这对运动员加大实战技术动作强度、幅度,减少运动员机体受伤有着积极的意义。

三、足球运动员体能训练的内容与方法

足球是一项对身体素质水平要求很高的运动项目,它属于既要求速度、灵敏,又需要力量、爆发力和耐力的少数几个项目之一。高水平运动员在一场比赛中跑动距离超过 14 km,同时还要进行频繁的加速、减速、改变方向和跳跃。由此可见,体能是足球选手从事技术与战术训练的基础。英国足球总会前训练组长查尔斯·休斯曾经具体地将足球体能解释为足球体能是一种完成和实现技术、战术或比赛的身体能力。

身体素质对各个级别的足球运动员来说都是十分重要的,对顶尖运动员来说更是必需的。对初学者来说,进行身体素质训练并达到一个好的标准,可以提高他们在运动中的动作有效性和在运动中享受快乐。足球运动员进行体能(身体素质)训练的目的就是使其能够应付比赛对身体机能的需求,在整场比赛中能合理、有效地发挥技战术能力和水平。

(一)体能(身体素质)训练的组成

身体素质是由一系列成分组成的,图 4-1 概括出了竞技体育中身体素质的组成要素。这是机体运动时所需要的,它们能给运动中的机体带来生理性变化。

运动能力受先天能力(遗传因素)和训练状态的影响,天赋再好的个体也需要正确的训练才能使其天资得到最大的施展。

不同的运动项目需要不同的身体素质组成成分。足球运动员从事的是长时间间歇运动(耐力),属于大强度运动,比赛中要冲刺,踢球或抢球时要使用较大的爆发力。良好的灵敏性和协调性也是足球运动员所必需的,这也是优秀运动员与普通运动员之间的差别所在。

因为比赛过程中运动强度不断地发生改变,因此应该尽可能地根据实际情况进行身体素质训练。应该经常采用有球训练,这不但对发展比赛时所需的专项肌肉机能有所帮助,而且可以提高技战术,并保持球员对训练的兴趣。教练员应该根据不同球员的特点来制订不同的身体素质训练计划。这对训练女足队员和青少年球员同样重要。根据项群训练理论按主导竞技

能力的因素对竞技项目的分类，足球属于技战能主导类同场对抗性项目。因此，只有对比赛负荷的特点有深刻准确的认识，才能有针对性地制订科学合理的计划，确定与比赛相近的训练内容，选择科学合理的训练手段，抓住足球专项训练的主要内容（如图 4－2 所示），提高竞技能力。

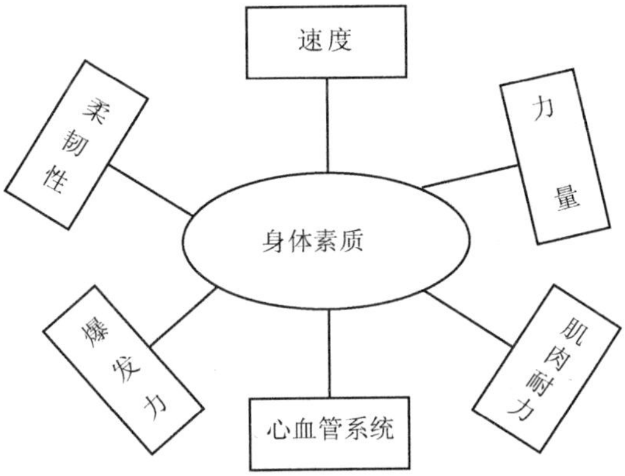

图 4－1　足球运动身体素质的组成部分

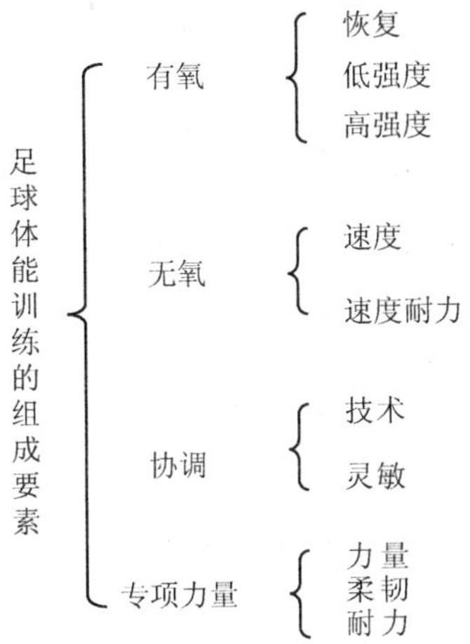

图 4－2　足球专项训练的主要内容

（二）足球运动员的力量训练

1. 速度力量

练习强度为 75%～90%，练习时间为 5～10 s，间歇以完全恢复为宜，重复次数为 4～6 次，练习组数为 3～4 组。

2. 力量耐力

练习强度为 60%～70%，练习时间以 15～45 s 为宜，间歇为一般心率恢复到 120 次/min 左右，重复次数为 20～30 次，练习组数为 3～5 组。

（1）发展颈部、上肢、肩背力量的练习

① 两手扶头，在颈部转动时给予抵抗力。

② 俯卧撑（可以双手撑在健身球上做）。

③ 引体向上。

④ 俯立飞鸟。

⑤ 卧推（水平、上斜、下斜，宽握、中握、窄握、正握、反握）。

⑥ 哑铃/杠铃弯举。

⑦ 俯立哑铃臂屈伸（宽握、中握、窄握、正握、反握）。

⑧ 杠铃俯立划船（单臂哑铃划船）。

⑨ 对坐，两腿分开，互抛实心球（先离心后向心）。

⑩ 坐在健身球上做杠铃颈后推举(宽握、中握、窄握、正握、反握)。

(2) 发展腰腹力量的练习

① 仰卧起坐(加转体)、仰卧举腿(斜板)。

② 侧卧体侧屈、侧卧双腿上举、俯卧做体后屈(同时可抬腿)。

③ 跳起空中转体、收腹头顶球。

④ 展腹跳。

⑤ 肩负杠铃体前屈、转体。

(3) 发展腿部力量练习

① 各种跳跃练习(立定跳、多级跳、蛙跳、助跑跳、肩负杠铃连续上跳、跨步跳、跳深)。

② 肩负杠铃提踵、半蹲。

③ 快速摆动大、小腿。可绑沙袋,也可采用橡皮筋增加阻力。

④ 远距传球、射门练习。

⑤ 骑人提踵。

⑥ 杠铃剪蹲(步子跨大些,主要锻炼股四头肌、股二头肌和臀大肌;步子跨得小些,主要集中锻炼股四头肌)。

⑦ 悬垂举腿。

(三) 足球运动员的速度训练

速度训练的运动负荷要求:练习强度为95%～100%;练习时间以3～10 s为宜;间歇时间视训练目的而定,可完全恢复或不完全恢复;练习重复次数为6～8次;练习组数为3～5组。

① 各种姿势的起跑(10～30 m)

② 在快速跑或快速运球中,听、看教师信号,做急停、转身、变向、跳跃、翻滚等动作。

③ 利用快速小步跑、高抬腿跑、顺风跑、下坡跑、牵引跑等练习,突破速度障碍。

④ 全速运球跑、变速变向运球跑。

⑤ 绕杆跑、运球绕杆。

⑥ 利用简单的战术配合练习速度。

⑦ 抢球游戏。全队分为两排,相距20 m,面对站立,在中间10 m处画一条线,每隔2 m放一球,队员依次面对球站好。当教练员发出信号后,双方快速跑上抢球。球抢得多的一方为胜。

⑧ 追球射门。队员2人一组,可分为若干组在中圈外的中线两侧站好,利用两球门同时练习。球集中于中圈教练员脚下,当教练员将球向一个球门踢出并同时发出口令时,两翼队员快速起动追球射门。要求未拿到球的队员必须紧追持球队员,并在持球队员射门后仍前跑至球门线处,以利于发展速度和加强射门意识。

⑨ 提高动作速度的练习,即规定最高速度指标的练习。如在教练员限定的时间内快速完成传—接—传、运—传—射门等动作,以建立快速动力定型。肌肉感觉的快速精确分析机能练

习。两人或多人一组，在连续奔跑中完成同一传接球练习。加大练习密度，如在较小场地内做2对2、3对3的传抢练习。

(四) 足球运动员的耐力训练

1. 有氧耐力训练

(1) 有氧耐力训练有小强度持续法和间歇法两种：

① 持续训练法要求。练习强度为40%～60%，练习时间为25 min以上，距离为5 000～10 000 m。

② 小强度间歇法要求。练习强度以150次/min为宜；练习时间为30～40 s；间歇要求不完全恢复，一般脉搏恢复到120次/min为宜；练习次数为8～40次；练习组数为1组即可。

(2) 有氧耐力训练的具体练习方法如下：

① 3 000 m、5 000 m、8 000 m等不同距离跑。

② 定时跑(如12 min跑)。

③ 穿足球鞋长距跑。

④ 100～200 m间歇跑，400～800 m变速跑。

2. 无氧耐力训练

(1) 无氧耐力训练常采用次大强度间歇法训练。无氧耐力训练要求：练习强度为80%～90%；脉搏为180～200次/min；练习时间为20～120 s；间歇要求不完全恢复，脉搏一般在120次/min左右；练习次数为12～40次；练习组数为1～2组。

(2) 无氧耐力训练的具体练习方法如下：

① 30～60 m重复多次冲刺跑。

② 100～400 m高强度反复跑。

③ 各种短距追逐跑。

④ 进行5 m、10 m、15 m、20 m、25 m折返跑。

⑤ 往返冲刺传球。

⑥ 规定时间做不同人数抢传练习。

3. 体能循环练习

内容可以是折线快跑20 m—仰卧屈体5次—冲刺10 m—突停转身铲球—快跑中跳起头顶球3次—冲刺射门2次—三级蛙跳。或者根据队内实际情况改变各站设置。

(五) 足球运动员的灵敏素质训练

1. 练习方法示例

(1) 练习者保持如图4-3(a)所示的姿势，迈左腿跨过面前的横杆，然后紧接着侧向钻过较高的横杆。注意在练习过程中尽量保持上体的正直，不要倒小步子(整个练习两步完成)。这样能够有效地发展运动员控制身体平衡和在特殊姿势下完成动作的能力。

(2) 练习者首先双脚跳过第一个障碍物(如图4-3(b)所示)，在空中侧向转体90°落地，然后再次侧向转体 90°跳过第二个障碍物,落地后还原成开始的姿势,依次进行练习。注意可以根据需要调整障碍物的数量,转体方向左和右都可以,练习者还需保持身体的放松状态。这种练习同样能够很好地发展运动员控制身体平衡、本体感觉和腰腹肌能力。

(3) 练习者双脚左右开立,与肩同宽,先将杠铃提至胸前,然后深蹲,再站起还原至提铃胸前位置,重复进行练习,如图 4-3(c)所示。这种练习能够有效地发展运动员的上下肢和躯干力量以及控制身体的能力。

(4) 练习者双脚左右开立,与肩同宽,先将杠铃放至肩上,然后一腿后撤,单腿成弓步下蹲,之后还原成站立姿势,两腿交替进行,如图 4-3(d)所示。注意练习中保持上体正直。这种练习能够有效地发展运动员的腿部和腰腹部的力量以及控制身体的能力。

(5) 练习者如图 4-3(e)所示,将前臂扶在体操软球上,在同伴的协助下向前推球,使球在地面上前后滚动。注意练习时保持身体挺直以及脚的位置不变。这种练习能够有效地发展运动员利用腰腹肌控制身体的能力。

(6) 练习者从如图 4-3(f)所示的位置开始,首先向前跨过较低的横杆,然后紧接着转体侧向钻过较高的横杆,重复进行练习。注意在练习过程中尽量保持上体的正直,不要捯小步子(整个练习两步完成)。同练习(1)一样,这种练习能够有效地发展运动员身体平衡和在特殊姿势下完成动作的能力。

图 4-3 练习方法示例

(六) 足球运动员的柔韧素质训练

柔韧训练的运动负荷组合要求如下：

练习强度开始以中等强度为宜，最后可达80%以上；练习时间每次可控制在10～20 s，时间不宜太长；间歇要求完全恢复，可做积极性放松活动；重复次数以5～10次。练习组数以3～5组为宜。

(1) 颈前屈、侧屈、后屈并绕环，体前屈、侧屈、后屈并振动。

(2) 前弓步和侧弓步压腿，纵劈腿和横劈腿。

(3) 前踢腿、后踢腿、侧踢腿和腿绕环。

(4) 站立体前屈下压，或靠墙站立体前屈下压。背伸、展腹屈体练习及腿肌伸展练习。

(5) 模仿内外颠球动作，单双腿连续做内翻和外翻练习。模仿内扣和外扣动作，单腿连续做内转、外转动作。

(6) 两腿交叉的各种跨步、转身动作。

(7) 踢球、顶球、抢截球等各种技术动作的模仿练习。

(8) 跪压正脚背(上体后仰轻轻振压)及全脚背着地的俯卧撑练习(主要拉长脚背韧带和小腿前肌群)。

(9) 模仿和结合球的大幅度振摆腿、铲球、侧身踢凌空球及倒钩射门等练习。

第二节　篮球运动员的体能训练

一、篮球运动的项目特征

篮球运动是一项以投篮得分为目的、攻防快速多变、运动强度大、身体对抗激烈的技能类项目。由于世界篮球运动的竞技布局发生了改变，现代篮球运动的特征有了新的变化。

(一) 整体协作性

整体协作性即所谓的集体协作性，现在篮球运动更加强调集体的智慧与技能，注重发挥团队精神、核心战斗力与队伍风格。整体协作性主要表现在在攻防战术指导思想的要求下，运动员的任何行动都从球队的整体需要出发，更加积极、主动，强调与同伴之间的通力协作与配合，把个人的技战术能力融会在集体的协同配合中，实现共同的战术目的。强调集体协作性并不抹杀球员个人的攻守能力，相反积极为球员个体提供有效、持续的有利环境与条件，发挥运动员个人的积极性与能动性。2006年世锦赛希腊男篮对美国男篮的胜利，无论在进攻端，还是在防守端都是对整体协作的最好诠释。

(二) 技战术运用的开放性

现代篮球比赛对运动员的智商要求非常高，运动员同时也表现出较高的球商，运动员技战术运动的开放性更高。技战术运用的开放性高，运动员能根据攻防双方的情况，迅速做出有针对性的策略调整，灵活运用技战术，表现出较高的攻防效率。开放性表现在比赛中能最大范围地、充分、合理地发挥自身的技战术优势，并限制对手优势的发挥，处于相对优势的地位。篮球比赛中，攻防双方之间的行动迅速，势必需要运动员能从观察、判断、思维、决策到技战术的运用上，特别是在强烈的身体对抗下，技战术运用的开放程度要更高，比赛级别越高，这种要求越明显，开放的程度越高。运动员运用技战术的开放程度越高，在进攻端的技战术表现为威胁更大、方法更为简单、成功的可能性更大、能够创造性的调整技战术应对策略，有效地发挥个人以及球队的特长，放大技战术运用的实际效果，在激烈复杂的对抗下始终掌握比赛的主动权。

(三) 对抗性

篮球比赛是在420 m^2 的区域内展开的、地面与空间的、近身进行的获得球与反获得球、追击、抢夺、限制与反限制、斗智斗勇、高强度的激烈对抗性的运动。现代篮球运动的职业化程度越来越高，商业气息较浓，对抗更激烈、强度更大。从对抗的形式、内容、方法看，现代篮球运动都发生了极大的变化。在体能、技术、战术、心理等构成竞技能力的各个要素来分析，现代篮球运动的对抗在这几个方面都有新的、不同的改变。现代篮球比赛在球权的争夺、抢位、控制空间、地面与空间的控制上形成更为激烈的立体化对抗。在无球对抗方面，表现为无球对抗意识强，强调运动员具备进攻时的摆脱跑位、防守时的选位、卡位的对抗意识和能力，大量采取错位的、集体的、协防的、强度大的防守。在有球对抗上，持球队员在强对抗下的控制球与支配球的能力较强，现代篮球运动强调对有球队员要紧逼防守的理念，使对抗更加直接、激烈。从争夺篮板球上，从争夺地面的有利位置开始，到夺取空间的有利位置，再到最后对球的争夺，每一个环节的对抗更凶、更狠。随着现代篮球运动训练的科技含量提高，运动员的训练—营养—恢复更加合理及科学，运动员的身体素质得到最大限度的挖掘，从而比赛的对抗表现出全面性、激烈性、准确性以及突变性等特性。现代篮球运动表现出两个紧密联系的发展趋势，即局部对抗不断加剧和有效对抗范围不断扩大。应当看到，现代篮球比赛中运动员之间的对抗不仅表现在平面和立体的争夺范围的扩大，而且尤其突出的是对抗的激烈程度明显提高。

(四) 节奏性

节奏是篮球比赛最为突出的特征之一，是取得比赛主动权和获得胜利的重要因素，由于受到风格、环境、心理以及体能等因素的影响，具有复杂性与动态的易变性。在节奏的重要性上，国内外的一些教练提出，比赛节奏的转换是现代篮球战术实施的一个重要问题。节奏的变化规律为球队的正确决策、争取比赛的主动权、捕捉战机等提供了理论上的依据。现代篮球比赛的节奏能够更多地体现出针对性、合理性、策略性。各个球队主要以核心队员为主制订攻守节奏的策略，在比赛中结合实际需要主动进行调整，这种调整更多的是队员之间有意识、默契的变化，不需要特意地安排与部署。在一定程度上反映出队员对比赛的阅读能力及驾驭能力。现代篮球比赛节奏的新特性建立在运动员充沛的体能基础上。

(五) 多变性

篮球运动是一项动态性的运动，不断的变化节奏与方向，力争主动是现代篮球运动的基本规律和特点。“变”是篮球运动的灵魂，“动”是变的基础。现代篮球运动的多变性主要体现在进攻战术的多变性和防守战术的多变性。针对篮球整体与队员的特长及对手的布阵与特点，应适时变化攻守战术，从而掌握攻守的主动性。只有不断主动或者应变运用战术，才能在攻守对抗中抢得先机。现代的高水平球队在防守形式上综合多变，目的在于让对手不适应。战术的综合多变体现在区域以及形式两个方面。

（六）准确性

篮球运动需要高度的准确性，以投中作为最终目标。除了高命中率，现代篮球运动拓展了准确性的内涵与外延。准确性不仅仅表现在中远距离的投篮能力，更体现在技战术运用的准确性上。首先，技战术的准确性是在强烈对抗的状况下实现的。对抗是篮球项目的最基本特征，比赛的全过程始终处于对抗之中，运动员的技战术是在对手身体、技术、战术等对抗情况下完成的。其次，运动员在与同伴的协同配合中表现技战术的准确性。篮球比赛是一个动态的变化过程，运用技战术的目标也处于动态的变化中，需要运动员正确观察、判断同伴的变化，同时需要同伴提供及时的支援与配合，相互之间只有默契，才能够提高对抗中技战术的准确性。

二、篮球运动员的体能特征

运动员的专项体能主要是指与专项训练及特殊的比赛任务紧密联系的、运动员为圆满完成特定的训练比赛任务而必须具备的特殊体能。因此，篮球运动员的专项体能是运动员经先天遗传与后天训练形成的，运动员在篮球运动中表现出来的机体持续运动的能力。与运动员机体形态结构、系统器官的机能水平、运动素质水平、能量物质贮备、基础代谢水平、心理因素与意志品质以及外界环境等都密切相关。据竞技体育技能类项群理论研究表明，体能在运动员的竞技能力构成中居于重要地位，是运动员能否在专项竞技运动比赛中取得优异运动成绩的关键因素。

篮球运动员的体能是以三大功能系统为能量代谢活动的基础，通过骨骼肌的活动所表现出来的运动能力。运动员体能水平的高低是由身体形态、生理机能、运动素质三个方面决定的，身体形态与生理机能是体能的物质基础，身体素质是体能的外在表现。因此，运动员的体能水平是力量、速度、耐力、灵敏和协调等运动素质综合表现的结果。现代篮球运动的项目特征决定着这些身体素质对该项目的贡献是不同的，表现在运动员不同的位置分工、项目的整体要求。因此，现代篮球运动的体能表现出一定的项目特征。

（一）篮球运动员的形态特征

田麦久先生主编的《项群训练理论》对篮球等同场对抗球类项目运动员的形态特征描述为“身材高大、健壮、肌肉细长并且富于弹性、脂肪层薄、臀部肌肉紧缩上收以及踝关节围度小、跟腱清晰、足弓高等”。篮球运动是巨人的游戏，现代篮球运动员身高的特殊作用越显重要，篮球运动员身材越来越高已成为一种必然的发展趋势。高度和体重的增加是为了提高控制和支配球的能力，有了身高，篮下控球就有优势，在实施进攻战术体系中才能有效地发动快攻，提高掩护质量及篮下攻击能力。

(二)篮球运动员的机能特征

身体的机能水平是体能结构的基础环节,机能的水平和状态促进且制约着体能的发挥。身体素质是体能的集中体现,也是反映体能水平的重要指标。对运动员身体素质的诊断测试沿用了多年来冬训中一直运用的身体素质的测试内容和评分标准。而现行的机能测试能更准确地反映身体素质的状态。身体机能测试主要包括以下方面的指标:

① 呼吸机能;

② 心血管系统的机能与血红蛋白的含量;

③ 血清睾酮;

④ 有氧代谢与无氧代谢机能。

(三)篮球运动员的素质特征

国际上的篮球强队,各个位置上的运动员都具备出色的身体素质,随着比赛强度不断加大,对运动员的身体条件提出了更高的要求,必须具备全面的身体素质才能够适应、满足高强度、强对抗比赛的需求。有资料显示,一场完整的比赛平均需要 80 min,在 40 min 的比赛中,运动员平均走 9 480 步,跑动距离为 10 km,较高强度的跑动距离为 3 km,高强度的快速冲刺跑距离为 1.5~2.5 km,脉搏达到 34~36 次/(10 s),50%的时间平均脉搏在 30 次/(10 s)以上,处于无氧与有氧的代谢供能方式之间。现代篮球运动对运动员的体能有非常高的要求。

体能水平是身体素质综合表现的结果,运动员个体之间存在较大的差异,表现出体能水平的主导作用。身体素质具有个体差异性,有的运动员力量好;有的运动员速度快;有的运动员耐力出众;有的运动员属于综合型,没有过于突出的身体素质,但是较为全面。

由于构成体能的各个素质之间具有相互迁移性,为了较为准确地阐述清楚现代篮球运动的体能特征,现将篮球体能分为专项力量、专项速度、专项耐力、专项灵敏和专项柔韧五个部分。

1. 专项力量素质

从理论上讲,篮球运动是一项不允许身体接触的项目,但在具体实践中,身体对抗无时、无处不在,且呈现越来越激烈的趋势。现代篮球运动的对抗表现在体能、技战术、心理与智能等多层面的综合对抗上,其中身体对抗是各种对抗性的最高形式。因此,力量是篮球运动员专项对抗能力、专项速度、专项技术等各个方面的基础与保障。从力量的整体效应看,现代篮球运动要求运动员具备高度发展的全面力量训练水平,身体的各个部位都要进行力量的强化训练,发展各个运动环节的肌肉力量,达到提高整体力量的目的;从动作结构、发力特点讲,必须具备出色的弹跳力、躯干肌力、上肢力量;从力量性质讲,必须具备爆发力、快速力量耐力。

篮球运动对于运动员身体不同部位的力量有不同的要求。把运动员的身体分成上肢、核心区以及下肢三部分,运动员在比赛中跑动、跳跃、投篮时下肢的蹬伸、支撑、急停、转身等动作的快速变化主要依靠下肢部分的力量,股四头肌、大腿后侧的肌群、小腿的有关肌群起着重要的作用。同时膝关节周围的肌腱、韧带等的坚韧性、灵活性也非常重要。运动员起动时快速、有力地蹬地，变向时的侧向蹬地以及急停时的制动都要求非常高的起动力、爆发力。核心区部分主要包括腰腹、背及臀部区域，该区域是连接上、下肢的枢纽。运动员需要上下、左右、前后不断地改变运动方向，调节身体的重心，保持对抗下的滞空能力，以保证在失去重心情况下的完成技术动作的有效性，因此对于核心区的力量有严格的要求。上肢部分直接实现攻守的获球与投篮得分。传接球、运球、投篮、拼抢等技术动作的有效运用需要手指、手腕、上肢肌群的力量以及灵活性。

2. 专项速度素质

速度素质是指人体或者局部肢体快速移动、快速完成动作以及快速反应的能力。速度素质是篮球运动员重要的运动素质，被称为篮球运动的灵魂，对于运动员整体竞技能力的提高与改善有重要的作用。在运动实践上主要表现为反应速度、动作速度及移动速度。加速度、加速跑的速度是运动员速度的核心，而不是绝对速度。技术的精确性以及动作速度是篮球项目的基本目标，二者之间关系紧密。篮球项目中的速度是在特定动作中应有爆发力的标志。现代篮球运动要求运动员具备快速的位移速度，在时间规则的允许范围内（如 3 s、5 s、球从后场推进前场的 8 s 以及总进攻时间的 24 s），同时在对手积极防守的情况下，能够利用速度从赛场的某一点移动到另一个位置，获取有利的形势，达到一定的战略、战术目的。现代篮球运动更加强调各个环节的衔接，突出一个快字，即进攻速度快、攻守转换快、防守反击快。在篮球技术的运用方面更加强调在位置的基础上提高运用技术的速度，要求运球快、传球快、投篮的出手速度快。各个环节之间衔接紧凑，比赛速度快，几个攻守转换之间基本没有休息时间，对运动员的速度耐力要求非常突出。这种速度耐力是高强度下的、最大加速度运动重复更多次的运动能力。速度耐力为速度素质和灵敏素质提供了代谢基础，能够保持较长时间。现代篮球运动的速度素质所需要的快速发力特征与许多运动技巧有内在的联系，最能够显示速度力量的应用原则。

3. 专项耐力素质

专项耐力是有机体为了获取专项成绩而最大限度动员机能能力，以克服专项负荷所产生的疲劳的能力。依据运动中氧代谢的特征，耐力可分为有氧耐力与无氧耐力。现代篮球运动的速度加快且对抗加剧，对无氧耐力的要求提高。运动员首先要具备良好的无氧耐力，即具备长时间反复进行高强度运动的能力。由于技术动作与间歇进行交替，对运动员的有氧耐力有很高的要求。现代篮球运动在比赛中动作没有统一的标准，动作方式与数量比较广泛，不能确定比赛所要承担的负荷，甚至比赛总时间也无法准确确定，所以现代篮球运动需要相当大的耐力储备。

4. 专项灵敏素质

专项灵敏素质是指根据专项的需要，与专业技术有密切联系的、适应变化的外环境的能力。灵敏素质具有明显的项目特征，球类运动员的灵敏表现为针对外界刺激变化，能及时准确地变换动作及做出反应的能力。篮球项目的灵敏是指急停、变向、再加速的能力。灵敏素质比简单地获取和保持速度更加重要。现代篮球运动在灵敏素质上强调减速能力及随之而来的减速—加速耦合能力。依据运动的次数与运动方式的组合不同,灵敏素质可分为闭合性灵敏与随机性灵敏。在预先设计好的动作中表现出的灵敏是闭合性灵敏,在随机运动中表现出的灵敏是随机性灵敏。现代篮球运动强调随机性灵敏。

5. 专项柔韧素质

专项柔韧是指符合专项需要、满足专业技术需要的人体关节在不同方向上的运动能力以及肌肉、韧带等组织的伸展能力。关节的活动范围是由多种因素决定的,包括结缔组织的构造,有机体的活动状况、年龄、性别等。现代篮球运动的比赛负荷加大、对抗更强等因素造成攻守技术的运用难度增加,技术的运用甚至超出了关节的活动范围,超出了肌肉的最大伸展能力。柔韧为短时间急剧的对抗提供了缓冲的空间。现代篮球运动中许多动作的目的是控制空间,赢得空间,创造攻守的优势条件。在实际比赛中,对抗肌和周围组织的伸展为主动肌的收缩提供了空间,为肢体末端能够达到的空间提供了范围。现代篮球运动要求运动员具备良好的柔韧素质,增加关节运动的幅度,提高运动水平,同时减少肌肉、骨骼系统的损伤。

三、篮球运动员体能训练的内容、方法与手段

(一)篮球运动员的力量训练

1. 篮球运动员力量训练的特点和要求

人体要发挥最大力量和最大爆发力,不是某一环节的问题,而是各运动环节、各工作肌群间的协调配合与共同用力的综合结果。篮球运动员的力量素质具有全面的特点,要求上肢、下肢、腹部、背部肌群均衡发展,主动肌、对抗肌和协同肌都要加强训练。

篮球运动员的力量训练要符合篮球运动的专项特点。例如,下蹲的力量性质与篮球专项的急停起跳力量相差甚远。篮球运动员的膝关节损伤通常不是伸膝力量不足造成的,而是缓冲力量(退让力量)不足造成的。篮球运动员的力量训练要注意选择肌肉收缩方式与篮球专项运动相一致的练习手段。力量训练要力求选择与篮球运动技术结构相一致的动作方法,并力求将运动员的最大力量、快速力量转化为专项力量能力,即专项跑跳能力和对抗能力。

2. 篮球运动员力量训练的方法

(1) 常用的训练方法

① 最大负荷法。主要采用大重量进行训练,即最大负荷量的90%~100%的负荷做1~2次练习,其做8~10组练习可很好地发展最大力量。

② 金字塔训练法。使所负重量不断增加,直到极限,这样训练力量可快速增长。

(2) 快速力量常用的训练方法

① 大负荷训练法。这种训练方法不但能使最大力量得到提高,而且能使中枢神经系

统发放的冲动强度大幅度提高，能最大限度地激活运动单位，尽可能达到目的和同步的活动。

② 中小负荷训练法。一般采用这种方法可以使肌肉产生快速收缩，但是这种方法产生的刺激强度还不足以诱发足够的神经冲动发放频率完成全部单位的缉获。因此，大负荷优于中、小负荷训练法，但中、小负荷的训练是力量训练很好的补充。

③ 大幅度训练法。增加运动员练习动作的用力距离，在训练中可通过改进动作技术和发展身体各部位关节柔韧性来实现。

④ 超常训练法。肌肉先进行快的离心收缩，紧接着爆发性地完成向心收缩，这对提高运动员的支撑能力、快速力量有着其他训练方法无可比拟的独特训练效果。

(3) 腿部力量与弹跳力训练

① 减负杠铃做半蹲或全蹲，一般为最大负荷的80%左右，重复3～4次，慢蹲快起，躯干正直，防止塌腰翘臀，注意保护。

② 肩负最大负荷量的40%～50%的杠铃在软地或地毯上做半蹲跳8～12次，做4～6组，跳起要快，脚踝要绷直。

③ 肩负最大负荷量40%～50%的杠铃做箭步交换腿跳。

④ 徒手或负重，做单腿深蹲起。

⑤ 徒手或肩负做单足或双足的各种连续跳、多级跳。

此外，前脚掌、脚弓、踝关节和小腿肌群的爆发力对篮球运动员的弹跳力也很重要，可以通过负重(95%)提重、跳栏架、原地双脚跳起摸篮板来提高。

(4) 发展腰腹力量

① 仰卧斜板起坐，即仰卧屈膝起坐、仰卧做"元宝"收腹折体(双手在碰着腰背)、仰卧双手握住同伴的双踝做收腹举腿(同伴双手用力将练习者举起的腿推下)、俯卧"两头起"(尽量出背弓)。

② 纵俯卧跳马端，下肢悬于马头，做向上举腿成反弓状。

③ 单杠上，双臂悬挂，做收腹举腿成90°并保持4～5 s。

④ 宽握杠铃，做直臂直举；40～50 kg杠铃做高立抓举。

⑤ 肩负杠铃，做体前屈起(不准弓腰起)；肩负杠铃，做转体，脚平行开立稍宽于肩，直膝转体，脚掌不能动。

⑥ 向头后抛掷实心球。

(5) 发展手指、手腕、手臂肌肉群

① 空手用力张握，要求高速率，15″～30″；张开的指，用力下扣手腕高速率，15″～30″。

② 两人各紧握接力棒一端，做相对抗的捻转接力棒。

③ 对传实心球。

④ 坐地双手传接球。

⑤ 握哑铃,做翻腕练习。

⑥ 抓接铅球,手指和掌心向下抓住铅球,在曲肘上提球的过程中松手,在球下落时,由另一手接抓铅球。

3. 篮球运动员力量素质训练应注意的问题

(1) 力量训练的方法、手段应与专项动作特点紧密结合。侧重于动力性练习,要与速度、弹跳、灵敏等素质和篮球技术的练习结合进行,使力量成为活力。

(2) 在力量训练中,要注意集中与分散安排相结合,避免局部负担过重,注意大小肌肉群平衡发展。注重速度力量的训练与发展,同时要考虑运动员特点、年龄、性别、训练程度,做到有针对性地合理安排。

(3) 力量训练时要注意安全,防止伤害事故。在负重练习前要充分做好准备活动,训练时集中精神,要掌握正确的动作方法要领,循序渐进,加强保护。力量训练不宜在疲劳状态下进行。

(4) 力量训练要坚持经常性和注意训练间歇。力量增长快,停训后消退也快。每周安排1～2次力量训练,可以保持力量素质;每周安排2～3次力量训练,可以增长力量素质;每周3～4次力量训练,可以显著增长力量素质。可以用"超负荷训练"获得超量恢复,达到迅速发展力量的目的。

(5) 力量训练中要注意练习安排的顺序,速度力量练习应安排在力量耐力练习前面进行。

(6) 力量训练后,要特别注意使肌肉放松。肌肉在力量训练后产生酸胀感,肌肉酸胀,肌纤维增粗现象的反映,也是力量增长的必然但应采取积极措施消除肌肉的酸胀感,以利于减少能量消耗,并更好地保持肌肉弹性。训练时要按身体不同部分的肌肉交替穿插进行,同时注意安排放松练习。训练后要采取按摩、淋浴等必要的恢复手段,培养运动员自我放松的习惯。

(二) 篮球运动员的速度训练

1. 篮球运动员速度特点及训练要求

篮球的跑不同于田径的跑。跑时既要看同伴,又要看对手;既有跑步,又有滑步;既有向前跑,又有向后跑;既有正着跑,又有侧着跑。这些都对篮球运动员的速度训练提出了不同的要求。

篮球运动的速度特点表现为以下几方面:

① 连续反复的快速冲刺;

② 身体重心低,反复变速变向;

③ 起动速度快,在短距离内能发挥最大速度能力,长时间变速能力强。

篮球运动速度的特点决定了篮球运动员不仅需要ATP－CP供能能力,而且要求提高糖酵解供能能力。

起动速度、加速跑速度和速度耐力是篮球运动员速度训练的重点。因为篮球场只有

28 m长，15 m宽，所以要清楚地认识到影响这类速度的主要因素是躯干的固定平衡力量，髋、膝、踝关节的爆发力及上肢的摆动力量。根据篮球运动速度的特点，篮球运动员的速度训练应要求：

① 着重发展动作的频率；

② 培养运动员对时空的反应判断能力，以提高反应起动速度；

③ 快速跑动应与技术动作协调；

④ 速度训练应安排在训练前期进行。

2. 篮球运动员速度训练的方法

篮球运动员的速度训练要与其他手段相结合进行，如与发展最大力量、速度力量和完善动作技术(起动、滑步、急停等)结合；专项(动作)速度必须与专项技能的完善相结合。篮球运动员的速度训练应着力于提高场上的起动和快跑以及无氧供能能力。

(1) 小步跑、后踢腿跑、高抬腿跑、交叉步跑、后退跑或原地快速中突然改变为加速跑。

(2) 10 m、20 m、30 m、100 m 加速跑或变速跑。

(3) 根据教练员手势或信号，做传球或运球的快速起动和急停。

(4) 5～8 m 往返跑或全场四点折回跑。

(5) 快速运球上篮或全场运球 3～4 次上篮。

(6) 两人一组站在端线外，前后相距跑 2～3 m，根据信号，前面的队员快速运球上篮，后面队员全力追赶，尽可能追上，将球抢到手，或干扰他的动作。

(7) 传球或运球的接力赛。

(8) 两人一组端线开始，全场三传上篮，往返 2～4 次为一组。

(9) 多种脚步动作的转换练习。

(10) 队员站在端线外，教练员向前场传高吊球或地滚球，一人迅速起动加速跑，接球上篮。

(11) 合理的负重力量练习。

3. 篮球运动员速度素质训练应注意的问题

(1) 速度素质应结合篮球专项的特点才能奏效，教练员首先要了解自己专项速度的特点，看看自己专项是以哪一类速度为主，以哪一种表现形式为主。

(2) 发展篮球运动员速度素质应注意其年龄特征。

(3) 注意合理安排篮球运动员速度素质训练的顺序与时间。

(4) 注意以发展力量和柔韧性来促进篮球运动员速度素质。

(5) 注意进行速度练习时人体要处在适宜的工作状态。

(6) 发展篮球运动员速度素质应重视肌肉放松。

(7) 正确预防和消除“速度障碍”。

(8) 篮球运动员速度素质训练应结合专项进行。

(三)篮球运动员的耐力训练

1. 篮球运动员的耐力特点及训练要求

篮球运动员的耐力素质主要以糖酵解的供能形式为主,因此篮球运动员的耐力训练要以最大乳酸能和机体耐酸能力的训练为主,有氧供能的训练为辅。有氧供能的训练是糖酵解供能训练的基础。有氧供能能力强,运动员在比赛和训练中的恢复能力就强。但是,必须认识到无氧供能和无氧—有氧混合供能是保证篮球运动员在比赛中保持长时间快速运动能力的物质要素。

根据篮球运动耐力的特点,篮球运动员耐力训练的要求主要有以下几种:

① 篮球运动员的耐力训练首先要提高有氧耐力水平;

② 篮球运动员的耐力训练要突出专项耐力;

③ 准备阶段前期应更多地发展有氧耐力,准备阶段后期及赛前阶段则着重发展无氧耐力;

④ 篮球运动员的耐力训练要长年进行。

2. 篮球运动员耐力的训练方法

发展篮球运动员一般耐力的途径是提高运动员的摄氧、输氧及用氧能力,保持体内适宜糖原和脂肪的储存量以及提高肌肉支撑运动员器官对长时间负荷的承受能力。发展一般耐力经常采用持续匀速负荷和变速负荷的方法,负荷强度一般应控制在接近无氧代谢的强度,心率控制在160次/min左右。

(1) 持续负荷法

发展篮球运动员专项耐力训练要特别注意专项总体代谢特点,一般以发展非乳酸性无氧耐力为主,采用95%左右强度、心率可达180次/min的训练方法,重复组数可达5～6组,重复次数宜比组数少些。

(2) 间歇负荷法

这种训练方法主要提高有氧代谢水平,心率控制在160次/min左右,其方法有匀速跑、变速跑、超越跑、折返跑。这种训练方法为有氧和无氧混合代谢。负荷采用50%左右的有氧和50%左右的无氧,心率上限为28次左右/(10 s),间歇时间是在没有完全恢复的情况下再进行下一次练习。方法有400 m跑、100 m快速跑、100 m放松跑,反复进行;40 s左右的各种连续跑,重复进行。

(3) 重复负荷法

这种训练方法主要提高无氧代谢水平,负荷的最大心率达28次/(10 s)以上,组间休息5 min,心率下降至15次/(10 s)左右再进行下一次的练习。方法有5～10组400 m计时跑,不同强度的重复练习。

3. 篮球运动员耐力素质训练时应注意问题

(1) 篮球运动员耐力素质训练中有许多单调重复的训练方法,难以使运动员的耐力得到较好的发展。因此训练方法的选择及其所占百分比要根据篮球这个运动项目的代谢特点来确定;还要根据个人的训练状态和队员在场上的位置、任务以及耐力训练的各个重点目标来确定。

(2) 篮球运动员的个人意志控制能力也决定着耐力素质的发展。个人意志控制能力越高、越稳定,越有利于克服自身体内以及外部的不利因素而承受较大负荷,从而提高运动员的耐力素质。因此,教练员在训练中必须掌握现代耐力训练对篮球运动员所必需的心理学知识,懂得提高运动员心理负荷能力的方法。

(3) 有氧代谢供能是所有供能系统的基础。通过训练增强篮球运动员有氧代谢能力,在初期应以增强心肺功能为主。对具有一定训练水平的运动员,应以增强在进行篮球运动时骨骼肌利用氧的能力为主,提高肌肉自身工作的耐力。

(4) 篮球运动员在进行耐力训练时,身体承受的负荷较大,因此每次训练后都要采取积极有效的恢复措施和营养手段,并养成良好的生活习惯。吸烟严重影响运动员的有氧耐力,所以篮球运动员应严格禁止吸烟。

(5) 篮球运动员身体训练中运用心率监控运动负荷,能充分体现个人对运动负荷的反应差异,有利于教练员区别对待,也易于运动员自身掌握和应用。因此提倡运动员用心率自我监督进行耐力素质训练。

(四) 篮球运动员灵敏素质的训练

1. 篮球运动员灵敏素质特点及训练要求

篮球运动员的灵敏素质是指运动员在各种复杂、突变的情况下,快速、准确、协调、灵巧地完成动作的能力。它是大脑皮层神经过程的灵活性和分析综合能力高度发展的结果,是运动素质和运动技能在运动中的综合体现,是一项综合运动素质。它不但是衡量一个篮球运动员优劣的指标之一,而且是篮球运动员掌握和运用技战术的重要基础。现将把篮球运动员灵敏素质的训练方法分为两大类,一是变向移动类,二是动作转换类。

篮球运动员的灵敏素质训练要全面提高与灵敏素质相关的反应速度、柔韧性、爆发力,改善肌肉的弹性和关节、韧带的伸展性,使篮球运动员的素质能力均衡、协调发展。

2. 篮球运动员灵敏素质的训练方法

(1) 变向移动类

① 绕"∞"字跑。场地器材:准备一块长宽 10 m×7 m 的场地,按规定距离放好 6 根标杆或球,秒表一块。测试方法:队员站在起跑线外,听到口令立即起跑,绕杆(球)跑完全程,计算跑完全程所用时间,记录以秒为单位,测两次,取最好成绩。

② 15 s 往返跑或 10 m×4 往返跑。可采用记名次或规定多少时间内完成,以提高队员练习的积极性。

③ 侧跨步。画三条线,每条线间隔 12～15 m,队员两腿立于中间线位置,当听到口令,先向右跨步,到右脚触及右边线外,再收回右腿成开始姿势,然后再向左跨步到左脚触及左边线

外,再收回左腿成开始姿势。以10 s内完成动作的次数作为评分标准。

④ 摆脱防守变向移动练习。两队员一晃一堵。防守队员从端线外进行堵拦,进攻队员在场内设法摆脱防守队员的堵截,从端线逃出场外,以不被摸到为胜。

(2) 动作转换类

① 走、跑、跳转换。手脚着地从端线快速爬到中线,接双足跳10个,然后冲刺跑返回端线,可以计时。

② 快速后退跑。队员面对端线准备好,看到教练手势转体180°快速后退跑至中线。

③ 运球急起急停。教练先规定抛球为急停,接住球为急起运球。队员从端线运球,行进中注意教练的手势,教练把球抛向空中,立即急停,原地运球,当教练接住球时,急起行进运球。

④ 立卧撑。队员听到开始的信号,迅速由站立到下蹲,两手在足前撑地,两腿向后伸直成俯撑—下蹲—站立。以10s内完成动作的次数作为成绩评定标准。

3. 篮球运动员灵敏素质训练时应注意的问题

(1) 灵敏素质的发展以其他素质的发展为基础,训练中可广泛采用发展其他素质的练习来发展灵敏素质。

(2) 灵敏素质训练要结合各种信号进行,以提高运动员的观察判断和反应能力。

(3) 进行灵敏素质训练时,时间不宜过长,练习的重复次数不宜过多,可多变化一些练习形式。练习一般可安排在训练课的前一部分,因为此时体力比较充沛。身体疲劳时,不宜进行灵敏练习。

(4) 着重提高中枢神经系统的灵活性,同时要提高脚步、腰、胯的灵活性。加大移动和旋转难度,以提高身体的平衡能力。

(五) 篮球运动员柔韧素质的训练

1. 篮球运动员柔韧素质特点及训练要求

柔韧是指运动员关节韧带屈伸旋转的活动范围和肌肉拉长的幅度。它取决于关节的骨结构,以及跨过关节的韧带、肌腱、肌肉和皮肤的伸展性和弹性。发展柔韧素质对篮球技术的掌握和发挥有着积极的促进作用。柔韧素质好还可以减少运动损伤,对提高其他素质也有密切关系。因此,必须重视柔韧素质的训练,特别是青少年时期是发展柔韧素质的最好时期,更要注意加强柔韧素质的训练。

篮球专项柔韧训练要早期专门化。柔韧训练应该从少儿时期开始改善关节的灵活性,提高韧带、肌腱的弹性和肌肉的伸展性。篮球柔韧素质训练要与其他素质结合进行,特别是要与力量素质训练结合,使肌肉、韧带柔而不软,韧而不僵,刚劲有力,使关节的活动灵活自如。

2. 篮球运动员柔韧素质的训练方法

(1) 两手手指交叉相握,手心向前做压指、压腕动作,手臂向下、向前、向上充分伸展。

（2）两手手指交叉相握向上伸直，身体向左或向右充分伸展。

（3）两臂做不对称大绕环转肩动作，在背后一手从上往下，另一手从下往上，两手在背后做拉伸练习。

（4）并腿直立，上体前屈，手摸脚或地面；或身体侧转用手摸异侧脚脚跟。

（5）两腿交叉直立，上体前屈手摸脚或地面。

（6）两腿开立，髋关节向前送，手摸脚跟。

（7）两腿前后开立，两脚跟着地做弓箭步向下压腿。

（8）在地板上做“跨栏步”拉压腿、跨。

（9）左右弓箭步练习，手放在脚上，连续左右弓箭步练习。

（10）两人背对背站立转体击掌练习。

（11）利用器材或同伴相互之间做压肩、拉肩、转肩背和各种压腿拉腰、背及全身伸展练习。

3. 篮球运动员柔韧素质训练时应注意的问题

（1）循序渐进，持之以恒

柔韧素质的发展是需要意志的练习，练习时痛感强，见效慢，停止训练便有所消退，只有持之以恒才能见效。初次练习时易见效果，第二天再练习时有痛感，第一次练习获得的效果几乎全部消退，柔韧水平差于第一次练习前的效果。这是由于肌肉被拉长、回缩力增加的原因，因此应继续将其慢慢拉开，消除痛感。经过一个时期的练习后，该长度的伸展已适应，应进一步拉长肌肉和牵拉肌腱，以增强回缩力。因为柔韧练习本身就是由不适应到适应逐步提高的过程。

（2）专项柔韧性练习要因项、因人而异

柔韧性练习必须根据专项特点和练习者的具体情况安排。例如，跳跃项目的运动员主要要求腿部和髋部的柔韧性，游泳运动员主要要求踝关节和躯干的柔韧性，体操运动员主要要求肩、髋、腰、腿部的柔韧性。因此，在全面发展身体各部位柔韧性的基础上，要重点练习本专项所需要的几个部位的柔韧性。另外，在进行柔韧素质练习过程中必须视练习者具体情况进行区别对待，突出针对性和应用性。

在运动训练中，虽然各项对柔韧性都有一定的要求，但一般来说没有必要使柔韧性的发展达到最大限度，柔韧性的发展程度只要能满足专项运动技术的需要就可以了。

（3）柔韧素质的发展应与力量素质的发展相适应

柔韧的发展应是在肌力增长前提下的发展，而肌力的增长又不能因肌肉体积的增长而影响关节活动幅度。力量练习是发展肌肉的收缩能力，柔韧练习则发展肌肉的伸展能力。因此，力量结合柔韧的练习对提高肌肉质量是最为有效的方法之一，既能达到力量和柔韧的同时增长，又能保证关节灵活性的稳固。

(4) 柔韧素质的发展要兼顾相互关联的身体各个部位

在有些动作中,柔韧性不仅仅表现在一个关节或某个身体部位,而是牵涉到几个相互关联的部位。例如,采用"桥"的练习来发展腰部柔韧性就是由肩、脊柱、髋等部位的关联所决定的。因此,在练习过程中对这几个部位都应该进行发展,倘若忽视某一部位就有可能出现伤害事故。如果发现某一部位稍差,就应立即采取措施使其得到改善。另外,也可通过其他部位的有效发展使其得到补偿,这样做可以使各部位的柔韧性得到发展,保证专项运动训练的需要。

(5) 柔韧素质练习要注意外界温度与练习时间

外界温度过高或过低都会影响到肌肉的状态和伸展性。一般来说,当外界温度在18℃时,有利于柔韧的发展,因为肌肉在这个温度下,伸展性较好。温度过高,肌肉紧张或无力都会影响伸展性。例如,跳高运动员每做完试跳之后,总要穿上衣服,目的在于保持体温,使肌肉处于良好的状态。

在一天之中,任何时间都可以进行柔韧性练习,只是效果不同。早晨柔韧性会明显地降低,所以早晨可做一些强度不大的"拉韧带"的练习。在上午10时至下午6时,人体能表现出良好的柔韧性,可进行一些强度较大的柔韧性练习。

(6) 柔韧性练习之后应结合放松练习

每个伸展练习之后,应做相反方向的练习,使供血供能机能加强,有助于伸展肌群放松和恢复。例如,压腿之后做几次屈膝练习,体前屈练习之后做几次挺腹挺胯动作,下腰后做几次体前屈或团身抱膝动作等。

(7) 柔韧素质的发展要从小培养

我国体操界、武术界、技巧界运动员的柔韧性练习都是从小开始的,并在这方面积累了丰富的经验。从小发展的柔韧素质,由于是在人体自然生长发育的过程中实现的,因此能得到保持和巩固,不易消退。此外,柔韧素质发展的敏感期是5～10岁,所以在此期间要抓紧练习,并在10岁以前使柔韧素质得到较好的发展。

(8) 柔韧练习时要防止受伤

柔韧练习主要是运用各种方法拉长人体各关节的肌肉、韧带的长度。但如果不注意科学的方法,非常容易出现肌肉拉伤事故。因此,要提高柔韧练习的最终效果,必须要防止在练习时受伤。一般在柔韧练习前,可做一些热身活动,减少肌肉的粘滞性;在拉长肌肉的过程中,不易用力过猛,特别是在被动柔韧练习时,教练员施加的外力要循序渐进,并及时注意运动员的练习反应,以便合理地加力与减力,保证柔韧练习的正常进行。

第三节　排球运动员的体能训练

一、排球运动的项目特征

排球运动是一项两队在由球网分开的场地上进行比赛的项目。其目的是将球从球网上空击过并使球在对方场区落地，而阻止对方达到同样目的。每队有三次机会将球击过球网(拦网击球除外)。比赛由发球队员把球发过球网进入对方场区空间开始，直至球落在比赛场区、出界或某队不能将球合法击回为止。胜一球的球队得一分(每球得分制)。接发球队胜一球时，得一分并获得发球权，同时队员沿顺时针方向轮转一个位置。

排球运动既可在室内进行，也可在室外进行，适合终生参与。它兼具速度感、刺激性和爆发式动作，能够充分展示参与者自身的能力、精神、创造力和美感，受到了不同人群的广泛喜爱。在当今世界最高水平的竞技层面上，排球已发展成为一项体现爆发式力量性技巧的运动，它需要顽强的竞技精神和默契的团队协作，是高度与力量、速度与技巧、全面与变化的完美结合。而对于业余爱好者来说，排球运动的目标就是使排球在空中飞舞，他们在本方球网一侧击球不让它落地，并将球打到球网另一侧，使对手无法再次将球击回而得分。

总体而言，排球运动属技能主导类的隔网对抗性集体项目，以技能为主导和集体隔网攻防对抗是排球项目特征表现的两大方面。与同为大球运动的篮球和足球相比，对抗中身体的非接触性、击球部位的全身性、触球时间的短暂性、击球次数的有限性、击球时球的空中运动性和击球效果的得失分两重性是排球运动的显著特征；而与同为隔网对抗类的乒乓球、羽毛球和网球项目相比，攻防对抗中两人以上的集体性严密、精巧配合则是排球运动的突出特征。

二、排球运动员的体能特征

(一) 排球运动员的形态特征

排球运动员的身体形态特征是指运动员身体的长(高)度、围度和身体成分等指标的构成特征。2000 年出版《运动训练学》[①]认为，排球运动运动员的身体形态特征是“身材高、四肢较长，而坐高较短、皮质层薄、体脂肪量小、去脂体重及体质密度大，臂长、上肢围松紧差大、手较骨盆相对较窄，小腿长、踝围细、跟腱长、足宽而不长”。随着排球运动的发展，近年来人们在实践中逐渐认识到，不强调肢体的围度、身体充实度等指标的“豆芽菜”体形的排球运动员很难在拦网、扣球等网上对抗中体现力量优势，不符合现代排球运动发展的要求。因此，排球运动员的身体态特征在上述要求基础上还应该强调“匀称、结实”这一直观的外在感觉，体重指数不能低于正常标准(BMI 在 20～24 之间)。

① 田麦久. 运动训练学. 北京：人民体育出版社，2000.

(二) 排球运动员的机能特征

排球运动员身体的机能水平是指运动员的身体健康状态、有机体各器官系统的机能、运动员有机体承受大负荷训练比赛的生理抗疲劳能力和恢复能力。

对排球比赛中心率变化的研究表明，排球比赛中运动员的平均心率为148次/min，最高心率为180次/min，排球比赛基本上属于中等强度的负荷。由于排球比赛的时间长，对抗激烈，且技术动作复杂多变，对运动员的中枢神经系统、心血管系统和呼吸系统的要求很高。在完成大强度爆发性用力扣球、拦网等动作中，主要募集快肌纤维。排球比赛每个回合的工作时间持续4～30 s(平均约9 s)，前后两分之间的间歇时间持续10～20 s(平均约12 s)，每场比赛约持续1小时29分钟，工作期与间歇期之比约为1∶1.3。工作期90%的时间使用ATP-CP系统，无氧酵解只为高强度的肌肉工作提供10%的能量。如果两分之间(也可能是替换和暂停期间)的时间较长，运动员能在间歇期以有氧代谢的形式补充细胞内的ATP和CP储备。总之，排球运动(包括工作期和恢复期)的全部能量需求由所有三个产能途径按以下比例提供：ATP-CP系统(40%)、无氧酵解系统(10%)、有氧代谢系统(50%)。所以，排球运动员应该以建立在坚实的有氧健康基础上的出色无氧系统能力为目标来设计体能训练计划。

(三) 排球运动员的身体素质特征

排球运动对运动员的身体素质具有鲜明的专项需求特点。如果没有高度发展的身体素质，排球运动员即便拥有良好的技术和战术，也不可能在高水平的激烈比赛对抗中展现出应有的竞技水平。

1. 专项力量素质

排球运动是一项体现力量魅力的项目。运动员的大力扣杀，需要出色的弹跳力和强大的腰腹及上肢力量。在激烈的扣拦对抗中，拦网运动员不但需要良好的腰腹力量控制身体在空中的姿态，更需要坚强有力的躯干和手臂去直接拦阻对手的重扣。

2. 专项速度素质

在体现力量魅力的同时，排球也是一项展现速度的运动。当今优秀男子排球运动员的扣球速度已经高达30 m/s以上；战术变化的丰富和攻防节奏的加快迫使运动员不但要在单个技术动作的各个环节上体现出“快”，更要在攻防转换、攻传配合等动作与动作之间的衔接上体现出“快”。如果不能在速度上取得优势，就很难在当今世界高水平的排球竞技中占据一席之地。

3. 专项耐力素质

在一场长达一个多小时的比赛中，排球运动员要完成上百个有短暂间歇的攻防对抗回合，而每个回合的对抗中都需要不断地移动、跳跃，需要具备很高的耐力水平。有氧耐力与无氧耐力相结合，跳得高、移动得快并且要持久，是排球运动员的主要耐力特征。

4. 专项灵敏素质

排球比赛中，运动员既有场上位置的区分和角色分工，又有位置轮转的要求，在每个特定的位置上要面对高低、快慢、变化万千的来球，不仅要顾及前后、左右，还要应付空中、地上，跳起能准确传球、扣杀或拦网，倒地能快速、巧妙、准确救球，这些都依赖高度发展的灵敏性。排球运动员所展现的灵敏性和协调能力的独特之处在于在短暂的击球时限内和限定的击球次数内准确地处理人与运动着的球的时空关系。

5. 专项柔韧素质

良好的柔韧能力，不但利于提高和发展排球技术，扩大对球的控制范围，而且也能避免和防止肌肉及关节、韧带拉伤。排球虽然不像体操、武术等项目对柔韧性要求那么高，但由于排球运动员在某些情况下的跨、展、拉、弯等动作的幅度比较大，如跨步抢救低而远的球、展腹和和拉臂扣位置偏后的球等，所以也对柔韧性有一定要求。

三、排球运动员体能训练的内容、方法与手段

排球运动员的体能训练包括身体形态、机能和素质三个方面。排球专项体能是运动员身体形态、机能、素质的一个综合体现。身体形态、机能和素质指标的高低，一方面取决于运动员的先天遗传，另一方面取决于运动员对后天训练刺激的适应程度。身体素质是专项体能的外在综合表现，身体形态和身体机能影响和决定运动素质；反过来，运动素质的发展直接影响身体形态和身体功能。

在排球运动训练实践中，通常用比较外显和容易操作的身体素质练习方法及手段来综合调控运动员的体能训练。例如，为了改善运动员的“豆芽菜”身体形态，可以在其力量训练中选用对肌纤维增粗和力量增长效果均比较显著的 6～8 RM 左右的负荷增加上肢、躯干围度和力量，待运动员的“豆芽菜”体态有明显改善后，再用对肌纤维增粗不明显但对改善神经支配能力明显的 1～4 RM 左右的负荷加强上肢和躯干的爆发力。再如，为了改善运动员的有氧耐力以适应平均每场长达 1.5 h 的高强度比赛，可以每周安排运动员进行一次 2 h 左右的爬山训练，既可以提高运动员的有氧耐力，也可以使其在自然山色中缓解一周训练带来的心理疲劳。

根据训练时是否使用相应的器械和设备，可将排球运动员的体能训练方法分为非器械类训练方法和器械类训练方法两种。器械类训练方法又可以进一步分为重器械方法、多功能组合练习器械类方法、专门器械类方法和轻器械类方法。

（一）排球运动员的力量训练

1. 发展专项力量的练习手段

（1）手指手腕力量练习

① 手指用力屈伸练习。

② 手指用力做握网球练习。

③ 单手或双手传足球或篮球。

④ 身体离墙 1 m 左右，用手指做推撑墙的动作。

⑤ 向下抖手腕做拍球练习。

⑥ 提抓铅球或沙袋练习。

⑦ 手持哑铃做腕绕环练习。

⑧ 用小哑铃或杠铃做腕屈伸练习。

⑨ 手指或手掌撑地做俯卧撑练习。

(2) 手臂力量练习

① 单人各种抛球练习。用前臂和手腕动作将实心球抛起用另一手接住，两手交替进行。双手背后将球抛起过头并接住。双手上抛，转体360°接住。仰卧，双手胸前向上传球，迅速起立接球。双手持球，弯腰从胯下向后上方抛球，转身接球。

② 双手或单手持球上举，立姿或跪姿、坐姿，直臂或屈臂做向前、向后抛掷实心球练习。

③ 双人推小车比赛，正反向运动，要求身体要平直，手臂应伸直。

④ 俯撑，脚尖固定，两手交换支撑绕圆圈移动。

⑤ 手倒立推起(在同伴帮助下)练习。

⑥ 俯撑，手足同时离地做向侧跳跃移动。

⑦ 双手持哑铃做前平举、侧平举和臂绕环练习。

⑧ 双手持哑铃肩后屈肘上举。

⑨ 徒手挥臂或做掷网球练习。

⑩ 肩上单手或头上双手掷实心球练习。

(3) 腰腹肌、背肌力量练习

① 单人徒手练习

a. 仰卧起坐、俯卧体后屈、侧卧抱头侧上屈、仰卧举腿、肋木举腿等。可徒手或负重练习。仰卧元宝收腹。

b. 双手置于头上，上体做前后屈、左右屈或大绕环练习。

c. 仰卧两头起：仰卧，两手臂和两腿伸直，同时向一起靠拢，手指尖触脚背为一次。

② 双人徒手练习

a. 俯卧，两手置背后，做体后屈，另一人固定其脚部。

b. 一人仰卧双手握住另一人踝部，做快速收腹起，另一人推其脚背。

c. 凳上仰卧，举起两脚放在另一人腰旁，另一人握住其踝部，仰卧者伸直两膝用力坐起来用手拍自己的脚背面，然后双手在头后触地。

d. 左右侧卧起，另一人固定其脚。

③ 实心球练习

a. 双手持球或双脚夹球，在垫上做仰卧收腹或俯卧折体起。

b. 站立或分腿坐地，双手持球做体转和上体大绕环练习。

c. 两手持球，臂上举，做以腰为轴上体后屈的腹背运动。

d. 双脚夹球跳起，将球向前、向上或向后抛出。

e. 一人仰卧于垫上，在其脚部稍远处站一同伴。同伴把实心球传给仰卧者，仰卧者接球坐起，同时将球用双手回传给同伴。

f. 坐在垫上，双手持球，从头上向背后掷实心球。

④ 杠铃和壶铃练习

a. 做抓举杠铃的练习。

b. 斜板仰卧持壶铃或杠铃片做收腹练习。

c. 肩负杠铃或手持壶铃做上体屈伸练习。

d. 肩负杠铃做体前屈、体转、体侧屈练习（小负荷）。

e. 双手举一重物（杠铃片、哑铃等），做腰绕环。

（4）下肢力量及弹跳练习

① “矮子”步行走，要求双手摸脚后跟，行走距离视能力的提高而逐渐增加。

② 单双脚跳绳及双摇跳绳练习。

③ 连续蛙跳、跨步跳、多级跳、单足跳练习。

④ 连续跳跃一定高度的橡皮筋或栏架。

⑤ 跑台阶或双脚连续跳台阶。

⑥ 两人相向半蹲，连续侧滑步移动并做双手胸前传球练习。

⑦ 双脚夹球，跳起小腿后屈向上抛球后用手接球。

⑧ 在海滩、沙地或木屑跑道上及软垫上做各种跳跃练习。

⑨ 肩负队员半蹲起、全蹲起或左右脚交替做高凳上下练习。

⑩ 杠铃负重半蹲快速提踵。

⑪ 脚挂壶铃，做小腿屈伸练习。

⑫ 肩负杠铃坐在凳上，站起，连续做若干次。

⑬ 左右脚交替向前做跨跳练习。

⑭ 两腿深蹲连续向前做蛙跳练习。

⑮ 连续垂直跳起在空中做快速收腹练习。

⑯ 原地向前、向后、向左、向右做直膝连续跳跃练习。

⑰ 半蹲、全蹲纵跳起。

⑱ 原地连续做直膝向上跳练习。

⑲ 垂直跳起在空中做转体 180°、360°练习。

⑳ 单脚，前跳，落地后立即双脚跳回。

㉑ 高台跳下后立即做冲刺跑练习。

㉒ 半蹲姿势从高台跳下后，立即再跳过低障碍物。

㉓ 利用高台或跳箱做连续跳上跳下（单、双脚）。

㉔ 连续双脚跳越 3～5 个栏架。

㉕ 做结合排球的各种起跳练习。

㉖ 做摆臂起跳的模仿练习。

㉗ 做摆臂与起跳的节奏练习。

㉘ 做助跑与踏跳的结合练习。

㉙ 做助跑与起跳空中平衡与滞空能力的练习。

㉚ 做变向助跑起跳与跑动助跑起跳扣球练习。

㉛ 做跳起空中连续拦扣球的练习。

㉜ 网前连续移动追拦吊球。

㉝ 沿45°快速助跑至网前起跳,在最高处接抛球。

㉞ 低网原地起跳扣自抛球。

㉟ 原地或助跑起跳摸篮球板(或一定高度的物体)。

a. 跳起单手连摸。

b. 跳起两手交换摸。

c. 跳起两手同摸一个位置后换摸另一个位置。

㊱ 两人跳接球练习。要求在空中跳接后立刻在空中传出。

㊲ 连续两边来回移动起跳。

a. 摸篮板的两个角。

b. 摸两个吊球。

c. 双手拦同伴在网上举着的两个球。

㊳ 肩负杠铃提蹬。地面上放一块约5 cm厚的木板,队员前脚掌站在木板上,脚跟站在地面上,肩负杠铃,抬头,挺胸,腰肌收紧,做提踵练习又选用大重量时,要在杠铃架上练习。

㊴ 肩负杠铃跳跃。用下肢最大力量的50%为负荷量,队员膝关节角度为130°~140°,跳跃高度为15 cm,按规定的次数和组数练习。

㊵ 肩负杠铃半蹲起。下蹲时身体要保持挺直,膝关节角度不要小于120°,杠铃重量一般应控制在最大负荷75%左右。下蹲速度不要快;蹬起时,速度尽量快一些。

㊶ 仰卧双足蹬起杠铃。

㊷ 各种重量的抓举和挺举。

㊸ 连续快速拉起一定重量的杠铃,要充分伸展髋、膝、踝等关节。

㊹ 半蹲姿势跳起上抛3~5 kg的实心球,要使用伸髋、膝、踝的力量上抛而不是只靠手臂的力量。

㊺ 助跑单脚或双脚起跳摸高,连续摸高练习。

2. 排球运动员力量训练时应注意的问题

(1) 力量训练应循序渐进,训练负荷逐渐递增。力量增长快消退也快,增长慢消退也慢。当队员对某一负荷适应后,应增加负荷刺激,使运动员始终处于不适应状态,不断打破旧的循环,建立新的循环。大负荷训练能使肌肉最大程度地收缩,从而刺激肌肉产生相应的肌力,使肌力不断地有所提高。实践证明,每周安排一两次力量训练可保持已获得的力量,但只有坚持全年训练,才能使力量得以逐步增加。

(2) 力量训练一定要全面,上下肢、前后肌群要平衡发展,离心收缩与向心收缩要成比例,主动肌、协同肌与对抗肌的放松练习也要纳入力量训练计划中。在一节力量训练课中,其安排应遵循从大肌群训练至小肌群的训练顺序,在常年或多年的训练过程中应坚持小肌群训练的不间断性。

(3) 力量训练应实行集中与分散刺激相结合。每次力量训练集中于某一部位效果较好,因为集中刺激容易给机体留下较深的痕迹。但集中刺激过于频繁,容易使局部肌肉产生疲劳甚至伤害。所以,不能每次训练都集中在某一部位,只有将集中刺激和分散安排结合起来,才能使身体各部位的力量协调发展,相互促进。

(4) 力量训练手段和方法力求多样。任何长时间单一的练习方法都会使队员感到枯燥甚至厌倦,单一练习手段对队员机体的训练不可能是全面的。为了提高队员练习的兴趣,全面增强队员的身体机能,应根据力量训练的任务,结合队员的身心特点,力求训练手段和方法新颖、多样化。

(5) 力量训练要因人而异,根据不同年龄、形态、场上位置、个体特征等因材施教,循序渐进。在少年期,应主要以克服自身阻力的形式,逐步提高承受负荷的能力,多采用动力练习,以发展一般力量训练为主。在青少年性发育初期,应尽量避免对脊柱有负荷的练习,用提高动作速度和改善肌肉协调功能来提高速度力量。在16～18岁阶段可逐步承受最大力量的负荷训练。力量训练应在精力充沛时进行,身体疲劳时进行力量训练容易受伤,负荷大或达到极限强度时,一定要加强保护,避免伤害事故的发生。

(6) 在力量训练中要突出速度因素,不要片面追求负荷量和难度,关键是在动作正确的情况下选择适宜的负荷强度,重点突出速度。

(7) 弹跳力水平较多地依赖于力量素质,而力量素质易消退。因此,弹跳力的训练需要多年规划和全年规划,常抓不懈。在全年计划中要安排好每一阶段的训练重点,一般情况下冬训期间弹跳力训练比重应大些,而且多采用力量素质练习的训练方法,比赛期间可减少弹跳训练,但结合排球技术的弹跳比重应增大。即便在过渡期也要保持一定的力量训练,以维持并提高队员的弹跳力水平。

(二) 排球运动员的速度训练

1. 发展专项速度的练习手段

(1) 反应速度的练习

① 看手势或其他信号向各个方向起跑。预备姿势可以是站立姿势,也可以是坐姿、跪姿或卧姿。

② 全队队员分两队面对站立,相距1 m左右,看教练手势或其他信号做追逐跑练习。

③ 冲刺钻球。教练员抛垂直球,队员定点起动,力争在球落地前从球下钻过。也可以是

教练员将球突然放手,让球下落并反弹起来,队员在第二次球落地前从球下钻过。

④ 冲刺接球。教练员单手将球高举,队员在3 m处准备,当教练员突然抽手让球掉下时,队员冲跑在球落地之前将球接住。

⑤ 一名队员任意抛球,另一队员迅速移动接球后抛回;或一名队员抛球,两个队员轮流接球;也可由一名队员抛球,其他队员绕过若干障碍物将抛出的球接住。

⑥ 转身接球练习。队员面对墙站立,教练员向队员后方掷出各种变换球的同时发出信号,让队员转身将球接住后再抛给教练员。

⑦ 垫墙上反弹球。队员面对墙2～3 m站立做好准备,教练员从队员身后突然将球扔到墙上,要求队员将反弹回的球垫起。教练员扔球的角度要根据运动员的反应能力而定,并掌握好练习的难度。

⑧ 追赶同伴练习。全队做圆圈跑动报数,做好追人的准备,教练员随机喊1或2,被喊到的队员立即加速追赶前面邻近的队员,要求在外圈一圈之内追到。

⑨ 主动与被动拦网。两队员隔网相对站立,一人主动甩开对方跳起拦网,另一人力争不被对方甩掉,而与其同时拦网。

⑩ 运用视觉或听觉信号做出各种快速起动和冲刺、移动、变向、急停和跳跃练习。

⑪ 从各种距离看手势起跑及冲刺比赛。

a. 绕过后面的队员做冲刺跑。

b. 绕过后面队员做一圈半冲刺跑。

c. 绕过前面的队员做冲刺跑。

d. 绕过前面的队员后,再踏起跑线后做转身冲刺跑。

e. 前面队员绕后面队员一圈后,后面队员接力起跑冲刺。

f. 后面队员绕过前面队员后,前面队员起跑冲刺。

⑫ 两个队员各站在篮球板的两个角下,看教练员手势起跳单手(或双手)摸篮板,然后移动摸罚球线(或排球场端线),如此往返3～5次,看谁完成的速度快。

⑬ 移动截球。教练员在网前,队员在中场准备,教练员向各位置抛出各种变化球,要求队员判断移动,在球未出半场或落地之前将球截获。

⑭ 队员背对墙面站立,对墙抛球并迅速转身将反弹球垫起。

⑮ 躲避球击。全队队员分成两队,一队站半场内,另一队站场外,场外队员用一球(或多球)掷向场内队员,场内队员移动躲避,被击中者出场或加入场外队,直至场内队员全被击中。

(2) 移动速度练习

① 原地快速跑计时练习。

② 做原地小步跑或高抬腿跑时,根据教练员发出的信号,突然向前加速跑出。

③ 结合排球场地练习各种移动步法。向前做小步跑或各种小碎步跑;向两侧做滑步或侧交叉跑;向后做后退跑或结合视、听觉信号做各种移动的互换练习。

④ 看手势快速起动，在进攻线和中线之间或端线和进攻线之间往返快速移动。

⑤ “36 m”移动。队员站在进攻线后看信号起动，前进时必须用双手触到中线，后退时双脚必须退过进攻线。前进、后退两个来回后接侧身滑步或交叉步移动（不许转身）两个来回，用单手触线，然后做钻网跑。单手触对方场区进攻线，折回时单手触出发线。

⑥ 根据教练员发出的视、听觉信号迅速起动、移动和制动，看哪个队员在规定的时间内移动距离长。

⑦ “米”字形快速往返移动。

⑧ 跑中变方向。

a. 队员站在距离教练员 10 m 的地方，看手势轮流起动跑向教练员。在离教练 2～3 m 时，教练员突然给两侧手势，队员不减速朝指定一侧跑去。

b. 同 a，从 6 m 处自动后退跑向教练。距 2～3 m 时，教练员发口令同时做方向手势，队员听口令转身朝指示方向一侧跑去。

c. 两队员相距 2 m，看手势迅速起动冲向教练员，约冲出 3～5 m 后，教练员突然向两侧给手势，如指向右时，则左边队员向中追右边队员，要求在 10 m 内追上。

d. 第一排五六个队员成纵队直线跑，看手势向两侧跑，看谁先冲出边线。

e. 同 d，从后退开始，听口令转身，同时看手势向两侧跑。

f. 全队相距 2 m，成两行跑，看手势向两侧互追。

g. 同 f，成两行后退跑，听口令转身，同时看手势向两侧互追。

⑨ 在网前 3 m 快速移动接起跳拦网练习。

⑩ 沿排球半场对角线冲刺跑。

⑪ 移动拦网后，后退垫球，并助跑做起跳扣球的组合练习。

⑫ 前后、左右连续移动做垫球、传球练习。

⑬ 扣球、拦网、调整传球、防守和扣球的组合练习。

（3）挥臂速度练习

① 徒手连续快速挥臂练习。

② 扣吊球。要求动作放松，并有后振动作，抽打时肩部向上伸展。

③ 快速挥臂以扣球动作鞭打标志物，如树叶，树叶应在扣球手臂上方最高处，鞭打时肩部向上伸展。

④ 手持篮、排、足球或羽毛球、乒乓球掷远。

⑤ 两人一组，相距 10 m 左右，相互单手肩上掷排球，要求以挥臂扣球动作掷球，并使球出手后与地面近似平行飞行。

⑥ 以扣球手法，在助跑起跳后挥甩网球、垒球或羽毛球。

⑦ 做轻杠铃的提、屈、挺等快速练习。

⑧ 两人一组，相距 5～6 m，单手掷实心球。

⑨ 结合球做挥臂练习。采用一人抛球,另一人扣球,在肩的前下方要有一根橡皮条或绳代替排球网,每组扣30次,两人交换。

(4) 起跳速度练习

① 连续跨跳、单足跳或蛙跳。

② 连续做徒手助跑起跳扣球练习。

③ 连续跳跃3~5个栏架或一定高度的橡皮筋,要求脚落地后立即跳起,连续性和节奏感要强。

④ 连续起跳拦快球10~20次。

⑤ 在30 cm台阶上跳上跳下10次,计时。

⑥ 连续跳3~5个不同高度的栏架或橡皮筋,要求连接的速度要快。

⑦ 教练员按限定的节拍左右移动横杆,队员穿沙衣或手持重物跳过横杆。

⑧ 连续起跳扣半快球10~20次。

2. 排球运动员速度训练时应注意的问题

(1) 速度的提高不如力量训练的增长明显,所以速度训练要保持经常性,并对提高动作速度不断地提出具体要求。

(2) 速度训练应安排在队员中枢神经系统处于良性兴奋状态时进行,否则动作的协调性将受到破坏,快速完成练习的能力也会丧失。在每次课的前半部,在适应性练习后进行速度练习效果较好。训练中应结合排球运动的特点练速度,应多采用视觉信号,让队员做出相应的反应动作。

(3) 专项速度练习要和专项技术训练紧密结合。专项速度练习可以帮助队员建立专项条件反射,从而能更快地提高专项技术的反应速度。实践证明,反应速度结合排球场地和球来进行比单纯练习提高的速度快。所以应结合专门技术练速度,与所采用的技战术特点相适应。

(4) 应以多种手段提高速度素质。要利用与速度素质相关的其他素质促进速度素质的提高,特别是通过力量素质的训练来提高速度素质。

(5) 在进行速度训练时要注意运动员的年龄和性别差异。初中学龄段是发展速度素质的敏感期。这个年龄段的队员中枢神经系统的兴奋占优势,骨骼增长迅速,柔韧素质相应较好,这些都为提高频率、增大动作幅度提供了条件,应抓住这一时期,特别重视速度训练,积极地发展队员的速度素质。

(6) 速度训练可遵循超负荷原则安排在负重力量训练后。利用肌肉剩余兴奋的惯性动员更多的肌纤维参与运动。既可发展力量,又可发展速度,使神经始终处于灵活控制中,防止产生动作僵硬和不协调。例如,在进行杠铃训练后立即转入徒手的、与所运用的技术动作相似或相同的练习。利用肌肉剩余兴奋的惯性,动员比平时徒手练习时更多的肌纤维参与运动,从而提高运动能力。

(7) 速度训练要防止产生不良影响的积累,如做完速度较慢的练习后要安排速度较快的练习，形成训练的良性转移。

（三）排球运动员的耐力训练

1. 发展专项耐力的练习手段

（1）弹跳耐力练习

① 连续小负荷多次数的力量训练。

② 规定次数、时间、节奏的跳绳，如 5 min 跳绳练习。双脚双摇跳 30 s，左脚弹跳 1 min，右脚弹跳 1 min，完成两个循环正好 5 min（可根据训练水平调整负荷）。

③ 连续跳上跳下台阶或高台。

④ 连续原地跳起单或双手摸篮板或篮圈。

⑤ 连续收腹跳 8～10 个栏架。

⑥ 30 m 冲刺跑 10 次，每次间歇 15～20 s。

⑦ 用本人弹跳 80％的高度连续跳 20～30 次为一组，跳若干组，组间休息 2～3 min。

⑧ 个人连续扣抛球，10～20 次为一组，扣若干组，组间休息 3 min。

⑨ 两人轮流连续扣抛球 30～50 次为一组，组间休息 2～3 min。

⑩ 3～5 人一组，连续滚翻救球，每人 30～50 次。

⑪ 扣防结合练习，队员扣一个球退到进攻线防守一个球，连续进行 10～15 次为一组。

⑫ 连续移动拦网。队员在 3 号位原地跳起拦两次，落地后移动至 4 号位拦一次，再回到 3 号位拦一次，移动到 2 号位拦两次，再回到 3 号位拦两次。如此重复 2～3 个循环为一组。

（2）移动耐力练习

① 看教练员的手势连续向右前、前、左前方进退移动，2～3 min 为一组。

② 36 m 移动。队员站在进攻线后看信号起动，前进时必须用双手摸到中线，后退时双脚必须退过进攻线，前进、后退两个来回后接侧身滑步或交叉步移动（不许转身）两个来回，用单手摸线，然后做钻网跑。单手摸对方场区进攻线，折回时单手摸出发线。

③ 连续地跑动滚翻或鱼跃救球。

④ 队员连续移动接教练员抛出的不同方向、不同弧度的球。

⑤ 单人全场防守，要求防起 15 个好球为一组。

⑥ 队员连续移动接教练员掷出的不同方向、不同距离的地滚球。

⑦ 个人连续地跑动传球或垫球 10～15 次。

⑧ 30 s 移动。距离 3 m 左右，连续做 5～8 组。中间间歇 15 s。

（3）综合耐力练习

① 身体训练以后再进行排球比赛或比赛以后再进行身体训练。

② 技术训练以后再进行篮球或足球比赛。

③ 象征性排球比赛模仿练习。队员从 1 号位防起一个扣球之后，前移防起一个吊球，再移动到 6 号位调整传球一次，移动到 5 号位防一个扣球，再移动到 4 号位扣一个球，移动到 3

号位做一次拦网动作,后撤上步扣球,再移到2号位。一次单脚起跳扣球为一组,连续做若干组。

④ 连续打5～7局或9～10局的教学比赛,可训练比赛耐力。

⑤ 按场上轮转顺序,在6个位置上做6个不同的规定动作,连续进行若干组。例如,1号位跳发球→6号位左右补位移动救球→5号位滚翻防守救球→4号位扣球→3号位拦网→2号位后撤鱼跃救球。

2. 排球运动员耐力训练时应注意的问题

(1) 耐力素质属于基础素质,应在全年训练计划中做好统筹安排。通常在冬训或一年训练之初多安排一般耐力的训练,作为全面训练的基础,在夏训和赛前可减少一般耐力的训练,增加专项耐力的训练,在比赛期间要酌情安排专项耐力训练,但不宜过多。

(2) 耐力训练应注意年龄特点。队员在身体发育成熟前,应着重发展其有氧耐力,而不宜做大量无氧耐力的训练。对这一阶段的少年儿童,可根据情况,适当穿插一些无氧耐力训练,但其强度不能超过大强度,重复的次数、组数要少,组间休息要充分,并以掌握较为熟练的技术动作练习为主,以免破坏技术动作结构,影响协调能力的发展。随着身体发育的不断成熟,应逐步加大无氧耐力的比例,为专项竞技能力的提高奠定基础。

(3) 紧密联系排球专项运动的实际,各种技战术和身体训练只要安排得当都可以提高耐力,特别是在技战术训练中,在时间、密度、强度的安排上应有意识地结合排球耐力训练的要求。在形式上接近实战,在量上要超过实战。采用极限训练法、间歇训练法和循环训练法都能有效地促进耐力的提高。

(4) 耐力训练对队员的意志品质要求较高。坚强的意志能充分发挥队员的内部动因,提高抗疲劳能力和耐力训练水平。因此,在耐力训练中,要注重队员意志品质的培养。

(5) 耐力训练要持之以恒。耐力素质消退较快,要经常进行耐力训练。每周至少应坚持一次有一定强度的耐力训练,才能使耐力素质得到保持。

(四) 排球运动员的灵敏素质训练

1. 发展专项灵敏素质的练习手段

(1) 控制性的练习

① 两臂同时分别向前、后绕环。按教练员口令,两臂分别做不同顺序、不同起始节拍的动作。左手前平举,右手在体侧不动—左手上举,右手前平举—左手侧平举,右手上举—左手下放体侧,右手侧平举—左手不动,右手还原。

② 两足开立和并拢连续跳跃,双手从体侧平举至头上击掌,最后还原。

③ 分足跳时,双手头上击掌,并足跳时双手侧平举。

④ 连续交换单足跳跃。前踢腿时,双手触足尖,后踢腿时,双臂上振,反复进行。一条腿前踢落地后换另一条腿后踢。

(2) 垫上练习

① 连续做前(后)滚翻练习。

② 做左右侧滚翻练习。

③ 做鱼跃前滚翻练习和手撑兔跳练习。

④ 做直体前扑—手掌胸前击掌—推起穿腿—蹬足练习。

⑤ 做前滚翻—左(右)横滚动—快起—原地鱼跃—跪跳起练习。

(3) 双人及多人垫上练习

① 双人前滚翻练习。

② 双人鱼跃横滚翻前进。

③ 三人两边交叉鱼跃横滚翻。

④ 三人两边鱼跃前滚翻练习。

(4) 橡皮筋垫上练习

① 高度 1 m 左右(也可根据队员弹跳高度确定),双脚跳起收腹将橡皮筋踩下,再接前滚翻,或接跪跳起,或接鱼跃。

② 做一定高度的侧手翻练习。

③ 双脚跳过橡皮筋接跪跳起后再跳过橡皮筋。

④ 两条橡皮筋,跳过一条后接俯卧撑,跪跳起后再跳过另一条。

⑤ 做一定高度的兔跳从下面过,臀部不得碰橡皮筋。

⑥ 一高一低两条橡皮筋,中间距离尽可能小些,做鱼跃前滚翻,从中间过,要求上下不得碰橡皮筋。

⑦ 同⑥,兔跳过,可以来回做,也可以从中间过去,从下面回来。

⑧ 同⑥,俯卧式跳高从中间过,再接横滚起。

⑨ 同⑥,用向侧前方鱼跃方法从上面过后再接横滚从下面过第二条橡皮筋。可以来回做。

⑩ 同⑥,两次鱼跃前滚翻过,或先做兔跳过,再做鱼跃前滚翻过。

(5) 弹跳板练习

① 原地或助跑高跳,做收腹展腹练习。

② 做前、后或左、右分腿跳。

③ 做前屈体摸脚面。

④ 两次转体、落地后接前滚翻或接鱼跃。

(6) 结合场地和球的练习

① 根据不同信号,队员分别做快速起动、制动、变速、变向及跳跃、滚动等动作。

② 队员做拦网落地后,接鱼跃或滚翻垫球,再上步扣球。

③ 队员做前扑—向后撤步移动—向前单足蹬地鱼跃—向侧后滚翻的组合练习。

④ 持球躺在地板上,自己向上抛球后立即起立将球接住。

⑤ 将球用力向地面击打,待其反弹后从球下钻过,反弹一次钻一次,力争钻的次数多一些。可以两人比赛。

⑥ 三人一组,中间队员分别接两边队员的平抛球做向后倒地传球。

⑦ 两人一组,一人跳传另一人抛来的球后接着做立卧撑,若干次后交换。

⑧ 教练员灵活运用扣、吊或抛球的方法支配球的速度和落点,队员判断翻动取位将球回传(垫)给教练员。

⑨ 教练员灵活运用扣、吊球手法,将球击到边(端)线附近,队员移动垫球,接界内球,不要接界外球。

⑩ 网前拦网一次,转身退到进攻线救一个球,然后回到网前传一个球。

(7) 游戏性的练习

① 两人相对站立做相互躲让或击打对方背部的游戏。

② 喊谁捉谁。在排球场内,全队分散站,教练员喊谁的名字,大家起跑过去捉他,突然喊另外一个队员的名字,又改捉另一人。可以连续喊不同队员的名字,使全队队员不停地跑起来。

③ 听哨音捉人。全队分为两人一组,可任意跑动,教师吹一声哨,1数追2数,吹两声哨,2数追1数,吹3声哨大家都停住不动。

④ "老鼠"出洞。大家手拉手站成圆圈,圈内两人为"鼠",圈外四人为"猫"。"猫"不让"鼠"出洞,"鼠"互相配合把"猫"晃开,从两人手下钻出就算出洞一次,以出洞三次为胜。在出洞过程中被"猫"摸到,则这次出洞无效。大家轮流扮演"老鼠"和"猫"的角色。

⑤ 叫号折回跑比赛。队员分三排在端线后按1、2、3、4号站好,教练员喊号,三排中被喊的队员一同跑到规定距离折回,先到者得1分。教练员可任意喊号,也可以重复喊号,最后得分多的队获胜。

⑥ 圆圈抢球。全队站成一圈,圈内2~3人,可以自由跑动,抢圆圈队员互相传的球,摸到谁出手的球就换谁进来抢球。传球的方法不限,但传球人不能移动位置,传失及接失者均和抢球的队员对换。

⑦ 活动球篮的篮球赛。两支队伍每队由3人手拉手做成一个"篮",可以在本队半场内自由跑动,但不能缩小篮圈,其他人可以互相传、抢球,争取投进对方的"篮",但接球的人不能运球跑,只能传。

⑧ 持球跑三次后倒接力赛。全队可分为三组进行,第一人持球在端线外预备,听信号后起动,双手持球向前跑,每跑到进攻线及端线时,须后倒一次,要求球不得离手,手不得扶地,在端线外站起后把球抛回本组第二人。第二人接球后必须在端线外后倒一次,或拿球触及端线再起跑,最先跑完的队获胜。

2. 排球运动员灵敏素质训练时应注意的问题

（1）排球运动中的灵活性是由判断能力、反应速度、移动速度、爆发力和协调性几种素质与排球技术结合而成。灵活性训练要求队员注意力集中，动作准确快速，因此应把灵敏素质训练放在课的前半部分进行。

（2）灵敏性训练要注重对腰、腹、背的训练，它们是连接上下肢的纽带，各种全身活动都离不开它们的配合，它们对于身体的灵活性起着重要的作用。

（3）灵敏素质训练应以视觉信号为主。在排球运动中，运动员的灵敏性反应多来自对已观察到的情况的判断，根据观察与判断及时地做出动作反应。所以要积极发展运动员的观察能力，提高他们神经系统的反应能力。

（4）根据年龄特点，安排好灵敏性训练。13～14 岁以前，通过训练来发展灵敏素质可以取得较大的效果。15～16 岁是快速生长期，灵敏性增长较慢，到 18 岁以后灵敏性又以稳定的速度增长。训练中要根据运动员生理特点和实际情况，抓住灵敏性发展的规律和时机，科学地安排训练，才能得到良好的效果。

（5）灵活性训练的内容和动作设计应考虑到排球技术动作的需要，如滚翻、前扑、鱼跃、起立、起跳、空中动作、击球、转体等，应紧密结合技术的实际，使灵活素质的提高能更有效地应用到实际比赛中。

（6）灵敏素质由多种素质结合而成，不是单独训练可以完全获得的，在训练灵敏性时应注意与其他素质训练结合进行，以得到更好的效果。

（五）排球运动员的柔韧素质训练

1. 发展专项柔韧素质的练习手段

（1）发展手指、手腕的柔韧性

① 两手相对，指尖向上互触，反复弹压练习。

② 压腕练习。

③ 手持短器械做腕绕环练习。

④ 队员一手侧扶肋木，两腿前后分开，脚跟着地并固定，做前、后转腕练习。

（2）发展肩关节柔韧性

① 两臂前后绕环和上下摆振练习。

② 手扶墙（或肋木）压肩、压腰练习。

③ 在单杠和肋木上做单拉、双拉肩练习。

④ 两人相对，手扶对方肩部，同时做体前屈压肩练习。

⑤ 背对肋木坐下，两手从头上握住肋木，两脚不动，腰尽量向前挺起，持续数秒钟。

⑥ 两人背向站立，双手互握，左右侧拉。

（3）发展腿部的柔韧性

① 两腿交换做前、后、左、右摆振练习。

② 做各种踢腿动作:向前踢、向后踢、向侧踢等,可以徒手做,也可以扶墙、树干或肋木做。

(4) 发展腰髋的柔韧性

① 上体弹振前后屈(后屈时加弹性阻力和保护)。

② 双手握单杠或吊环做腰回旋动作。

③ 做队员背对背直臂互握平举或屈肘互勾的大幅度转体动作。

④ 正压腿,侧压腿(在地上或肋木上)。

⑤ 纵劈腿,横劈腿。

⑥ 屈腿坐下,两脚掌心相对,双手将膝关节向下弹压。

⑦ 背向双手头上握肋木,双脚固定,做腰、髋前挺练习。

(5) 发展踝关节柔韧性

① 跪坐压踝。

② 负中等重量,踝关节作曲伸动作,如提踵。

③ 把脚放在高约 10 cm 的木板上,足跟着地,做负重全蹲练习。

④ 点起脚尖,做踝关节的绕环练习。

(6) 其他练习

① 一队员仰卧屈膝,另一队员帮助侧压。

② 一队员俯卧屈膝,另一队员帮助侧压。

③ 俯卧背后击掌和仰卧挺腰起练习。

④ 在各种凹凸形地面或器械上连续跳跃和跑动练习。

2. 排球运动员柔韧素质训练时应注意的问题

(1) 柔韧性素质不仅与性别、年龄有关,而且与中枢神经系统的兴奋性有关。经过一定时间的准备活动以后,队员情绪高昂,体温升高,肌肉内部的粘滞性降低,膝关节软骨增厚,所表现出来的柔韧性也较好。因此,柔韧素质的训练应安排在课的前半部分,尤其在队员精力充沛、情绪高涨时训练效果最好。

(2) 柔韧性训练要适应专项的要求。排球运动所表现的柔韧性,不仅仅是指某个动作反映在身体某一关节或某一部位上,它往往牵扯到两个或两个以上的关节或身体部位。因此在训练时要对包括主要柔韧性活动区在内的各相关关节、部位进行训练。同时,还要根据队员关节结构和体态的差异,结合专项技术适当加大其活动范围。但不能过度训练和提出过高的要求,避免因与技术要求不相符或过度训练引起的伤害事故。

第四节　乒乓球运动员的体能训练

一、乒乓球运动的项目特征

乒乓球运动的特点是球体小(直径 40 mm)、质量小(2.7 g)、速度快、旋转性强、变化多、技术动作复杂、技巧性较高,运动训练学中将其归为技战能主导类隔网对抗性项目。在比赛中,在每一个回合和每一局中都存在有进攻与防守、快与慢、主动与被动、控制与反控制的较量。

乒乓球运动的技术动作主要是靠球员脚步的移动和执拍手的手臂挥动来完成。练习者需要对来球的弧线、速度、旋转、力量及落点等进行全面地观察判断并迅速做出反应,移动步法,调整身体重心和击球位置,进行挥拍击球以完成复杂的技术动作。从战术变化方面来讲主要是利用时间、空间因素调动、控制对方。乒乓球运动要求运动员的神经反应速度较快,必须在转瞬之间完成判断并采取对策,这不但要求运动员具有较好的速度素质,还必须具有较高的灵敏素质。可以说,速度、灵敏素质反映了乒乓球项目的特点,是乒乓球运动员主要发展的素质。

为了增加乒乓球运动的魅力,扩大其在全球的影响力,国际乒联进行了一系列改革(40 mm 大球),使乒乓球的速度和旋转较原来(38 mm 小球)有所降低。为此,要使打出的球具有一定的质量,就要加大力量和速度提高爆发力,技术动作幅度必然相应增大,然而仅靠手臂的力量是不够的,还必须充分利用腰腹以及下肢力量的协调配合。

这些项目特征要求乒乓球运动员反应灵敏,步伐移动快,爆发力大,随机应变能力强并具有良好的专项速度耐力。因此练习者在强调具备优良的灵敏素质、速度素质的同时,还要注意力量素质和耐力素质的提高,这样才能以更加灵活的技术动作应对对方的各种变化。

二、乒乓球运动员的体能特征

(一) 乒乓球运动员的形态特征

乒乓球运动由于其独有的特点,在身体形态上要求运动员符合脚步移动快、灵活性好、手臂摆速快的要求。因而对运动员体型总体要求是运动员身高、体重适当,身材匀称,四肢、小腿、跟腱较长,腰短,踝细,足弓较高,骨盆较小,臀部肌肉向上紧缩。乒乓球运动对运动员的身高并没有做具体的要求,具体的情况要根据不同的要求来确定。

在乒乓球运动中,对乒乓球运动员身高的要求因打法不同而要求各异。相对来讲,弧圈型打法的运动员身材要匀称、高大、强壮;削球型的运动员要求身材匀称、较高、四肢较长;快攻型打法的运动员要求身材匀称。乒乓球格外要求四肢较长、躯干较短以满足重心平稳、移动较快、控制范围大、易于发力的需求。其中削球型打法还要求上肢较长,指距指数较大。

据调查统计发现,随着技战术的逐步发展及高水平选手间竞争激烈程度的不断提高,优秀运动员的身材也有逐渐增大的趋势。

由于乒乓球运动员握拍动作用力较大，上臂肌群要承受较大的负荷、刺激，使上臂肌纤维增粗，所以上臂围度较大，肌肉的横断面积较大，运动员的力量也较大，肌肉的爆发力也就较好，当然这与运动员的肌肉发育状况也有很大关系。

(二) 乒乓球运动员的机能特征

乒乓球项目的主要特点是动作速度快，赛程时间较长。运动员一般每天要参加多场比赛，每场单项比赛均要打上4～7局，主力队员还要兼项。在如此紧张的高密度赛程下，比赛至少也要持续4～7天，对运动员的体能是一个极大的考验。加之随着国际乒联一系列改革措施的出台，世界顶级乒乓球选手间的技战术水平差距正逐渐缩小，每局比分也咬的比较紧，比赛关键时刻心理压力增大，如果体能储备不足，胜负往往受到选手专项耐力、速度耐力的影响。由此可见，从人体能量代谢途径分析该运动应属于有氧代谢运动。然而每次击球瞬间，因其速度快、爆发力强、脚步的移动不同于一般的周期性运动，为一项多次重复的高强度运动，因而，能量代谢途径又属于无氧代谢，主要为ATP－CP供能。因此，乒乓球运动的能量供应形式应概括为以无氧代谢为主、有氧代谢参与的混合供能。

乒乓球运动总体上要求运动员心肺功能良好、磷酸原代谢水平较高、能量储备较大、神经过程灵活稳定、机体恢复能力良好。随着赛制的改变，世界顶级乒乓球选手技战术水平差距逐渐缩小，比赛关键时刻的胜负往往受到选手专项耐力、速度耐力的影响。因而耐力训练时应重点以发展心肺功能来满足专项耐力的需要，其中主要以速度耐力为主。

(三) 乒乓球运动员的素质特征

1. 专项速度素质

乒乓球的专项速度是非周期性的单个动作速度，即击球时的挥拍速度和为了取得适宜的击球点而移动身体的速度。乒乓球比赛过程中，球在单个回合中的飞行时间很短暂，运动员需要快速地对来球做出判断。由于击球范围的限制，需要的移动速度是短距离起动速度及制动和变换方向的速度，而不是长距离的位移速度。乒乓球运动需要的挥臂速度主要体现在执拍手远端关节的末端(包括球拍)，不仅需要踝、膝、髋关节的蹬转发力，而且肩、肘、腕都要协调用力。要在快速而又复杂多变的比赛中，把握每个有利的击球时机，占据主动权，这就要求运动员要有良好的专项速度素质。

2. 专项灵敏素质

乒乓球比赛中，每一回合的攻防转换速度极快，要求运动员必须具有良好的反应速度与身体灵活性。随着当今乒乓球竞技向着更凶狠、技术更全面的方向发展，专项灵敏素质在乒乓球运动中的重要性更为突出，因此在体能训练中需要重点发展专项灵敏素质。

3. 专项力量素质

乒乓球运动员击出球威力的大小主要靠挥击的速度，特别是挥臂所需要的上肢、肩带和腰腹的肌肉要具有快速收缩的能力。在乒乓球运动中，这种快速的力量叫做爆发力，它是一种在极短的时间内肌肉快速收缩的能力。所以，加强快速力量的练习还能改善身体各部分肌肉的高度协调性。随着“无机胶水”时代的到来，乒乓球旋转和速度相应减弱，很大程度上旋转与速度的获得需要靠击球力量来实现。

4. 专项耐力素质

由于乒乓球运动项目的特点，打乒乓球时所需要的耐力是一种在运动节奏和强度均处于不断变化，并与速度、力量和灵敏紧密相连的专项耐力素质。特别是当前国际乒联改用了40 mm的大球进行比赛，并且还修改了部分发球规则，在发球时执行无遮挡式发球，使乒乓球的发球技术隐蔽性减弱，从而使双方运动员在比赛中的相持球回合次数明显增多。乒乓球运动员在参加重大的国内和国际比赛中经常要连续进行4～8天左右，运动员要承受激烈比赛时的运动负荷，就必须具备良好的专项耐力素质。

5. 专项柔韧素质

乒乓球运动的柔韧素质主要表现为动力柔韧性，即肌肉、肌腱、韧带根据动力性技术的需要，拉伸到解剖学允许的最大限度能力，随即利用强有力的弹性回缩力来完成所要完成的动作。所有爆发力拉伸都属于动力柔韧。静力柔韧性是肌肉、肌腱、韧带根据静力性技术动作的需要，拉伸到动作所需要的位置角度，控制其停留一定时间所表现出来的能力。

三、乒乓球运动员体能训练的内容、方法与手段

乒乓球运动专项素质贯穿于比赛的各个阶段，在综合体现的同时，各自还在变换着主导和从属的地位。教练员要根据运动员不同的年龄特点和专项技术水平来选择训练内容和安排训练方法，才能做到有的放矢，以达到预期的效果。

乒乓球运动专项素质包括速度、力量、耐力、柔韧性、灵敏五个方面，其定义及类型见表4-1。

表4-1　乒乓球运动专项素质的定义及类型①

名称	定义	类型
速度	使人体协调各个关节或身体成为一个整体进行运动所用的时间长短，是短距离加速和快速移动的能力 反应速度(反应时)：运动员对球做出反应所用的时间 爆发力速度：短距离内速度，如突击速度 耐力速度：10～15 s内保持速度的能力(即连续进行几组大强度运动，而每组运动之间不能完全恢复)	反应速度 耐力速度 爆发力速度 力量速度
力量	肌肉或肌肉群产生的对抗阻力的最大力量	最大的速度爆发力、耐力、上肢和下肢力量

① 国家体育总局中国体育教练员岗位培训教材——乒乓球. 北京：人民体育出版社，2005.

续表 4-1

名称	定义	类型
耐力	连续进行长时间的低强度的身体运动和延缓疲劳产生的能力,承受长时间内大量的短暂的大强度的爆发性运动的能力 肌肉耐力:肌肉在一定时间内连续产生力量或产生力量以支持肌肉收缩的能力	器官的耐力 有氧耐力 无氧乳酸耐力 无氧无乳酸耐力 肌肉耐力
柔韧性	一个关节或几组关节运动的幅度以及腰、躯干运动的幅度	上肢和下肢柔韧性以及躯干的柔韧性
灵敏	短时间内达到发挥的最佳效果的能力	只有一种类型

(一)乒乓球运动员的力量训练

随着现代乒乓球技术的不断更新和发展,乒乓球的技术动作结构发生了变化,对力量素质提出了更高的要求。特别是弧圈球打法的广泛使用以及对旋转和速度的要求,使运动员必须要有良好的力量素质做基础。所以注重发展力量素质,对各种打法技术的发展和提高具有直接的影响。

1. 提高速度力量及爆发力

速度力量具有速度和力量的综合特性,乒乓球运动中主要表现为起动力量和爆发力。

(1) 利用负重双手持沙袋进行 30~50 m 的冲刺跑。

(2) 利用同伴所施加的各种阻力做加速跑 20~30 m。

(3) 利用橡皮带做牵引跑 20~30 m。练习 3~5 组,每组间歇时间为 1~3 min。

(4) 持质量小的物品(1~2 kg)快速屈伸前臂,练习 2~3 组,每组 15~20 次。

(5) 负沙袋单、双脚跳练习。

(6) 跳台阶练习:面向台阶,屈腿摆臂,用力蹬地收腹跳上 4~6 级台阶(或跑 10~20 m),3~5 个来回,连续练习。练习 2~3 组,每组间歇时间为 3~5 min。

2. 提高力量耐力素质训练方法

(1) 双手持沙袋(2~3 kg)平举,动作持续 30~60 s。练习 2~3 组,每组间歇时间为1~3 min。

(2) 利用杠铃片(5~10 kg):双臂弯曲,同肩平行,将其放置肩部,持续 1~3 min。练习 2~3 组,每组间歇时间为 3~5 min。

(3) 手持 2.5~6 kg 哑铃做正手攻球的连续挥臂动作,持续时间 30~60 s。练习 2~3 组,每组间歇时间为 2~3 min。每周训练 1~2 次。

3. 腰腹肌力量的训练

(1) 仰卧起坐:每组动作做 20~30 次,练习 3~5 组,每组间歇时间为 60~90 s。

(2) 坐立转体：依靠臀部保持平衡，双脚稍离地面，上体后仰 45°。双手置于脑后，双肘向两侧分开。双腿交替向外绕环，绕环时膝部靠向胸部，每组动作做 30～40 次，练习 2～3 组，每组间歇时间为 60～90 s。

(3) 悬垂举腿：每组动作做 20～30 次，练习 3～5 组，每组间歇时间为 60～90 s。

(4) 静力腹肌：平躺，两腿抬起，离地面 30～40 cm，保持平衡，持续时间 1～2 min。练习 3～5 组，每组间歇时间为 60～90 s。

(5) 背肌动力练习：身体成俯卧，压住双脚，两手抱头起。每组动作做 20～30 次，练习3～5 组，每组间歇时间为 60～90 s。

(6) 背肌静力练习：压住双脚，两手抱头起，离地面 30～40 cm，持续时间 1～2 min。练习 3～5 组，每组间歇时间为 60～90 s。

(二) 乒乓球运动员的速度训练

在乒乓球比赛中，要求判断快、反应快、起动快、摆速快、动作和方向变化快，只有如此，才能在快速而又复杂多变的比赛中，掌握住每个有利时机，去夺取主动和赢得胜利，这就要求运动员要有良好的专项速度。

1. 提高练习者的反应速度

首先是通过运动员视觉的观察；其次是通过听觉对声音的辨别，经过判断迅速地做出动作。因此，反应速度练习的一个特点就是要使运动员根据信号做出迅速的反应。

(1) 侧滑步移动训练

运动员做侧滑步时，听教练员哨声，向另一侧做出快速侧滑步移动；或两名运动员为一组，面对面做侧滑步移动，一名运动员随时起动向一侧做快速侧滑步移动，另一名运动员则迅速做出反应随对方做出同方向的快速移动。

(2) 往返冲刺跑

运动员可分为 8 人一组，在冲刺跑动时，听教练员的哨声后急停，做反方向冲刺跑动，时间为 8～10 s。

(3) 反应性游戏

找伙伴组合：运动员排队绕圈慢跑，间隔为 1 m，听教练员口令规定的几名运动员即几人成组，不符合组合人数者为失败，失败者罚做俯卧撑。此方法可在技术训练前的准备活动时采用，以提高兴奋度。

(4) 起动追拍

两人一组前后相距 2～3 m 慢跑，后者追前者，追上并拍击其背部就停止。可以要求在 20 m以内追上，在追赶时教练员也可发出第二次信号，让运动员向后转身交换追拍。

(5) 步法训练

运动员徒手或执拍做好准备姿势，在重心快速不停顿的交换中，按教练员下达的动作口号(如侧身、台前挑短球、交叉步扑正手等)做出迅速反应。

(6) 动作反应练习

练习前教练员告诉练习者有多种徒手动作,如正反手攻、拉、扣等动作。教练员任意喊其中一个动作,要求运动员做出应答反应,也可连续喊一连串动作。运动员可原地进行,也可在行进间练习。

(7) 多球变换练习

多球变换练习可由有规律变换成无规律,如正手接右半台近网小球后结合推、侧、扑右的练习,30 s 后变换成无规律的全台推、攻、拉等动作练习(对击球准确性提出数量要求)。

(8) 高抬腿接冲刺跑练习

原地高抬腿练习,听教练员喊口令迅速起动跑出 10～15 m。

(9) 前后移动步法接左右移动步法练习

该练习的内容为接右半台近网小球后迅速转换成左推右攻动作练习,计 30 s。

(10) 变向起跑练习

背向蹲立,听信号后迅速转体成蹲踞式起跑,接冲刺跑 20～30 m。

2. 提高练习者的动作速度

由于专项要求的不同,动作速度练习的任务和内容也有区别。动作速度的培养必须通过技术水平的巩固与提高,以及有关身体素质的发展才能实现。

(1) 双摇跳绳

连续双摇跳绳,要求整体动作配合协调。每组时间约 45～60 s。

(2) 拉力练习

橡皮带固定在球台上,双手握住橡皮带做双臂抗阻力及各种动作拉力训练。各组各种动作练习 20～30 次,每组间歇时间为 60～90 s。

(3) 高抬腿接冲刺跑练习

原地高抬腿练习,听教练员喊口令迅速起动跑出 10～15 m。频率节奏及高抬腿的高度不能下降。每组动作做 10～15 s,每组间歇时间为 60～90 s。

(4) 执乒乓球拍快速徒手动作练习

30 s 正手攻、拉、扣等动作练习,一般采取以慢—快—最快—快—慢的动作速度节奏进行练习。

(5) 快速哑铃练习

持 1 kg 的轻哑铃,做快速三点正手攻、正手拉、扣杀球动作。要求动作准确,速度快。

3. 提高练习者的移动速度

移动速度与人的神经过程的灵活性关系密切,神经兴奋与抑制过程灵活性越高,转换能力越强,人体两腿变换频率越高,移动速度也越快。移动速度是由各个单个动作速度和组合动作速度组合而成。发展移动速度时要考虑反应速度、动作速度、位移速度之间的相互关系,就移动速度而言,反应速度是前提条件,动作速度则是基础。

（1）快速滑步，用执拍的手快速摸球台端线两角。练习 2～3 组，每组动作练习 15～20 个来回，每组间歇时间为 60～90 s。

（2）步法移动练习：以球台边线距离为准，要求学生在 30 s 内尽最快速度完成滑步、跨步、交叉步练习，每次 3～4 组。

（3）2/3 台拉扣结合练习，用多球进行。发球者用超出正规比赛击球的球速，侧身拉球后在练习者整体动作还原之前迅速发出右半台的上旋球，练习者用扣杀动作完成，计 30 s，练习 3～5 组，每组 20 次。

（4）小步跑变加速跑练习：站立，听信号做原地小步跑练习 10～20 s，听口令接加速跑练习。

（5）200 m、400 m 冲刺跑：组数为 2～3 组，每组间歇时间为 3～5 min。

（6）单腿跳：距离 40～60 m，每 20～30 m 间变换另一条腿。练习 3 组，每组间歇时间为 1～2 min，每周训练 2 次。

（7）跑台阶：距离 20～30 m，练习 2～3 组，每组 2～3 个来回，每组间歇时间为 2～3 min。

（8）跳挡板：10～12 块挡板，每块间隔 1m，要求连续完成跳跃。练习 5～8 组，每组间歇时间为 60～90 s。

（三）乒乓球运动员的耐力训练

在发展耐力素质时，一般注意肌肉耐力及有氧、无氧耐力的训练。

1. 肌肉耐力训练

（1）立卧撑接蹲跳起：练习 3～5 组，每组动作练习 20～30 次，每组间歇时间为 3～5 min。

（2）连续跑台阶：在台阶高 20 cm 的楼梯或 50 cm 的看台连续跑，距离 20～30 m，3～5 个来回。练习 3～5 组，每组间歇时间为 3～5 min。

（3）负重连续跳：肩负杠铃等轻器械做连续原地轻跳或提踵练习。练习 3～5 组，每组动作练习 30～50 次，每周训练 1～2 次。

（4）连续跳推举：原蹲立，双手握杠铃杆，提至胸后，连续做跳推举杠铃杆。练习 3～5 组，每组动作练习 20～30 次，每组间歇时间为 2～3 min。

（5）跳绳：单摇，每组动作 3～5 min；双摇，每组动作 1～2 min。各练习 3～5 组，每组间歇时间为 2～3 min。

（6）俯卧撑：每组动作做 30 次，练习 3～5 组，每组间歇时间为 2～3 min。

（7）半蹲静力练习：躯干伸直，屈膝约 90°成半蹲姿势静止 2～5 min。练习 3～5 组，每组间歇时间为 3～5 min。

2. 无氧耐力训练

（1）冲刺跑：200 m、400 m 连续跑，各练习 2 组。

（2）在球台两端线之间做 1～3 min 各种步法移动练习。

（3）移动中连续扣杀 200～300 个多球练习。

(4) 50 m变速跑×(8～10次)。

3. 有氧耐力练习

(1) 长跑:距离1 000～4 000 m、4 000～6 000 m。

(2) 变速跑:田径场跑道400 m×5圈,每圈30 m冲4次,每圈50 m冲2次×3圈,每圈100 m冲2次。运动量的强度为极限的60%～80%。

(3) 多球训练:用多球练习做推、侧、扑、摆速。正手全台跑位,连续扣杀高球,50～80球为一组。练习3～5组,每组间歇时间为3～5 min。

(4) 定时跑:6 min跑,12 min跑。

(5) 越野跑:可根据具体情况规定距离和时间在野地或山地里进行长跑。

(6) 登山:听教练员口令从山脚下起动至规定的山上的终点。距离3 000～5 000 m。可每两个月训练1次。

(7) 40 min以上足球比赛:运动量的强度为极限的40%～50%。

(8) 楼梯跑:楼梯往返跑训练,跑步登梯然后用慢速跑回起点。时间要求为5～8 min。

(四) 乒乓球运动员的灵敏素质训练

发展灵敏素质,可以进一步改进专项技术动作中的协调性,从而提高动作的准确性。在专项运动中,改进灵敏性的最好方法是在对抗中准确、快速而反复地练习这些动作。重视发展专项的协调性是提高专项灵敏素质的重要途径之一。专项灵敏素质通常与专项技术质量紧密联系。

乒乓球比赛中,每一回合的攻防转换速度快,要求运动员必须具有良好的反应速度与身体灵活性。随着当今乒乓球向着竞技更凶狠、技术更全面的方向发展,专项灵敏素质在乒乓球运动中的重要性更为突出,因此在体能训练中需要首先发展专项灵敏素质。

与速度素质训练不同的是灵敏素质可采用如下一些游戏方法:

(1) 追、逐、拍、救人:队员分散站在场内,指定4名引导人为追逐者,其他队员闪躲逃跑,当有人被追到时,需马上原地站立,两手侧平举。此时,同伴可去拍肩救他,使之复活逃跑。

(2) 追逐跑:在托球跑动中,听到第一声哨声,单数追双数,吹第二声,双数立即变为追单数,依次循环,不断变换。

(3) 教练员以多球形式变换旋转练习,如连续供3～4个上旋球,突然供一个下旋球或一个不转球。

(4) 在规定数量的前提下,连续供不同旋转性质与不同旋转强度的球,如以多球形式为主,要求练习者命中50球为一组,每次练习2～3组。

(5) 以非常规姿势完成的练习。各种侧向或倒退方向的练习,如侧向或倒退跳远、跳深等。

(6) 以对侧肢体或非常规姿势完成动作。用对侧手臂掷羽毛球或乒乓球;用对侧脚盘带网球或踢网球;用对侧手做击球动作。

(7) 听教练员口令原地行进间跑步中做动作,如喊数抱团或做各种击球动作。

(8) 听教练员信号或看手势做各种步法变换方向的练习,如做专项步法动作练习。

(9) 听教练员信号或手势做相反动作的练习。

(10) 看教练员手势做步法移动的练习,如前后、左右、交叉的各种步法的快速移动。

(11) 一对一面向站立,双手直臂相触,虚实结合相互推,使对方失去平衡练习。

(12) 按照事先规定,听哨声或者看手势做折返跑、急停等。或者听到信号后,按照要求变换各种步法结合练习。

(13) 颠球接力赛,分两队颠着球跑并绕过规定目标后折返跑,将球传给下一同伴,快者为胜方。

(14) 进行轮换击球练习,四人为一组,两人各站球台一端,另两人分别站在球网两端,在按顺时针(或逆时针)方向进行跑动同时轮换击球练习。

(五) 乒乓球运动员的柔韧素质训练

儿童少年进行早期乒乓球运动训练时就应当重视全面身体训练。特别应在儿童少年柔韧性发展的敏感期就开始发展柔韧素质,并且坚持不懈地进行。这不仅有利于同时根据专项特点发展灵敏、速度、力量和耐力等素质,而且有利于掌握基本的专项动作技能,提高不断改进动作技能的能力。随着运动员运动年限的增长,柔韧素质若保持在一个高的水平上,则有利于运动员随意增大技术动作的幅度,提高动作质量和变化能力,进一步掌握高难度动作技能,并且提高预防运动创伤的能力,从而延长运动寿命。

柔韧素质的训练方法主要有两种,即主动或被动形式的静力拉伸法和主动或被动形式的动力拉伸法。这两种训练方法的特点都是在拉伸作用下,有节奏地逐渐加大动作幅度或多次重复同一动作,使软组织逐渐地或持续地受到被拉长的刺激。

1. 主动或被动的静力拉伸

主动或被动的静力拉伸是指缓慢地将肌肉、肌腱、韧带拉伸到酸、胀、痛的感觉位置并略微超过,然后停留一定时间的练习方法。这种方法可减少或消除超过关节伸展能力的危险,防止拉伤。由于拉伸缓慢不会激发牵张反射,一般要求在酸、胀、痛的位置停留 8～10 s,重复 3～5 次。

2. 主动或被动的动力性拉伸方法

主动的动力性拉伸方法是靠自己的力量拉伸,被动的动力性拉伸方法是靠同伴的帮助或负重借助外力的拉伸,但外力应与运动员被拉伸的可能伸展能力相适应。

采用有节奏的、速度较快的、幅度逐渐加大的、多次重复一个动作的拉伸方法时,用力不宜过猛,幅度一定要由小到大,先做几次小幅度的预备拉长,然后再加大幅度,以免拉伤。每个练习重复 3～5 次。

(1) 双人搭肩,躯体压肩。两人面对面站立,距离适中,手扶对方肩,做体前屈压肩练习。也可做单人压肩练习。身体面向球台或肋木,双手扶球台或肋木做双手压肩或单手压肩练习。

(2) 并肩站立,头上手拉手,同时做侧弓步。

(3) 双人背向拉肩练习。双人背手站立,背向两手拉住,同时向前做弓箭步前拉。

(4) 三头肌头上伸展。站立,抬臂向上伸展。屈肘,用另一只手抓住肘部。向内、向下牵引直至上臂后侧肱三头肌感到伸展为止。牵引持续 7~10 min,保持身体不前倾。要注意,双臂向后伸展不能过度。

(5) 内收肌水平牵引。成坐姿或站姿,将一只手臂搭在身体异侧肩上,用另一只手臂推压肘部横向牵引,持续 7~10 s,用另一手臂重复这一动作。一只手臂搭在身体一侧的肩上时可伸直手臂内转,手心向外,拇指指向地面,用手臂推压肘部,牵引肩背肌群即可达到伸展目的。

(6) 举臂。双臂身前平举,手心向上。用一只手向后、向下伸展腕关节,持续 7~10 s,重复 3 次;向前、向上伸展,腕部保持 7~10 s,重复 3 次。换另一只手臂重复一组练习。

(7) 身前直臂重复练习。掌心朝下,用一只手向前、向下伸展腕关节,持续 7~10 s,重复 3 次;换另一只手向前、向下伸展腕关节,持续 7~10 s,重复 3 次。

(8) 腰脊。仰屈体,背着地仰卧,双臂向胸前抱膝,持续 7 s,重复 3 次。也可调换姿势,下蹲做此练习。握一根立柱做深蹲动作更为容易。注意,任何已知腰痛的运动员在试做腰脊伸展以前须征询教练员的意见。

(9) 侧向肋木压肩练习。侧向肋木,一手上握一手下握肋木侧拉。

(10) 棍、绳或橡皮筋转体练习。用木棍、绳或橡皮筋做直臂向前、向后的转肩(握距逐渐缩小)。

(11) 借助同伴压肩振臂练习。练习者并腿坐在垫子上,臂上举,同伴在背后一边向后拉其双手,一边用脚蹬练习者肩背部,向后拉肩振胸。

(12) 正、侧压腿练习。前后左右劈腿练习,可独立前后振压,也可以将腿部垫高,由同伴帮助下压。

(13) 可有选择地做一些瑜伽的柔韧动作。

第五节 羽毛球运动员的体能训练

一、羽毛球运动的项目特征

羽毛球运动与乒乓球运动同属于技战能主导类隔网对抗性项目,羽毛球运动员在场上的技术动作主要是靠脚步移动和持拍手手臂挥动的协调配合来完成。持拍手是通过手臂肌肉收缩产生爆发力,并将这一力量经过羽毛球拍将球击出。脚步移动是在下肢肌肉快速收缩力的作用下,产生快速位移,使人体在短暂的时间内能够移动一定的距离,配合上肢形成完整的击球动作，快速移动是羽毛球运动员在比赛中的主要运动形式。羽毛球运动作为一个运动项目具有其自身的特点，如速度快，移动快，爆发力强，耐力、柔韧、灵敏性好等，在场上具体表现为转体侧身和弯腰动作速度快，下肢移动是由蹬步、跨步、垫步、蹬跨步、蹬转步、交叉步、跳步和并步来完成，由这些组成上网、后退、两侧移动和起跳腾空等综合步法，步法专业性极强，上手击球出手快，手腕、前臂及肩带具有较强的爆发力。

据统计，羽毛球运动的回合时间与间歇时间大部分在 10 s 以内和 10～15 s 之间，而一场羽毛球比赛的时间甚至可以长达 2 h，就是目前羽毛球规则改为每局 21 分以及每球得分制后，一场比赛时间也经常达到 1 h 以上。由此可见，羽毛球运动形式的特点是时间短、强度高，比赛状态下时有间歇，整场比赛持续时间较长，来球的空间方位及质量变化较明显（方向左右不定、来球角度和弧度有高有低、来球距离有长有短、来球力量有大有小），而且同一种情况可以采用几种不同的解决处理方法。羽毛球运动的这种非周期性特点，决定了运动员要反应迅速，具备较好的速度力量素质和速度耐力素质，同时要有较好的有氧代谢能力作为基础，对运动员的灵敏素质及身体的协调性也提出了较高的要求。此外，高水平的羽毛球运动还要求运动员必须具备全面的攻防能力、高超的控制与反控制能力及良好的耐力储备。

二、羽毛球运动员的体能特征

良好的身体素质能促进专项技战术水平的提高，反之会约束、限制专项技战术水平的提高和发展。当前，在世界羽毛球运动技术迅速发展的新形势下，运动员如果没有良好的身体素质，就不可能掌握高难度的技术。体能相当于竞技能力的硬件，是获胜的物质基础。

（一）羽毛球运动员形态特征

由于羽毛球运动对身体形态的要求很高，因此在选拔优秀羽毛球运动员时，需要对身高作特别的要求。对于羽毛球运动员来说，长度指标（身高、上肢、下肢、前臂、小腿和跟腱长）是羽毛球运动员形态特征的关键。长度指标在运动员选材上占第一重要的地位。围度指标是形态特征的第二要素，其中围度包括大腿围和上臂围。围度越大，其肌肉的横断面积较大，运动员的力量也较大，肌肉的爆发力也较好，当然，该指标与被试者的肌肉发育状况也有很大关系。间距指标（指间距）是羽毛球运动员形体特征的第三要素，间距指标越大意味着比较容易地抢到难的击球点，有利于羽毛球运动员的技战术的发挥，从而在比赛中能获得较好的成绩。间距指标在羽毛球项目中占有相对重要的地位。第四要素为宽度指标，包括肩宽、髋宽和盆骨宽。宽度越大表明运动员肌肉越强壮，力量越大，控球能力以及耐力越好。第五要素是重量指标，指运动员体重特征。

（二）羽毛球运动员机能特征

羽毛球比赛的回合运动时间大部分在 10 s 以内。在数秒内运动员要完成大量上肢的扣杀、劈杀和突发性半蹲位起跳、回动、移动等高强度、高速度的动作，机体必然动用短时间、高功率的供能系统供能，体内以非乳酸能供能系统的输出功率最大，乳酸能次之。所以，羽毛球比赛主要是以 ATP-CP 供能系统供能。

(三)羽毛球运动员素质特征

1. 专项速度素质

羽毛球运动员在赛场上需要对千变万化的情况做出准确的判断,对球的飞行判断需要反应速度;各种挥拍击球动作、跳跃动作需要动作速度;快速移动抢点、获得击球的有利位置需要移动速度。

羽毛球运动员不论做进攻技术动作还是做防守技术动作,都必须在很短的时间内完成,这就要求运动员反应快,动作速度、移动速度也要快,因此,运动员的快速起动、移动和挥拍速度是首要条件。

乒、羽、网三项中,羽毛球的击球速度是最快的。据报道,在2004年苏迪曼杯比赛中,国际羽联首次对羽毛球的球速进行了测试,结果中国双打选手付海峰的击球速度最快,达到332 km/h,丹麦的乔纳森次之,为298 km/h;女子选手中,中国的黄穗也达到257 km/h。因此,羽毛球对于运动员的反应速度也有很高的要求。

2. 专项灵敏素质

由于运动项目的特点,羽毛球运动的技术动作变化迅速,脚步的移动、身体姿势的变化和反应判断等方面都表现出灵敏素质,这也就决定了专项灵敏素质在羽毛球运动中的重要性,羽毛球运动员在赛场上必须用灵巧的动作迅速地做出各种反应,随机完成的应答动作在空间、时间以及用力特征上相互吻合,组配协调。

3. 专项力量素质

力量素质是羽毛球运动员重要的身体素质之一。人体运动都需要通过肌肉收缩来实现,羽毛球运动员需要的力量素质,一方面必须与速度素质联系在一起,是一种动力性的速度力量,即爆发力。这种力量素质是快速力量的一种表现形式,要求在极短的时间里产生快速强大的力量。下肢爆发性的起动蹬力会加速身体的移动能力。上肢爆发性的手指与腕部力量会使击球动作更加快速有力。羽毛球运动员击出球威力的大小主要靠挥击的速度,因而要求肌肉具有爆发力,特别是挥臂所需要的上肢、肩带和腰腹的肌肉爆发力。另一方面,由于竞赛的无时限性,又要求这种速度力量具备一定的耐久性,因此在速度力量的基础上,还要发展耐力力量。

4. 专项耐力素质

羽毛球运动的这种竞赛方式要求选手需要具备在1～2 h内持续比赛的能力,运动员需要随每一个球的时空变化做较长时间的肌肉持续工作。这也就需要具备较高的专项速度耐力,就是伴随强度不断变化与速度素质、灵敏素质紧密结合的专门性耐力素质。其变化幅度的强弱取决于比赛双方的技战术水平。

5. 专项柔韧素质

为增大动作的幅度,避免受伤,需要羽毛球运动员有良好的专项柔韧素质,尤其是跨步动作，需要运动员做出幅度较大的脚步移动，以便完全发挥技术动作。同乒乓球运动一样，羽毛球运动的专项柔韧素质表现出动力性的特征，即肌肉、肌腱、韧带根据动力性技术动作的需要，拉伸到解剖学允许的最大限度，随即利用强有力的弹性回缩力来完成所要完成的动作。

三、羽毛球运动员体能训练的内容、方法与手段

羽毛球项目对身体素质的要求是相当高的，在抓好全面身体素质训练的基础上，要着重发展专项身体素质。专项身体素质训练是指根据羽毛球运动的特点，采用与羽毛球技术密切相关的专门训练手段，以发展与羽毛球运动水平有直接关系的专项身体素质，保证运动员在比赛中有效地运用技战术。

（一）羽毛球运动员的力量训练

力量是身体素质的基础，没有良好的力量素质，其他一切无从谈起。要有计划地发展专项力量素质，加强腹肌、腰肌、背肌、肩肌、臂、握力、腿部等力量的训练。如原地起跳挥拍、掷实心球、负重跳跃移动等练习都可提高骨骼肌中 CP 的含量及 CK 等有关酶的活性。力量训练宜根据上、下肢平衡的原则，安排在技战术训练或速度、速度耐力训练后进行。

羽毛球运动员虽不强调发展绝对力量，但应在具有一定的绝对力量的基础上发展速度力量和力量耐力，使之保证比赛所需的较强动作发力和长时间的奔跑、蹬、跳、跨以及上肢的连续击球动作。

1. 上肢专项力量练习

（1）羽毛球掷远、掷垒球练习。

（2）绕腕练习：手持哑铃于体前或体侧作绕“8”字练习。

（3）挥拍练习：挥网球拍，重点进行前臂、腕、指的各种击球动作以发展击球爆发力。

（4）转臂练习：手持哑铃于体侧做旋内、旋外练习。

2. 躯干专项力量

（1）屈伸练习：肩负杠铃分腿站立做屈伸练习。

（2）仰卧起坐、左右体侧起。

（3）俯卧挺身练习：俯卧于垫上，两手相握放于背后，头部和上体做后仰。

（4）负重转体：肩负杠铃分腿站立，身体向左右旋转。

（5）传接球练习：两人背靠背分腿站立，其中一人手拿实心球，两人同时向一个方向转体，将球传给另一个人，轮换做。

3. 下肢专项力量练习

（1）负重深蹲起：下蹲较慢，起立加快。

（2）负重半蹲提踵。

（3）负重跨步走。

（4）负重半蹲跳。

(5) 跳绳练习:单腿跳、双腿跳、单摇、双摇。

(6) 原地纵跳、单足跳、蛙跳。

(7) 跳台阶练习。

(二) 羽毛球运动员的速度训练

发展速度素质是羽毛球运动训练的核心,它应着重加强反应速度、动作速度(动作频率)和急停、急动的变向、变速的移动速度。

1. 反应速度的练习

(1) 听口令、看信号的各种起跑,如站立、蹲式、背向跳起落下后马上起动。

(2) 听哨音变速跑,快速冲跑 10～15 m。

(3) 听口令变向跑:在快速移动中听到信号后突然变向冲跑 10 m。

(4) 听口令快速转身跑,反复几次。

(5) 听、看信号后突然做出相应的动作,如教练员喊 1、2、3、4 中某一个数字时,运动员应及时做出事先规定的相应动作。

2. 动作速度练习

(1) 按慢—快—最快—快—慢的速度节奏进行原地 5s、3s、5s、3s、5s 小跑步、高抬腿跑。

(2) 高频率跑楼梯台阶。

(3) 快速立卧撑。

(4) 高频率跨越障碍物(羽毛球):10 个羽毛球一字排开,两球间距离 1.2～1.5 m。

(5) 单、双摇跳绳,两脚交替跳绳。

3. 移动速度练习

(1) 各种距离(30 m、50 m、60 m、100 m、200 m)的快速跑。

(2) 10～15 m 往返折回跑(要求快速转身)。

(3) 越过障碍的速度练习:以最快速度迂回 20 m 中若干个障碍物(球筒)。

(4) 前后跑:向前跑 8 m,后退跑 8 m。

(5) 四角跑:边长约 6 m,要求在拐角处变换方向。

(6) 接力跑。

(三) 羽毛球运动员的耐力训练

由于羽毛球运动项目的特点,打羽毛球时所需要的耐力是一种在运动节奏和强度均处于不断变化,并与速度、力量和灵敏紧密相连的专项耐力素质。它所需要的耐力素质主要是速度耐力,供能形式主要为无氧供能。其中非乳酸性无氧代谢供能占主要地位,并有适当的乳酸性有氧供能。

采用最大强度工作持续时间为 5～15 s;以提高乳酸性无氧代谢能力为主的练习,可采用最大强度的 85%～90%,持续工作 30～60 s。为提高有氧能力,可采用间歇训练法和重复训练法。练习可以是匀速的,也可以是变速的,要根据所要达到的目的具体安排。详细内容可参见乒乓球专项耐力素质训练。

1. 有氧耐力练习

羽毛球有氧耐力练习与乒乓球专项有氧耐力练习相似。

2. 以提高非乳酸性无氧代谢能力为主的练习

(1) 冲刺跑:距离 200 m、400 m 连续跑。

(2) 移动中连续扣杀 200～300 个多球练习。

(3) 50 m 变速跑×(8～10 次)。

(4) 中距离跑 400 m、800 m。

3. 间歇性专项步法练习

利用场地的端线、边线做各种步法移动练习。采用 30～90 s/组,练习 8～16 组,快速,组间休息 2～3 min;或采用 3～30 min/组,练习 1～6 组,中速,组间休息 2～3 min。

4. 多球练习

采用单项和综合技术。20、40、60 个球/大组,20 个球的、40 个球的、60 个球的组间休息为 15 s,快速恢复。大组间间隔 2～3 min。

耐力素质的练习可自己掌握适当的运动量,避免造成过度的疲劳。

(四) 羽毛球运动员的灵敏素质训练

在灵敏性素质的训练中,要求运动员的注意力保持高度的集中,少年运动员的注意力容易分散,应多采用各种训练手段,运用有趣的训练方法(如游戏训练法)进行训练。腰部是人体运动的枢纽,因此,腰、腹、背的肌肉力量起着重要的作用,在训练中要注意这部分肌肉的力量发展。灵敏素质是由多种素质组合而成的综合素质,因此,提高灵敏素质要与其他素质,包括力量、速度等素质训练结合进行。

羽毛球运动的灵敏素质训练方法与乒乓球运动的相似,此处不再叙述。

(五) 羽毛球运动员的柔韧素质训练

在提高主要身体素质的同时,不应忽视其他身体素质的训练,尤其柔韧性必须从儿童抓起,发展羽毛球项目所需要的肩、腕、腰、髋、踝等关节的柔韧素质,否则随着年龄的增长,会使动作幅度不大,韧带僵硬,使之影响技战术水平的进一步发展。

羽毛球比赛中,球的速度非常快,且来球是不定向的。比赛中,运动员不但要对来球的速度有良好的判断,而且还应当有良好的时间和空间感觉,以便在球飞行过程中准确而有效地击准来球。而柔韧素质可以促进羽毛球技术的提高,尤其是对高难度技术的掌握;可以促进速度、灵敏素质的提高;明显减少运动损伤。

羽毛球专项柔韧素质训练的内容和方法与乒乓球相似,此处不再叙述。

第六节　网球运动员的体能训练

一、网球运动的项目特征

网球运动同乒乓球、羽毛球运动一样，同属于持拍隔网对抗性项目，比赛赛制以三盘两胜或五盘三胜制为主，运动员在场上的比赛时间从一小时到三四小时不等，甚至还会更长，比赛时间往往是不可知的。网球比赛又是由许多个短暂时间的剧烈运动和间歇性休息组成的，因此，可以说它是一项持续时间较长的有间歇性的体育运动。同乒乓球和羽毛球相比，网球球体较大，重量较重，球速较快，运动员必须快速移动以赢得充分的击球时间，这样才能击出高质量的球。

网球运动在技术上要求运动员充分重视发球和接发球技术，必须掌握多变线路的击球能力和准确的击球落点。网球项目战术的发展趋势使底线打法得到了很大的改进，运动员将采用更加灵活多变的战术，更加注重以大力发球和击球线路的变化造成对方回球失误或创造良好的进攻时机，同时也要求运动员拥有较强的奔跑能力。网球运动的步法虽然没有羽毛球那样严格，但是由于网球比赛场地大，运动员需要前后左右奔跑，更重要的是要具有急起、急停、快速变向的能力，才能保证到位击球。另外，网球比赛的场地还有硬地、红土场、草地的区别，运动员要适应在不同场地上的跑动。如在红土球场因场地材质不同，运动员击球的回合次数较之在其他场地上要更多一些。运动员在快速冲刺过程中，还要随时完成各种击球动作，加之心理负担较重，因而动作节奏性较弱，应变性较强，完成动作时身体重心较低，肌肉常处于紧张状态。

二、网球运动员的体能特征

网球运动员的体能特征可以简单地概括为身材高大，最大力量和爆发力较好，具有很好的耐力水平。

(一) 网球运动员形态特征

虽然网球、乒乓球和羽毛球都是隔网对抗项目，并且都是手持球拍进行比赛，但是对于运动员的身体形态要求有较大的差异。在这三个项目中，乒乓球运动员对身高的要求最低，而网球则要求运动员身材高大。从国际赛场来看，网球运动员大型化的趋势明显，特别是欧美运动员普遍身材高大，男子运动员最高已经达到 2 m 以上，女子运动员也有多人在 1.90 m 左右。网球运动员身材增高的趋势反映了网球运动对运动员力量、速度、耐力等素质有更高的要求，以适应网球运动场地大、活动范围广、运动负荷大的特点，这是与乒乓球、羽毛球项目的显著区别之一。

(二) 网球运动员机能特征

由网球运动的供能特点所决定,网球运动的70%是靠磷酸原供能系统供能,20%的能源供应来自糖酵解系统,而仅有10%来自有氧代谢供能系统。而一场网球比赛所需的能量基本上取决于对攻时间的长短。在短时间的对攻中(5～10 s),出现疲劳征兆少,因为在每分之间的间歇时间或交换场地的时间内,磷酸原供能系统消耗的能量可以得到恢复;在较长的时间对攻中(10～15 s至1～2 min),疲劳征兆增多,由于得不到充分的休息时间,有乳酸的堆积;而在整场比赛中(1～4 h),在每一个动作后的恢复期(每分之间的间隙时间或交换场地的时间)使用有氧代谢供能。

因此,网球运动是一种非周期性不规则的、以无氧代谢为主、有氧与无氧混合供能、大小强度和快慢速度交替的运动项目。

(三) 网球运动员素质特征

技战能主导隔网对抗性项群项目的运动员普遍具有灵敏性好、反应速度快、动作速度快、爆发力好、心理素质好等特点,但是也各有不同之处。

1. 专项速度素质

网球场上的运动大多数是短距离的移动,往往是在事先无准备或准备不足的条件下,从动态中改变方向的移动,移动方向随机多变,大多界于2～6 m之间(最长14 m,平均为4 m)。移动形式大多采用分腿垫步、跨步、跑步、交叉步、冲刺步等形式。主要移动的方向为侧向、向前和向后。运动员主要通过视觉感受器接受各种刺激(如各种不同性质的来球、对方的站位等),然后根据本人技术和战术的需要,经过瞬间复杂的思维与判断,迅速采取行动。在这整个反应过程中,不仅时间非常短促,而且运动员所遇到的情况也非常复杂。所以网球运动员的专项速度素质应着重于反应速度和动作速度。

由此可见,网球运动所需要的专项速度的特点是身体的移动和击球不是周期性的动作,在比赛中运动动作的先后顺序没有固定的规律。此外,一个动作完成后到下一个动作开始前有一定的间歇时间,使运动的肌群可以得到收缩和放松的交替变化,因而能够持续较长时间且不易产生疲劳。从上述特点中可知,专项速度是网球比赛中运动员取胜的基本条件,而这种速度素质在实践中应首先得到发展。

2. 专项灵敏素质

网球运动员的专项灵敏素质是运动员的运动技能和各种素质在运动过程中的综合表现。只有在运动技能熟练之后才能表现出来,这是通过大量训练的基础上大脑皮质的灵活性和可塑性提高的结果。灵敏素质主要表现在移动时快而有效的起动、迅速变换动作和变换方向的能力方面。协调肌肉运动,使肌肉具有适时地以适当的速度和强度进行合理运动的能力及短时间内发挥运动最佳效果的能力。它要求运动员在极短的时间里有良好的判断能力,并且在完成动作过程中能准确、协调地处理好自己身体各部位及合理的人球关系。

在现代网球运动中,快速爆发力和高度的灵敏性是职业网球选手取胜的关键。比赛时对方来球落点时左时右、或高或低、时前时后、或快或慢，运动员必须具有较好的灵敏协调性才能打好球。网球运动员所需要的灵敏性是在比赛中遇到突然变化的情况下，随机应变地采取快速、协调行动的能力，需要有力量、速度和柔韧的保证。因此，专项灵敏素质对动作的技战术效果起着不容忽视的作用。

3. 专项力量素质

根据网球运动的特点，速度力量和力量耐力是网球运动的主要专项力量素质。而网球运动员的力量是以爆发性用力为主的，网球运动的技术动作很多都需要爆发力来完成，如各种移动需要腿部爆发力，发球时需要上肢和腰背的爆发力。据有关统计显示，世界优秀网球选手在高水平的网球比赛中，发球和击球的球速可以达到 200 km/h 以上(约 60 m/s)。网球运动员击球的爆发力不仅与身体各部位协调发力有关，也与其上臂爆发力水平有关。提高上臂爆发力水平对运动员完善技术水平、提高击球速度和运动成绩有着重要的意义。

能够产生有爆发力的移动的运动员可以快速地到达预定位置并做好击球准备，打出质量更高的球。而且，速度爆发力能够使运动员具有一定的速度把球击得更远。在顶尖水平网球比赛中，10 个来回球只需要 15 s 左右，而且每得 1 分平均约有 4 次变线。在网球场上的冲刺距离界于 2～6 m 之间。因此，起动的爆发力和动作速度的爆发力对一名网球选手来说尤为重要。

4. 专项耐力素质

网球运动员的专项耐力是指速度耐力和力量耐力。速度耐力是指人体在较长时间内，能够保持快速运动的能力。力量耐力是指人体在较长时间内，保持高度用力的能力。网球运动员的专项耐力需要的是连续抽杀或持续挥臂的力量耐力以及步法移动的速度耐力，比赛中主要体现在长时间的位置移动和连续挥拍的扣杀、相持迂回等方面。网球运动所需要的耐力是一种强度经常处于变化中并与速度紧密结合的专门耐力素质。从大型比赛中的统计看其强度常处于变化中，而且变化的幅度还常取决于对手技术水平高低和进攻能力的强弱，这是网球专项耐力素质的特点之一。其次，这种专项耐力素质还要始终与速度相结合、相适应，如果开始几场或几天的速度好，而后几场或几天的速度不好，那就会大大降低比赛成绩。由于比赛时间较长，运动员大脑皮层长期处于紧张状态，对于神经系统的要求很高，这是网球专项耐力的特点之二。

5. 专项柔韧素质

柔韧素质的好坏不仅取决于人体结构方面的变化，而且取决于神经系统支配骨骼肌的机能状态。在网球比赛中，一些技术动作对身体的柔韧性提出很高的要求，如发球、高压球、大力扣杀、大范围跑动扑救球等，这主要体现在肩拉得开、胯有开度、躯干伸展。发展柔韧素质是使中枢神经系统调节对抗肌的协调性得到改善，可以提高肌肉紧张与放松的能力，使肌肉更加协调，这样可以大大增加肌肉的活动伸展度。

网球运动员的专项柔韧素质突出表现在网球运动所特殊需要的髋、腰、膝、腕关节活动幅度以及上下肢肌肉和韧带的伸展能力上。它对于网球运动员掌握和提高技术动作(尤其是高难度技术动作)、避免运动创伤和发展其他身体素质都有重要的作用,如肩关节柔韧性好的运动员有助于发球速度和击球速度的提高。因此,网球专项柔韧素质的训练应着重发展肩、腰、髋三个关节部分及周围肌肉韧带的活动能力。

三、网球运动员体能训练的内容、方法与手段

在体能训练中,身体素质的训练是体能训练的核心,通过身体素质的训练,可以改善身体形态,提高机体机能。运动员身体素质的提高也反映出机能水平的提高,这是承担比较大的运动负荷和进行技术训练、提高技战术水平、取得优异成绩的根本保证。同时,体能训练还有助于培养运动员勇敢顽强、吃苦耐劳的战斗意志品质。

(一)网球运动员的力量训练

虽然在网球运动中,上肢力量和耐力在击球效果及避免受伤中起着很重要的作用,但下肢力量同样应该得到重视,在整个训练过程中应该得到保证。通过增加肌肉力量和耐力,运动员即使在比赛结束时也能够像开始时那样在场地中快速移动。

有适当的力量作基础,不但能够使运动员在场地中自由移动并击出好球,而且力量训练能够减小身体结构及功能上的不对称性,使运动员免受伤病的困扰。

1. 上肢训练

(1) 杠铃抓举练习

以最大力量的70%左右的重量进行训练,每组练习2～4次,练习2～4组。要求动作协调,并以比较快的动作来完成,发展爆发力。

(2) 杠铃卧推练习

以个人最大力量的60%～70%的重量进行训练,每组练习8～12次,练习4～6组,发展上肢肌肉的耐力和使肌肉增粗。

(3) 杠铃曲肘上举练习

以个人最大力量的30%～40%的重量进行训练,每组练习6～8次,练习3～5组,发展肱三头肌及上肢爆发力。要求以较快的速度完成。

(4) 俯卧撑练习

每组练习15～20次,练习4组,发展上肢力量。

(5) 引体向上练习

双手抓住单杠,双手相距46～50 cm。引体向上,尝试让下巴接触单杠。回到起始位置。以较快的速度来完成。要求腰部要协调用力,稍稍用力伸展背部。不要前后摆动身体。向上时吸气,向下时呼气。每组练习8～12次,练习2～3组。

(6) 哑铃卧推

躺在长凳上,双脚平放在地上。双手握住哑铃向上伸直,手掌相对。手臂弯曲使哑铃下降

到胸部两侧，双臂靠近身体。用同样动作轨迹把哑铃推向起始位置。手臂必须总是靠近身体。向下时吸气，向上时呼气(练习3组，每组分别做12次、10次、10次)。

(7) 站姿杠铃推举

将杠铃举至胸部，双手与肩同宽。腿部和臀部保持不动。肘部略低于杠铃。将杠铃举至头部上方至手臂伸直，放下至胸上部。注意：两次重复动作之间，杠铃由胸部支撑而不是手臂。挺胸，向上时吸气，向下时呼气(练习3组，每组分别做12次、10次、10次)。

2. 下肢训练

(1) 跨步练习

跨步练习是一种适合网球运动的特殊练习方式。运动员双脚同肩宽站立，可以在颈部放一实心球，用双手抱住，以增加运动的阻力。保持躯干直立，向前跨一步，慢慢地降低身体重心。前腿膝关节弯曲成近90°。对于膝关节曾经有过损伤的运动员，弯曲不能超过45°～60°。从运动员的视角来看，膝盖在任何时候都不能超过脚尖。到达最低的位置后，运动员再用力支撑身体回到初始位置。可以向自己的正前方做跨步练习，或45°斜线(向左或向右)进行，以增加在网球中的应用。

(2) 蹲坐练习

将实心球放在脑后，或运动员手提哑铃，下蹲的同时保持躯干直立。膝关节弯曲至接近90°，使膝盖与脚趾前端在同一条线上，注意每次动作到位时要略有停顿(练习3组，每组25～30次)。

(3) 深蹲跳起

直立，双臂交叉放在胸前，抬头，背部挺直，双脚相距40 cm。下蹲直到大腿与地面平行(或更低)。抬头，背部挺直，双膝稍向外。向上跳起，利用大腿发力，马上下蹲并再次跳起。向上时吸气，向下时呼气。练习时也可在背部扛着杠铃或用双手持哑铃(练习3组，每组练习15～20次)。

(4) 杠铃前跨步

将杠铃放在背部上方，手握杠铃，抬头，背部挺直，双脚相距15 cm。左腿向前跨步，使大腿与地面基本平行。尽量保持右腿挺直，退回到起始姿势。前跨步时吸气，退回时呼气。用右腿重复练习(每条腿分别练习2组，每组练习15～20次)。

(5) 负重深蹲练习

以个人最大力量的85%～95%的重量进行训练，练习2～4组，每组练习2～4次。发展下肢力量。练习时注意要有保护。

3. 躯干训练

击球过程中，运动员在一定程度上都要用到腹部的肌肉，所以为提高水平并避免受伤，加强腹部肌肉的力量就显得很重要了。

（1）负重仰卧起坐练习

手持 5 kg 杠铃片于头后，连续做仰卧起坐，练习 2～3 组，每组练习 10～15 次。

（2）腹部静力练习

运动员仰卧，脚抬起放在椅子或盒子上，使两膝成 90°。双手放在脑后或交叉放在胸前。双手只是将头和颈部支撑住，而不用将头往上抬。弓身，直到两肩离地。没有必要弓到胸部与大腿接触的程度，因为在练习的开始阶段腹部的肌肉就能够得到锻炼。保持平衡，持续时间 1～2 min。组数为 3～5 组，每组间歇时间为 60～90 s。

（3）屈膝仰卧起坐

把双脚用仰卧起坐板束带固定或让同伴按住双脚。膝部弯曲 45°，手臂交叉放在胸前，后仰起到背部下方接触到仰卧起坐板。坐起，同时注意腹部肌肉。躺下时吸气，坐起时呼气。练习 1～2 组，每组练习 25～50 次。为避免肌肉力量不平衡而导致的受伤，必须使后背肌肉力量与腹部力量相平衡。

（4）背肌动力练习

身体成俯卧，压住双脚，两手抱头起。练习 3～5 组，每组动作练习 20～30 次，每组间歇时间为 60～90 s。

（5）背肌静力练习

压住双脚，两手抱头起，离地面 30～40 cm，持续时间 1～2 min。练习 3～5 组，每组间歇时间为 60～90 s。

躯干的旋转运动在运动员接反弹球和发球时都起着至关重要的作用。当身体能够更快地控制旋转时，击球将变得更有效。增大使躯干旋转运动的肌肉的力量并增加转动的幅度能够产生更有效的击球。增大转动幅度意味着需要在更长时间内增加力量。这对于更有力地击球是有帮助的。

进行躯干的旋转运动练习时应选择较小的阻力（典型的为自身体重或用一个 2～3 kg 的健身球），重复多次。因为在所有网球运动方式中，躯干肌肉都起着重要作用，所以如不通过重复练习来提高其耐力，则容易受伤。

（6）腹内外斜肌练习

因为网球运动包括大量重复的旋转运动，所以训练腹内外斜肌就显得很重要了。运动员仰卧于地面，左侧膝关节弯曲使脚平放在地上，右侧膝关节也弯曲，并使脚后跟放在前侧膝盖上。双手放在脑后，但不必用力将头往前抬。弓身，使抬起膝盖的另一侧的肘关节能够与膝盖接触。换另一侧，重复练习。组数 2～3 组，每组练习 20～30 次。

（7）坐姿哑铃转体

手持哑铃放在肩部，坐在长凳一端，双脚扎实着地。将躯干转向右侧，之后左侧，仅旋转腰部。不要侧向移动头部，保持背部挺直，抬头。向右转时吸气，向左转时呼气。此动作也可以采用站姿，练习 1 组，每组练习 25～50 次。

(8) 躯干静态平衡

运动员手臂与腿伸直俯卧。手臂和腿抬起或伸直,保持1～5 s。这个练习还可变为左手和右腿同时抬起,然后换为右手和左腿抬起。通过改变手或腿的抬起,使躯干处的肌群被迫保持脊柱的稳定。此练习能够锻炼脊柱周围的肌群及臀部的肌肉力量。

(二) 网球运动员的速度训练

网球比赛中,要求判断快、反应快、起动快、移动快、击球动作快。因此提高神经系统兴奋与抑制过程中的强度对提高速度素质有帮助,对于发展速度也是有利的。所以在训练中应采用正确的方法来训练下肢、躯干、上肢、前臂内旋等诸肌群的快速工作能力。

(1) 各种跑的专门练习

各种跑的专门练习包括短时间的快速后蹬跑、高抬腿跑、交叉跑、小步跑等。

(2) 各种短距离的快速跑练习

各种短距离的快速跑练习包括15～30 m听信号起动加速跑、上下坡跑、上下楼梯跑等。

(3) 短距离折返跑练习

短距离折返跑练习即指在网球场边线间的折返跑。要求起动要快,到边线时的急停要突然,并能快速地回跑。

(4) 挥臂练习

根据自己的节拍、速度进行徒手挥拍练习。或者投掷羽毛球、网球练习,强调"鞭打"动作,以提高挥臂速度耐力素质训练。

速度训练的具体方法可参考乒乓球运动的训练方法。

(三) 网球运动员的耐力训练

网球运动过程中,在红土场地上,大多数得分一般在10 s以内,而在硬地场,平均每次得分一般在5 s以内。在这段时间内,运动员还要注意四周的变化,每一次这样短时间的爆发运动都是无氧代谢。很显然,无氧代谢训练是非常重要的。

但是这并不意味着运动员可以忽视有氧代谢训练。在网球比赛中,每得1分之间都有25 s左右的休息间隔,每一局之间都有90 s的休息时间。如果运动员的有氧代谢能力很差,那么在每次得分与每一局之间所消耗的能量很难得到恢复,在比赛结束时,也更容易感到疲劳。具有很强的有氧代谢能力的另一个好处是使运动员具有更好的耐力。因为比赛可能会持续很长时间(4 h以上),这将帮助运动员迅速得到恢复。因此,有氧代谢能力同样是很重要的。

具体训练方法可以参考前面所介绍的乒乓球和羽毛球耐力素质的训练方法。

此处介绍一种提高有氧与无氧代谢能力的训练方式——间歇练习。间歇练习包括周期性的练习与间歇性的休息。可以通过调整训练的距离、训练的间隔、两次训练间恢复间隔与训练的次数来重点练习有氧代谢能力或无氧代谢能力。网球运动员应该经常进行5～10 s的爆发运动,然后是25～30 s的休息,这样才接近于这项运动的要求。训练的密度需要根据每个运动员的具体情况做出调整。

(四) 网球运动员的灵敏素质训练

跳绳是一项非常好的网球项目的练习方式，它既能提高腿部的力量，又是发展耐力和灵敏度的一项练习方式。跳绳的方法和手段多种多样，有前后和左右跨跳、高抬腿跳、交叉跨跳、双摇跳、单足跳等。

详细内容与乒乓球运动的灵敏素质训练方法相似，此处不再叙述。

(五) 网球运动员的柔韧素质训练

通过伸展练习来增加柔韧性能够帮助运动员避免受伤，享受网球运动并能够增加比赛过程中所需要的运动幅度。

瑞典学者伦斯特伦指出，灵活性(这里所说的灵活性实际上说的是柔韧性)是指关节周围的软组织——肌肉、肌腱及周围软组织等的伸展程度。提高灵活性的训练步骤与安全措施大致可归纳如下：

1. 训练步骤

(1) 在伸展训练之前，热身 3～5 min，直到略微出汗，使身体温度提高。

(2) 在伸展的时候，做慢速的、平滑的运动，同时深呼吸。深深地吸一口气，当伸展到感觉有点疼的位置时呼气；然后慢慢回到放松状态。维持正常呼吸 10 s，然后在进一步伸展的同时呼气，再一次到达感觉有点疼的位置。保持 10～20 s，重复 3 次。

(3) 如果伸展时受伤或者有一种滚烫的感觉，那么就是伸展得太过了。

(4) 伸展到个人的极限位置。

(5) 首先拉伸两侧的肌肉。

(6) 不要固定关节。

(7) 不要反弹。

(8) 先伸展大的肌群(如大腿、腘窝或小腿肌肉)，每天以相同的顺序重复。

(9) 伸展身体最不灵活的地方。相反，不要只伸展最灵活的地方，因为这样可能降低关节的稳定性，加剧肌肉间的不平衡。

(10) 每天坚持，并且保持每天的时间一致。避免在早上伸展，因为这是灵活性最差的时候，理想的伸展练习时间是在有氧运动以后。

2. 安全措施

在网球比赛中大多数下肢受伤实际上是慢性的，发生在反复快速起动、急停与变向的情况下。伸展下肢末端的肌肉对避免急性与慢性的损伤的发生以及关节处于极限位置时的保护是很关键的。

(1) 膝关节—高抬腿运动：身体直立单腿弯曲，抱住膝关节上面大腿内侧。慢慢抬起膝关节至胸前保持一定时间。

(2) 跟腱伸展包括以下两种方式：身体平卧，单腿伸直，抬起贴着躯干，用手逐渐增加拉伸程度，使脚趾背屈以拉伸小腿；身体成坐姿，一腿盘曲，另一腿伸直，通过向前屈体使胸部靠近大腿,同时保持背部伸展,脚趾充分背屈。

(3) 股四头肌伸展:单腿站立,一手扶墙。另一只手抓住另一只脚的脚踝拉向臀部使膝关节弯曲。保持背部平直,臀部收缩,尽可能地使膝关节朝下正对着地面,不要指向外面或使膝关节扭曲。

(4) 腹股沟拉伸:将一只手放在膝关节以上,另一只手放在另一侧臀部。脚趾指向前方,慢慢地使膝关节弯曲,直到腹股沟区感到伸展,使身体重心移到脚的内侧。

(5) 臀部伸展:右手扶墙站立,中心集中在右腿,左腿交叉于右腿前。慢慢地朝墙壁送髋。离墙越远越能增加拉伸程度。

(6) 小腿伸展:一侧膝关节伸直后蹬地,脚后跟着地,脚趾指向前方,另一侧膝关节向前弯曲。身体前倾,背部挺直。然后慢慢弯曲后腿,脚后跟离地 5 cm,向墙的方向倾斜,此时感觉到脚后跟附近得到拉伸;后腿也可保持伸直状态,前腿膝关节慢慢向前弯曲,后腿脚后跟不离开地面,此时感觉到后腿小腿肌肉得到拉伸。

(7) 肩关节柔韧训练练习:扶杠压肩、双人压肩、扩胸振臂、上肢前后绕环等。

(8) 站立体前屈练习:两脚分立,两手抓住踝关节,上体下压保持静止。

(9) 弓步压腿练习:两脚前后分开,成前弓步姿势,身体下振,两腿交换进行。

(10) 跪立体后屈练习:跪在地上,向后屈体。

(11) 各方向的踢腿练习:侧踢腿,后踢腿。踢腿时要求腿伸直,支撑腿脚跟不能离开地面。

第七节 游泳运动员的体能训练

一、游泳运动的项目特征

游泳属体能主导类周期性运动项目,运动员在一定技术基础上通过多次重复用力,力求在最短的时间内通过一定的距离。

游泳分为竞技游泳、实用游泳和健身游泳三大类。竞技游泳又分为游泳池比赛和公开水域比赛。游泳池比赛包括蝶泳、仰泳、蛙泳和自由泳四种姿势的单项比赛,四种姿势组合成的个人混合泳以及接力比赛。奥运会共设男、女 32 个比赛项目,距离有 50 m、100 m、200 m、400 m、800 m、1 500 m、4×100 m 接力、4×200 m 接力,公开水域游泳比赛设男、女 10 km 两个项目。

游泳项目的最大特点就是在水环境中运动。人们需要在水中凭借肢体动作同水的相互作用而产生推进力。由于水和空气的物理特性不同,对人体产生的影响也各异。首先,水具有难以压缩性,从而使人在水中受到浮力。人在水中游泳时身体呈俯卧或仰卧姿势,所以,人在水中运动时身体保持平衡的难度会大于陆上运动。其次,水的密度比空气大,水中的阻力比在空气中大 800 多倍，所以游泳时会受到不同的阻力，如摩擦阻力、形状阻力、波浪阻力。再次，水对人体会产生压力，每下潜 1 m，就会增加 0.1 个大气压，所以人在水中游泳时会感到呼吸困难。

根据形态、机能、素质这三个构成因素，分析游泳项目的体能训练方法和手段。

二、游泳运动员的体能特征

（一）游泳运动员的形态特征

由于人体在水中游泳时受到阻力，而“流线型”这种体形前后挡水程度小，表面平缓，运动时受阻力最小。所以，身材高大、四肢修长、手大、足大、肩宽髋窄、有一定体脂含量是优秀游泳运动员的形态特征。这种体型能够减少游泳过程中人体受到的阻力，加大游泳过程中的做功距离对提高游泳速度是有利的。

研究表明，游泳运动员的性别不同，参赛泳式及项目不同，其身体形态特征是各有特点的。例如，长距离爬泳和短距离爬泳运动员在身体形态上就有较大区别，这是由于不同项目对于技术及供能方式等要求不同而决定的。

1. 身　高

身材高大在游泳竞赛中占有优势，身高对短距离运动员尤为重要。近年来国内外优秀游泳运动员都有身材大型化的趋势。

2. 克托莱指数((体重 / 身高)×1 000)

克托莱指数通过体重与身高的比例关系，表示每厘米身高的重量。作为相对体重或等长体重来反映人体的围、宽、厚度以及机体组织密度，又称为“肥瘦系数”。

在同性别、同年龄的条件下，该指数随身高增长而增大。

3. 体型指数((肩宽－髂宽)×身高 /髂宽)

游泳运动员必须有强有力的肩带肌群。肩膀宽阔，肩带肌群就比较发达，在优秀游泳运动员形态结构各指标中，以体型指数和髂宽占有较大的权重，说明游泳项目要求有较宽的肩宽和较窄的髂宽。我国优秀短距离游泳运动员大体呈现身材高、手臂长、髋宽较窄的形态特点。

4. 胸围指数(胸围 /体重)

胸围是人体宽度和厚度最有代表性的测量值。游泳运动员胸围指数大为好。同年龄、同性别中，体重越重，该指数越小。随年龄增长，该指数应逐渐变小。

5. 臂展指数(臂展－身高)

臂展也可称为指间距、臂长。臂展是衡量游泳运动员身体形态的一项重要指标。上肢对游泳技术有直接影响，有利于增长划水路线和划幅，提高划水效果。一般来说，臂展长于身高的，运动能力都比较强。

6. 手、足面积指数(手长×手宽、足长×足宽)

手、足是划水、打水的主要部位，手大、脚大可以提高划水、打水效果。按照人体生长发育的向心律,手、足是先生长发育的部位,所以手、足面积指数能够为选拔游泳运动员提供参考。

7. 皮褶厚度指数(肩胛下十脐下)

人体脂肪组织总量中有三分之二分布在皮下组织,通过测量皮褶厚度可以推测人体脂肪组织的总含量。多余脂肪不利于运动,这一点对女运动员尤为重要。

8. 肌肉纤维类型

研究表明,运动项目与肌纤维有很大关系,游泳运动员更为明显。肌肉和肌纤维的横截面、各类肌纤维的比例、肌肉和肌腱的伸展性、骨组织的变化等是决定游泳运动员力量素质的基本因素之一。

快肌纤维百分比高的运动员更适合参加短距离比赛,如50 m、100 m、200 m;而慢肌纤维百分比大的运动员更适合耐力项目,如400 m、800 m、1 500 m和马拉松游泳。研究表明,慢速训练主要对慢肌纤维起作用,而快速训练则主要对快肌纤维产生影响。因此,了解运动员肌纤维的构成比可以帮助教练员更好地选材,一般人机体中快慢肌百分比各为50%,这样人既可以做耐力运动,也可做力量运动,但绝不会成为任何项目中的优秀运动员。肌纤维的构成越偏向于一边,其成为优秀运动员的可能性越大,但其他因素的重要作用也不可忽视。

游泳运动员肌纤维的比例并不是取得成功的决定性因素。尽管其他项目(如跑步和自行车)优秀短距离和长距离运动员之间的肌纤维比例有较大的差异,但短距离和长距离游泳运动员之间差别并不显著。因此,尽管肌纤维募集和能量应用方面的研究为训练和营养提供了重要的指导作用,甚至能够影响运动能力,但游泳运动员的肌纤维构成与竞赛成绩不存在显著的相关关系。

(二)游泳运动员的机能特征

1. 中枢神经系统

(1)建立游泳技能的动力定型有一定难度

游泳属于周期性运动,本身容易建立起动力定型,但由于不习惯水环境,需要熟悉水性,体会浮力、压力和阻力,适应水的寒冷刺激,消除害怕心理,所以需要在此基础上通过训练逐渐形成各种游泳运动动力定型,掌握游泳技术。

游泳运动员建立起的动力定型一定要巩固,防止由于水的波浪、寒冷等因素引起中枢神经系统内的兴奋扩散,破坏动力定型,出现意外。

(2)中枢神经系统的机能提高

20世纪80年代,苏联运动训练学专家克列斯托普尼科夫(A. H. Kepctobhhkob)研究证明,经过训练的游泳运动员的反应潜伏期比一般人短。北京体育科研所报道,游泳运动员通过冬训后,有半数人脑电图有供能改善的表现,即对闪光刺激同步化程度提高,尤其是少年运动员更为明显。由此可见,从事游泳训练能改善中枢神经系统的机能。

(3)易疲劳,但又不易感觉到疲劳

由于游泳运动项目的特点(水的阻力大,导热性强,水温低),运动员消耗能量多,容易出现疲劳。但又因冷水刺激可使人兴奋，掩盖了人体已出现的疲劳，运动员主观上往往感觉不到。因此，在训练过程中，应注意出现过度疲劳。

2. 呼吸系统

游泳时呼气和吸气都比较困难，吸气时必须克服水的压力。因此，经常从事游泳训练，能够使胸腔扩大，使呼吸肌得到锻炼。所以，游泳运动员的肺活量都比较大，一般为 4 500～6 000 ml，优秀的游泳运动员可达 7 000 ml。呼吸差也大，通常为 8～9 cm，最大肺通气量高于一般运动员。

3. 心血管循环系统

由于游泳的运动特点和水环境的影响，游泳运动对人体心血管机能的要求很高。血压在游泳比赛后可达 180～200/100 mm 汞柱，每分输出量可达 40 L。心血管机能与游泳的距离和泳姿有关。

（1）心　率

我国优秀游泳运动员随训练的不断提高，安静时的心率男子由 60 次/min 下降到 50 次/min，最低可达 34 次/min；女子由 61.4 次/min 下降到 53.4 次/min，最低可达 46 次/min。男女游泳运动员安静时都出现心动徐缓现象。国外也有报道称，优秀游泳运动员心率偏低，如德国运动员古尔德，安静时脉搏为 38 次/min。

（2）血　液

游泳对血液循环系统影响比较明显。研究表明，优秀游泳运动员的血细胞数值和体内铁储备量都多于普通体育爱好者。游泳后血液中的碱储备与游泳的强度和距离有关。中短距离游泳，由于强度较大，体内无氧成分较多，血液中酸性产物多，因此游泳后碱储备可下降45%～50%。长距离游泳，运动强度小，属有氧代谢供能，血液中酸性产物积累较少，所以游泳后血中碱储备只下降 15%～20%。

（3）血乳酸

血乳酸的浓度容易测量，而且常常用于糖原无酵解供能的测量，是近十多年来在游泳训练中常采用的控制训练的生化指标。根据运动时机体内糖原无氧酵解的水平，它是控制和评价训练强度的依据。

（三）游泳运动员的素质特征

1. 专项力量素质

根据流体力学原理，在水中随着运动速度的增加，运动中的阻力也将成倍增加。运动员必须以更大的力量来克服阻力从而获得更快的速度。因此，游泳运动员必须具备良好的力量素质。

影响运动员力量素质发展水平的因素有三方面：形态学因素、能量因素和神经调节因素。形态学因素包括肌肉和肌纤维的横截面、各类肌纤维的比例、肌肉和肌腱的伸展性、骨组织的变化等；能量因素包括磷酸化合物- ATP、磷酸肌酸的储备、肌和肝脏中的糖原储备、外周血液循环效果等;神经调节因素包括脉搏频率、肌内协调、肌间协调。在现代训练中,增加肌肉的横截面并在此基础上增大肌肉群,对于提高肌肉最大力量特别有效。

2. 专项速度素质

速度素质是指人体快速运动的能力。速度素质分为反应速度、动作速度和移动速度,体现在游泳运动中即为出发起跳、动作的划频和划幅以及完成距离所需的时间。短距离接力项目的基础是每个运动员的单程速度,以及到边、接棒技术。短距离项目,如 50 m、100 m,其基础是磷酸原(ATP－CP)无氧代谢能力和神经-肌肉的反应能力。其实不仅是 100 m 以下的项目,即使 1 500 m 项目也需要具备良好的速度素质进行最后的冲刺。

速度素质与运动员的感受器(视觉、听觉)的灵敏度、中枢神经系统兴奋-抑制的转换速度、神经-肌肉的协调性、工作肌纤维的构造以及力量、协调性等因素有关。

3. 专项耐力素质

耐力素质是指有机体长时间抵抗疲劳的能力,分为一般耐力和专项耐力。一般耐力是有机体器官系统机能的综合,是提高专项耐力的基础;专项耐力是运动员为了获取专项成绩而最大限度动员机能能力以克服专项负荷所产生疲劳的能力。耐力素质对游泳运动意义重大,除了 50 m 主要依靠磷酸原系统供能以外,从 100 m 到 1 500 m 都是以糖酵解和有氧代谢供能为主,不同游泳距离有氧和无氧代谢间的比例关系见表 4－2。因此,游泳运动员的耐力素质与其糖酵解系统、有氧氧化系统、力量耐力、意志品质等因素有关。

表 4－2 不同游泳距离有氧和无氧代谢间的比例关系①

比赛距离/m	大约时间/(分:秒)	无氧代谢/%		有氧代谢/%
		磷酸原系统	糖酵解系统	
50	0:23	78	20	2
100	0:50	25	65	10
200	1:50	10	65	25
400	3:50	7	40	53
800	7:50	6	30	65
1 500	15:00	3	20	77

4. 专项柔韧素质

柔韧素质是指人体关节活动幅度的大小以及跨过关节的肌肉、肌腱、韧带、皮肤以及其他组织的弹性和伸展能力。柔韧素质对于游泳运动员来说十分重要,柔韧性好有利于运动技术的掌握和肌力的发挥。柔韧素质在游泳运动中的意义如表 4－3 所列,柔韧素质对不同泳姿运

① 全国体育院校教材委员会游泳教材小组.游泳运动.6版.北京:人民体育出版社,2003.

动员的重要作用如表 4－4 所列。

表 4－3　柔韧素质在游泳运动中的意义

柔韧情况	重要作用
关节的活动幅度增大	(1) 使推进力时间延长 (2) 移臂或打腿动作不会影响身体的水平直线性和侧向直线性 (3) 可以减少肌肉内的阻力，降低能量消耗，提高游速
踝关节、肩关节和腰背部的活动幅度增大	(1) 加大动作幅度，有利于肌力和速度的发挥 (2) 防止、减少运动损伤事故的发生

表 4－4　柔韧素质对不同泳姿运动员的重要作用①

不同泳姿的运动员	柔韧素质的重要作用
蛙泳运动员	(1) 可以通过提高腹股肌周围内收肌，膝关节周围旋外肌和大腿伸肌肌群的柔韧性获益 (2) 蛙泳蹬腿的推进力取决于踝关节外翻(背屈)的能力。背屈好的运动员可以更早获得推进力，更早抓住水，延长推进力阶段时间 (3) 蛙泳运动员还需要很好的外翻和内转能力。外翻动作可以在蹬腿开始形成适当的攻角，而内转动作可以在最后的蹬夹动作中获得更大的推动力
蛙泳和蝶泳运动员	(1) 躯干部的波浪动作有赖于腰背部肌群的柔韧性 (2) 波浪式蛙泳运动员的伸臂和收腿动作都需要良好的柔韧性
爬泳、蝶泳和仰泳运动员	(1) 肩部的柔韧性对爬泳、蝶泳和仰泳的移臂动作非常重要 (2) 爬泳的高肘移臂可以避免移臂时身体的侧向直线性遭到破坏 (3) 蝶泳运动员也需要良好的肩部柔韧性，以免移臂时手臂拖在水中 (4) 仰泳运动员需要手臂的柔韧性确保移臂动作轻松，并且不会破坏身体的直线性 (5) 如果踝关节跎屈的能力超过常人就可以在向下打水(仰泳向上打水)时获得较大的推进力 (6) 脚内转的作用也很重要，可以在打腿时得到更好的效果

5. 专项灵敏与协调素质

人体运动过程中，各种运动技术都是通过身体动作表现出来的，灵敏素质和协调能力无疑成为学习、掌握及运用运动技术的基础。运动员灵敏素质好则在各种复杂变换的条件下能够迅速、准确、协调地做出应答动作；协调能力好则能够迅速掌握运动技术，合理运用于技能储备和具有的素质潜力，创造优异成绩。

游泳运动员出发、转身的反应速度和判断能力，技术动作运用的准确、快速、合理、省力与否，是其灵敏素质和协调能力优劣的表现。游泳对运动员的协调能力有着特殊的要求，因为水

① 陆一帆，方子龙，张亚东. 游泳运动生理生化及运动医学的理论与实践. 北京：北京体育大学出版社，2005.

中活动的特点是使控制动作的过程复杂化,所以协调能力对学习和掌握游泳技术起着基础性作用。具有良好的协调性有助于运动员在水中以科学合理的技术动作,克服各种阻力,获得更快的速度。

灵敏和协调的生理学基础是在中枢神经系统指挥下,将身体的各种能力综合表现出来。神经系统是人体发育最早和最快的系统,所以要发展灵敏素质和协调能力必须从少儿开始。

三、游泳运动员体能训练的内容、方法与手段

运动素质是体能的外在表现,因此,在运动训练中多以发展各种运动素质作为身体训练的内容。每种训练方法都是专项训练刺激与适应的综合,比如力量训练可以增强肌肉力量,但不会提高肌肉耐力和收缩速度。长距离和短距离游泳运动员的训练方法存在差异,前者主要侧重于耐力训练,后者主要侧重于强度训练。

(一)游泳运动员的力量训练

50~1 500 m的游泳项目,肌肉力量是决定成绩的一个重要因素。通过游泳牵引试验发现,游泳的爆发力对25 m自由泳短冲的贡献率达到了86%。在100 m、200 m和400 m比赛中,力量对成绩的贡献率分别为74%、72%和58%。因此,大多数优秀游泳运动员都非常强壮。上肢力量是决定短距离游泳成绩的重要因素之一。但是,力量本身并不一定意味着较快的游泳速度,肌肉力量必须有效地应用在水中才能产生推进力。因此,在日常的陆上力量训练中,运动员不仅要进行全面系统的综合力量训练,更应该增强专项力量训练,这对于游泳运动员来说非常重要。

短距离项目力量训练应以重力量、少次数、无氧训练为主,为突出专项力量特点,在打好最大力量练习的基础上着重强调完成动作的速度,应尽可能在短时间内完成最大力量的练习。长距离项目力量训练应以重复次数多、持续时间长、有氧训练为主,发展中速力量和力量耐力十分重要。试验表明,单位时间内肌肉克服阻力的能力越强,在其他条件不变的情况下,其专项力量耐力越强。在长距离的力量训练中,注意要解决局部与整体的关系,注意大肌肉群与小肌肉群的并重,特别要加强肌肉力量薄弱环节的训练,使运动员机体各部位力量得到全面均衡发展。

杠铃、哑铃、某些一般身体练习、滑轮练习器、摩擦类练习器、橡皮拉力、等动练习器、牵引拉力器等都可以作为游泳运动员的力量练习手段。高水平游泳运动员的专项力量训练主要采用在动作方向和节奏上与游泳动作相似的练习器进行。这类练习不仅发展游泳时承担主要负荷的肌群,而且使各肌群开始投入工作和结束工作的顺序与游泳动作的实际要求相符。要在各类器械完成动作的运动学及动力学特征的基础上,结合比赛游速时的游泳技术特点,选择游泳运动员专项力量训练的手段和方式(见表4-5)。

表 4-5　发展游泳运动员力量素质的方法手段

力量素质种类	力量素质训练方法	力量素质训练手段
极限力量	a. 极限力量练习法 b. 重复极限练习法 c. 超重退让练习法 d. 低速等动练习法	杠铃、滑轮、等动、橡皮拉力抗极限重量练习
速度力量	a. 高速等动练习法 b. 重复练习法 c. 重复间歇练习法 d. 比赛练习法	a. 牵引游(改进非乳酸机能) b. 陆上杠铃训练、等动、橡皮拉力、滑轮、摩擦类练习器、哑铃 c. 水槽牵引游、负重游、戴划水掌游、50 m 以内的牵引游、短冲练习
力量耐力	a. 间歇练习法 b. 重复练习法 c. 重复间歇练习法 d. 比赛、循环练习法	a. 触导力量练习法(发展糖酵解无氧-有氧或有氧-无氧供能系统) b. 橡皮拉力、等动和摩擦类练习器、哑铃 c. 水槽牵引游、负重游、戴划水掌游、100～400 m 以上牵引游
爆发力	a. 冲击法 b. 极限快速力量练习法	a. 等动练习、杠铃、跳跃练习 b. 出发、转身、冲刺游

在发力性质和运动学特征方面,等动练习器和橡皮拉力最符合游泳运动员专项力量训练的要求。然而,这两类练习器从生物力学的角度上讲,并不完全符合划水动作的要求。只在一种练习器上练习,运动员在发展力量的同时,也强化了与比赛要求不相符的动作。在一种练习器上练习的数量越大,这种与比赛要求不相符的动作对比赛动作的干扰也就越大。这种现象被称为技术动作的负转移。为避免出现技术动作的负转移,建议游泳运动员在力量训练过程中,采用多种力量训练器材及多种训练方法进行练习。

1. 爆发力

研究表明,上肢爆发力是决定 400 m 以下游泳成绩的主要因素。它与短冲速度高度相关,相关系数 r 为 0.85。

发展爆发力对提高游泳成绩的作用有限。爆发力有助于有效完成出发和转身的蹬边动作,在一定程度上有助于完成突然加速动作。为发展臂部的爆发力,可采用中等重量、极限速度的一次性练习动作,以及采用中等阻力、一次性极限速度的高速等动练习。考虑到肌肉的紧张程度和意志的承受能力,练习强度应保证每组练习次数不超过 10 次,频率可随意。

发展腿部爆发力可采用冲击法,这种方法的特点是从一个高度跳下去,再跳上一个极限高度。运动员应不等落地缓冲结束,即开始上跳。冲击法依据“拉长收缩”的非条件反射原理,快速拉长肌肉收缩的力量较不预先拉长肌肉表现的肌力大得多。如此练习可调动大量的快运动单位参与工作。

2. 速度力量

发展速度力量的主要训练要素是极限负荷和大负荷(相当极限能力的70%~90%力量)下的极限动作频率。速度力量练习以无氧非乳酸(通过CP分解,再合成ATP)供能为主,每次练习的持续时间不应超过15~20 s,每组练习重复次数10~16次,间歇40~90 s。一般认为,进行大数量的重复练习有助于激活ATP糖酵解的再合成。然而,在运动实践中,练习总数在50~70次、每次持续10~20 s、间歇30~60 s的练习十分普及。

在陆上训练中可采用各种各样的训练方法发展速度力量,包括杠铃练习,滑轮拉力、橡皮拉力、杠杆和等动拉力练习。在等动力量练习时,肌肉在整个动作过程中保持着最大紧张度,与游泳过程中运动员的划水负荷形式十分接近。进行等动练习时应遵循以下原则:

① 训练频率为每周2~4次。

② 训练周期至少为6周或6周以上。

③ 每次训练做3组,每组最大收缩次数为8~15次。

④ 训练中尽可能结合技术特点,并尽可能使动作速度达到或超过专项技术动作速度。

游泳运动员训练实践中发展速度力量的另一种方法是"轻便"导游练习法,更准确地说,是采用牵引装置的"触导"力量练习法。这种练习方法的实质在于进行牵引游的游速较比赛游速快10%~30%,并且与最大强度不牵引游相比,这种方法将迫使运动员以更快的频率、更大的力量进行练习。进行这种练习的距离为25~50 m,重复次数10次以内,间歇2~4 min。牵引游可与极限频率的非牵引游交替进行(如没有绞车型的牵引设备,可由教练员协助练习,即教练员在池边用橡皮拉力牵引运动员进行练习)。

速度力量型训练有利于快肌纤维增粗,力量得以增加,但是其训练效果略逊于极限力量重复训练。在肌肉收缩强度增大的条件下,提高磷酸肌酸的反应速度和ATP的再合成速度有助于游速的增加。

3. 力量耐力

发展力量耐力须在糖酵解供能以及有氧无氧供能机制下进行练习。发展力量耐力可进行间歇、重复、循环和比赛方式的训练,也可采用游距在100~400 m的触导式力量训练。

发展游泳运动员陆上力量耐力训练的组织形式主要采用循环训练法、等动练习法。分站式循环训练法是指根据训练的具体任务,将练习手段设置为若干练习站,运动员按照既定顺序和路线,依次完成每站的训练方法。通常采用各种徒手和器械练习组成综合性练习,每个动作做30 s,间歇15 s,心率保持在150~160次/min。正确运用循环训练法可以有效地提高不同层次水平的运动员的训练情绪和积极性;合理地增大运动训练过程的练习密度;随时根据具体情况因人而异地加以调整,做到区别对待;防止局部负担过重,延缓疲劳产生;有利于全面身体训练。这种方法在训练的初期或训练的准备期采用最多。

等动力量练习的特点是,肌肉在整个运动期间和在运动过程中都承受极限负荷,并保持恒速或后程加速。发展力量耐力训练的专项适应效果取决于练习重量、动作频率、练习的持续时间和间歇时间。采用极限力量50%～60%的重量和极限力量60%～90%的频率进行训练，肌群增粗和力量增大最明显。这种训练方法由于重复次数较多，每组练习持续时间较长(1.5～3 min)，对力量耐力的增长效果显著。

发展游泳运动员水上专项力量耐力，采用触导力量训练应采用专门的力量引导器械(水中牵引)。这方法可在赛前3～5周进行，每周可练习1～2次。在赛前的5～8天做最后一次主项比赛的模拟游。

4. 水上力量训练

陆上力量练习可迅速有效地提高游泳运动员的极限力量和力量耐力，然而如此发展的力量能力并不见得能增进游进牵引力和加快游进速度。从20世纪70年代末起，在水上进行的专项力量训练量大大增加。如练习游速大大超过比赛游速或练习时克服的阻力超过比赛时克服的阻力都能够促进游泳运动员水上专项力量能力的提高。

在水上进行力量训练可用重复或间歇的方式，应依据力量训练的具体任务及游泳运动员比赛距离的长短选择练习游距及练习时间。常采用的水上专项力量训练手段有以下几种：

(1) 带划水掌游

划水时手掌可以保持最有效的姿势，做出最有效的划水动作，可改进划水技术，发展专项力量，注意划水动作的爆发力。

(2) 带阻力器游

固定在运动员身上的阻力器、阻力腰带、阻力衣(裤)等，这类练习不破坏运动员的基本动作，方法简单，可提高划水动作的爆发力，加快动作频率，发展速度素质。

(3) 橡皮拉力牵引游

将橡皮拉力的一端固定住，另一端固定在运动员身上，运动员需要克服被橡皮拉力牵制所产生的阻力向前游进。

(4) 水槽练习法

让运动员在练习水槽中以极限游速、并在固定位置进行训练，以目视或声控系统监控训练。运动员凭借获得用力大小的信息及时调整游速。在固定位置游训练可形成符合最佳游速的动作节奏。

5. 陆-水力量的转换

游泳运动员的力量训练主要是在陆上训练房进行。陆上力量训练会迅速促进力量素质的提高，从而有效地增长运动员的绝对力量和爆发力水平。但是，有时陆上力量素质提高了，水上成绩却并没有增长，甚至会产生肌肉僵硬、动作协调性变差的现象，影响运动员的训练成绩和比赛成绩。因此，如何将陆上训练获得的力量素质转化为游泳所需要的专项力量是非常重要的。同时，水中的各种力量练习更符合游泳自身的肌肉用力特点，而陆上训练的方法难以精确地模仿正确的划水动作，只有通过水中的练习才能对成绩起到直接作用。

陆上力量训练的安排应注意强度与水上强度协调，也就是说陆上负荷较大的时候，水上的

负荷相应可以减小一些,这样运动员的整体负荷才能得以平衡。进行陆上力量训练时应注意以下几点:

(1) 作用方向一致

采用陆上力量练习器进行专项力量练习时,必须考虑到水上训练的特点。水上和陆上练习的负荷方向一致才是合理的。可采用橡皮拉力、滑轮拉力和等动拉力。这三种练习器各有不同的特点。相对来说,等动拉力更适合专项,它充分考虑到水上阻力的性质(划手速度越快,阻力越大)。在练习的安排上,如水上主要进行速度训练,那么进行力量练习器的训练时,应做力量或速度力量训练。

(2) 练习时间的近似

练习时间上的近似可通过陆上和水上力量练习尽可能同时进行的途径实现。在一个训练计划中把陆上和水上力量结合起来安排,陆上练习的持续时间应与水上比赛所需时间相同,这样更有利于陆上与水上训练的结合。

总之,要使陆上力量逐渐过渡到水上,教练员在力量练习安排上应全面考虑,在调整期间或各阶段的开头,可多安排一些陆上力量练习;而在比赛期间,对于那些陆上训练之后感觉游进中很吃力的运动员最好减少力量练习,部分甚至全部改为水上练习。不要忽视陆上力量训练之后的肌肉拉长和水中放松练习,这些练习有助于恢复肌肉弹性,加快力量的转化。

力量训练手段和方法的选择以及这些手段的安排顺序取决于训练时期。在每个大训练周期的恢复开始,训练中周期之初,通常安排发展一般力量练习,如循环训练和中小重量的专门力量练习。该阶段力量训练的任务是增强肌肉、韧带和关节囊。恢复开始训练中周期临近结束时,转入发展极限力量的训练。在一般训练和专项训练中周期,力量训练的任务是发展力量练习的分量,以便在增加速度力量、力量耐力的同时,也使游泳技术得以改进。在专项训练中期,力量训练时数应达到极限值,随后开始逐渐减少力量训练时数。在重大比赛赛前的7~12天,一般不再安排力量训练了。但是实验证明,在短短的几天中力量水平会下降10%~15%,所以近年来,许多知名教练和运动员在赛前和比赛中期适当地安排一些力量训练,直至赛前3~4天才完全终止力量训练。

在各大周期训练过程中,开始应在练习重量不变的情况下,靠增加练习组数和练习频率增加力量训练的练习量。随着极限力量的增加,应增加练习重量。在全年训练过程中,需经几次这样的反复(反复次数视大周期的次数而定)。

(二) 游泳运动员的速度训练

1. 反应速度

为有效完成出发动作和接力比赛中的接跳动作,运动员需要进行反应能力的训练。发展反应能力的方法就是分别发展对出发信号的反应速度和随后的出发速度。如通过教练员的口令、鸣哨或鸣枪等信号,进行起跳、入水和出水接动作的练习。

运动感觉训练法是通过提高运动员时间感知能力来提高反应能力的一种心理训练法。例如，首先运动员对反应信号快速做出应答后，由教练员告知反应时间；然后运动员对信号做出应答后，教练员要求运动员报出自己估计的反应时间，再与实际反应时间进行核对；最后教练员要求运动员按事先确定的时间完成动作。

应注意的是，反应速度是项保守的指标，它取决于中枢神经的个人特点，很难通过训练得到很快改进（即使有改进，提高幅度也不会超过 1/10 s）。不过通过训练有助于提高对出发信号反应时的稳定程度，并可降低失误率。神经系统兴奋性处于最佳状态有利于对出发信号做出快速反应，所以运动员比赛时善于控制自己的赛前状态具有重要意义。如果出发时注意力集中在如何有效地做蹬台和起跳动作上，而不是集中在听出发信号上，往往会取得更满意的结果。

2. 动作频率

快速的动作频率对 50 m 项目出发后的冲刺游、保持快速游进速度有重要意义。频率和游速是密不可分的。游泳中的快频率首先指快速的划水动作，快速的划水动作取决于划水力量和游泳技术。动作极限频率的维持取决于 ATP 再合成的无氧非乳酸机制。由此可知，要发展动作的极限频率，既要发展力量素质，又要发展机体的非乳酸代谢机能。

短距离运动员如破坏了自己的最佳频率，则将出现速度障碍。速度障碍是由不合理的频率标准化、巩固化造成的。很难控制快频率下的动作质量，因为这时肌肉几乎是在进行等长方式的工作，来不及放松，也几乎来不及收缩。可以通过很多练习克服速度障碍，如绞车牵引游，在游泳水槽中借助特制吊架进行超极限速度游，小划水掌、小脚蹼游，采用小重量的阻力游，等等。经常改变动作频率、改变动作条件有助于避免顽固性的动作定型出现。为使力量素质和游泳技术同时得到改进，可将极限强度（频率）的练习和相当极限游速 90%～95% 的游速练习交错安排。如此练习，运动员可控制划水动作质量，并可为达到极限游速打下基础。

3. 移动速度

移动速度用通过一定距离所用的时间来表示，即游速。移动速度是一种综合能力的表现，它与速度力量、无氧代谢系统、柔韧性等有密切联系。发展移动速度每次练习的持续时间不宜过长（通常在 20 s 以内），每次练习均以磷酸原系统（ATP－CP）为主要供能途径，重复次数不应过多，以保证下一次练习的进行，间歇时间应以运动员机体得到相对充分恢复为标准，休息方式可为原地放松或放松游。

短冲训练法可以有效地提高运动员肌肉中高能磷酸化合物的储备量（ATP－CP 的含量）、无氧代谢酶的活性，加快糖酵解速度，从而提高无氧代谢能力。如 10×12.5 m、10×15 m、8×25 m、(2～4)×50 m，110%～120% 比赛速度，血乳酸指标控制在 2～3 mmol/L，不考虑心率数或要求达到最高心率减 10 次/min，练习时间与间歇时间的比例为 1∶8～1∶6。短冲训练法是典型无氧非乳酸供能方式的训练，主要是改进肌肉利用储存能量能力，提高在短距离内的最高速度。

由于神经、肌肉系统是否处于最佳状态对速度素质的发展有很大关系，所以游泳运动员进行速度练习之前,往往采用一些教育学方法和手段,预先刺激这些系统。如在水陆训练之前,可将小重量的划水模仿练习当做预先刺激速度能力的手段。可将小阻力和牵引游当做水上刺激速度能力的准备手段。牵引游的游速应比运动员的极限游速快5%～20%。在采用这些刺激手段之后,进行一组10～15 m的冲刺练习。为使游泳技术形成准确的速度节奏,采用极限强度的握拳游和正常游交替进行是一种很好的训练手段。

发展速度能力时,选择每次练习的最佳持续时间和练习的间歇时间具有重要意义。例如,要发展动作的极限频率,练习时间大致应在3～4 s。各次速度性练习的间歇时间应保证工作能力几乎完全恢复为止。不过,休息时间也不应使中枢神经系统兴奋性过分下降。

速度训练在一个大周期中主要安排在准备期的后期和比赛期的前期,在一周中最好安排在小强度训练或调整训练后的第一天进行。在一天或一次训练课中,最好安排在前半段,此时运动员的精神状态和体力处于最佳。人体疲劳时和神经过程灵活性下降时尽可能不安排速度训练。

(三)游泳运动员的耐力训练

1. 一般耐力

长时间、小强度是发展一般耐力的基本特点。陆上训练可采用长时间单一练习,如越野跑20～120 min、骑自行车40～180 min、球类练习1～3 h等。这类练习既能发展机体有氧代谢的能力,又能发展工作肌群及关节、韧带的工作耐力。而各种变换、组合的耐力练习,如法特莱克跑有利于提高运动员训练的兴奋性,呼吸更多的氧气,推迟疲劳的出现。水上通常采用长游或各种形式的变速游,这类练习消耗的能源物质是工作肌和血液中的脂肪,有利于减少多余体重。

(1) 长游训练

长游时间可维持在30～90 min(依据无氧阈水平的个人差异而定),练习心率应维持在130～150次/min。长游训练的主要效果在于增加肌肉中的毛细血管网、肌肉中的线粒体数量和氧化酶数量,从而提高有氧供能能力。与间歇训练相比,长游训练更有助于有氧能力稳定提高,长游训练是其他各类训练方法的基础,可为各系统的协调工作建立有利条件。此外,长游训练可减少过度训练的危险,提高技术动作的经济性,有助于运动员养成工作肌紧张、放松有效工作的习惯。虽然长游训练耗能巨大、花费时间多,但对游泳运动员耐力的发展是安全可靠的。例如,2000 m爬泳,85%强度,心率120～140次/min,休息4 min,每次训练时间应在2.5 h左右。

(2) 变速游训练

长距离变速游多选择800～3 000 m的游距,其中25%～50%采用50～200 m的距离,以90%的强度进行练习,其余以80%的强度进行练习。例如,2 000 m变速游((200 m主项,90%强度)+(200 m副项,80%强度)),休息3 min;800m变速游((50 m爬泳,90%强度)+(150 m仰泳,80%强度)),休息1 min。训练总时间在2～2.5 h,练习总量在8 000～

10 000 m。

2. 专项耐力

对于游泳运动员来说，专项耐力的要求是用尽可能高的平均速度游完全程。除超长距离以外，专项耐力的主要供能形式为无氧糖酵解代谢，其主要训练方法为大强度的间歇训练法、重复训练法及比赛训练法。其负荷的主要特征为，采用超个体乳酸阈强度直至在较短距离中超比赛强度进行训练，中距离运动员训练时的负荷总量达比赛的3～6倍，长距离为1～3倍，两次练习之间的间歇相对略长。采用大强度间歇训练时，应待心率恢复至120～145次/min再进行下一次练习；进行重复训练时则要求恢复到120次/min以下。练习采用的距离，中距离为比赛距离的1/4～3/4，长距离不宜超过比赛距离的3/4，但常采用比1/4专项距离短的练习段落。由于游距不同，专项耐力所表现的特点也不同。

(1) 短距离

根据能量代谢的理论，无氧代谢水平的高低决定了短距离游泳运动员的运动能力。无氧训练常用的方法有速度训练、重复训练、间歇训练、变速训练等，以及按照能量分类的高乳酸训练、耐乳酸训练、有氧无氧混合训练。

① 高乳酸训练。高乳酸训练是指使训练强度足以达到产生最大乳酸，从而改进无氧代谢机能，提高工作肌耐乳酸和消除乳酸能力的训练方法。主要采用25～100 m距离，总量在200～400 m，练习时间与间歇时间之比为1∶8～1∶2，用100%～110%比赛速度，根据距离的不同血乳酸指标控制在10～18 mmol/L，心率要求达到最高或最高心率减10次/min的强度进行。乳酸是糖酵解的最终产物。运动中乳酸生成量越大，糖酵解供能比例就越大，这说明无氧代谢水平越高。所以高乳酸训练的目的是使糖酵解供能达到最高水平，提高50 m、100 m以及最大强度运动时间为1～2 min项目的运动能力。

② 乳酸耐受力训练。乳酸耐受力训练是指在重复游或长距离游训练中，使运动员长时间产生的乳酸量大于消乳酸量的训练方法，目的是改进无氧代谢的供给和忍痛能力，提高工作肌缓冲和耐乳酸能力以适应比赛。可采用50～200 m距离、总量在400～600 m、训练时间与间歇时间之比为1∶2～1∶1、用95%～110%的比赛速度、根据距离的不同血乳酸指标控制在6～12 mmol/L、心率要求达到最高或最高减10次/min的强度进行。

不同训练水平的运动员对乳酸有不同的耐受力，乳酸耐受力提高时，机体不易疲劳，运动能力也随之提高。因此，乳酸耐受力的训练对100 m、200 m项目尤为重要。发展乳酸耐受力的手段如表4-6所列。

表4-6 发展乳酸耐受力的训练手段

重复次数	占最好成绩的比例/%	占测验成绩的比例/%	血乳酸范围/($mmol \cdot L^{-1}$)	心率范围/(次·min^{-1})
5(6×100 m)	86～89	91～93	12.58～13.57	180～199

续表 4-6

重复次数	占最好成绩的比例/%	占测验成绩的比例/%	血乳酸范围/($mmol \cdot L^{-1}$)	心率范围/(次·min^{-1})
2(10×100 m)	86~89	89~92	11.94~14.36	180~198
20×50 m	84~89	89~91	9.2~15.23	197~200
100 m分段游	101~103	105~110	9.33~12.37	—

(2) 中长距离

① 有氧无氧混合训练。有氧无氧混合训练是介于有氧和无氧训练之间的混合供能训练区域,通常必须维持在乳酸阈的水平上,练习距离多采用主项距离或短于主项距离,负荷强度为90%~95%,血乳酸值约为5~9 mmol/L,间歇时间以心率降至120次/min为开始下一次练习的确定依据,从而提高有氧无氧混合供能能力,发展速度耐力。例如采用重复游的方法:(2~4)×100 m,间歇3~5 min,要求完成最好成绩的95%~100%。或者采用递增变速游的方法:要求运动员完成每一游距时,后程比前程快,如n×400 m,要求每个400 m用最好成绩的90%来完成,且每个400 m后200 m的成绩要比前200 m快。通过较高负荷心率的刺激,可使机体抗乳酸能力得到提高,以确保运动员在保持较高强度的情况下具有持续运动的能力。

另外,可采用10~25 m的配合游和分解练习。进行这种游距的练习时,可采用加阻游、极限强度的带划水掌游、超极限速度(大于1.9~2.0 m/s以上)的水槽游(水流流速在1.9~2.0 m/s以上)、滑轮拉力游以及25~50 m比赛游的方式练习。采用重复和间歇法训练时,重复次数不宜过多,重复次数可在6~8次至12~16次。

② 有氧耐力。对于长距离游泳项目来说,相对强度较小、心率控制在145~170次/min、练习时间不少于20 min的持续训练法是一种常用的发展有氧耐力的方法。但一次负荷时间在5 min以上、强度控制在160次/min、间歇时间以心率低至120次/min开始下一次练习的间歇游更适用于提高长距离项目的有氧耐力水平。持续训练和间歇训练的区别在于间歇训练能够完成更多的运动量。间歇训练的强度假如使心率超过170次/min以上,机体就要产生氧债,使训练效果发生变化;假如低于这个界限,如140次/min以下,心输出量达不到最大值,吸进的氧也少,则也会影响训练效果。

游速慢的练习会压抑速度素质和无氧代谢能力,也会破坏肌肉的机能状态。所以,只有采用各式各样的训练手段,综合使用长游和间歇训练才能有效提高运动员的有氧能力,同时不影响其他各类训练水平,也不损伤运动员的健康。

(四) 游泳运动员的柔韧素质训练

1. 练习方法

(1) 动力牵拉

动力牵拉是指有节奏的、速度较快的、幅度逐渐加大的多次重复一个动作的拉伸方法。在运用该方法时，用力不宜过猛，幅度要由大到小，从而避免拉伤。每个练习重复 5～10 次（根据不同专项技术的需要而增加）。

（2）静力牵拉

静力牵拉与动力牵拉正好相反，是轻柔缓慢地将关节移到最大活动范围内，将肌肉、肌腱、韧带拉伸到一定酸、胀、痛的感觉位置并略有超过，然后停留一定时间的练习方法。这种方法可以减少或消除超过关节伸展能力的危险性，防止拉伤。由于拉伸缓慢不会激发牵张反射，一般要求在酸、胀、痛的位置停留 5～60 s，重复 6～8 次。

（3）被动牵拉

被动牵拉是静力牵拉的一种，由他人施加一个压力，即靠同伴的帮助或负重借外力的拉伸使活动幅度增大。但外力应与运动员被拉伸的程度相适应。

（4）慢速动力拉伸

慢速动力拉伸是用较慢的速度进行动力拉伸，可与静力牵拉结合进行，当关节移到最大幅度时静止 5 s 或更长时间。

（5）收缩-放松法

收缩-放松法是根据神经肌肉的本体感受器特征发展起来的。其依据是当肌肉先收缩时，可以更充分地放松，使活动幅度增大。

牵拉的程度比牵拉的方式更为重要，但有两种方式潜在的危险性较大，应尽量避免。

① 动力牵拉是最危险的，因为正在快速运动的肢体很难被控制，因此容易造成过度拉长。

② 被动牵拉也比较危险，一个强壮而热心的同伴很可能将被牵拉者的肌肉和肌腱拉伤。不过，被动牵拉比较适合于踝关节的牵拉练习，因为这个关节不容易被过度牵拉，而且被动牵拉的效果很好。

2. 练习手段

游泳运动员常用的柔韧训练手段如表 4－7 所列。

表 4－7　常用的柔韧训练手段

手　段	具体内容
利用器械	利用肋木、把杆、单杠、跳马、平衡木、吊环等体操房器械，或利用木棍、绳、橡皮筋等轻器械
进行阻力、助力练习	利用同伴的助力、负重进行外部的阻力练习，或利用自身所给的助力或自身体重进行练习（如压腿、悬垂等）
常采用的动作	压、吊、摆、踢、劈、绕环、前屈、后仰、转等

每次训练前后应安排 10～20 min 的牵拉练习，这样有利于运动员在游泳专项训练时增大动作幅度，同时改进技术。建议静力牵拉和收缩-放松牵拉持续 6～60 s，因为训练效果可能达到活动范围，极限在开始数秒时就已经产生，过长的牵拉可能是浪费时间。每次练习可进行

3～6组,每组10～15次。

进行任何素质训练的同时,也伴随着调节器、结构代谢方面的改变。然而,适应变化的过程取决于负重力量、肌肉收缩方式、速度及练习的持续时间、肌肉组织的个体结构。总之,柔韧素质训练取决于发展某些力量能力的方法和手段。

(五) 游泳运动员的灵敏素质训练

1. 灵敏素质

发展灵敏素质多采用变换训练法和游戏训练法。陆上训练可让运动员在跑、跳中迅速、准确地做出各种动作,如快速改变方向、躲闪、起动、急停等。也可专门设计各种复杂多变的练习或游戏,如立卧撑、十字变向跑等。水上训练主要针对技术动作、出发、转身等设计各种练习,如四种泳姿的多种分解练习、出发起跳和空中移动、转身技术等。发展灵敏素质的训练强度一般较大,速度较快,练习次数不宜过多,训练时间不宜过长,因为机体疲劳力量就会下降、速度较慢、反应迟钝,不利于灵敏素质的发展。

灵敏素质训练一般安排在训练课的前半部分,此时运动员体力充沛、精神饱满。在进行灵敏素质训练时,教练员应采用各种手段,消除运动员的恐惧心理或紧张状态,以保证训练取得良好的效果。

2. 协调能力

协调能力可通过陆上做游泳技术模仿、手腿配合动作及陆上其他运动技能等方面的练习来提高。专项协调能力的发展首先要同水环境结合在一起,一方面可在技术训练中通过动作分解、动作组合等练习发展游泳运动员的控制能力;另一方面可通过水上其他运动,如花样游泳、水中健身操、蹼泳、水中游戏以及专门设计的水上协调动作练习等发展水中技巧。专项动作控制能力对发展和提高游泳运动员的协调能力、游泳技术水平有着明显的作用和效果。

发展游泳运动员的协调能力要与游泳基本技术紧密结合,在设计的各种练习手段和方法进行技术训练的同时,提高运动员协调性和技术质量。另外,发展游泳运动员的协调能力还要与“水感”练习相结合,“水感”对协调能力有着特殊的影响,这种感觉在很大程度上决定于运动员控制自身技术动作的能力。

第八节 格斗运动员的体能训练

一、格斗运动项目特征

(一) 格斗项目的分类

格斗项目是指运动员双方以徒手或手持兵器的方式,遵循一定的规则,以对方的身体为攻击目标寻求胜利的竞技体育运动项目。依据是否手持兵器,格斗项目可以分为徒手格斗项目或器械格斗项目。由于徒手格斗项目无论从形式上还是普及范围上都远较手持器械的格斗项目流传广，影响大，因此本书所探讨的格斗运动项目体能训练只涉及徒手格斗项目，且以奥运会、亚运会和全运会徒手格斗项目为主。

徒手格斗项目依据技术动作时空性质的特征，又可分为两类：踢打类和摔拿类。踢打类格斗项目的明显特征是搏斗双方采取动作之前必须保持一定的距离，所采用的技术动作必须产生一定的撞击效果。而摔拿类格斗项目则恰恰相反，搏斗双方采用动作之前必须相互接触以寻找把位，伺机破坏对方的平衡或控制对方关节。亚运会和全运会项目武术散打有些例外，它综合了这两类项目的特点，技术体系别具一格，具有徒手格斗项目的综合特征。图 4－4 所示为格斗项目的分类。

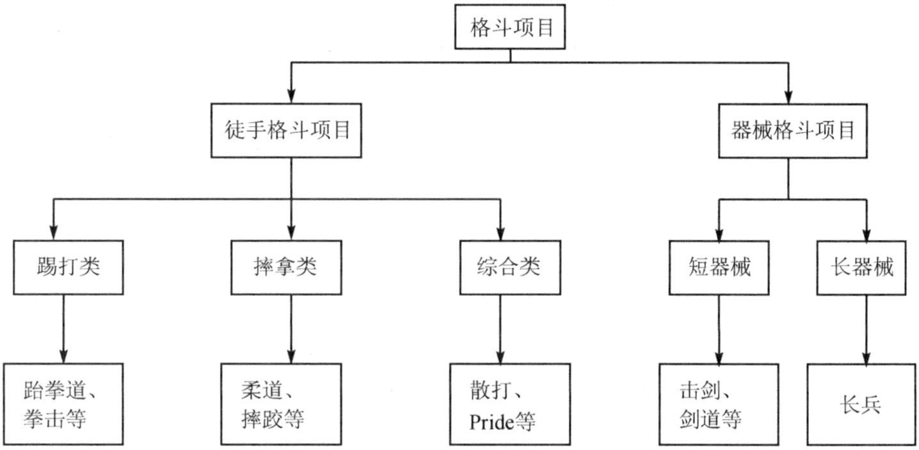

图 4－4　格斗项目的分类

（二）格斗项目的一般特征

1. 时间特征

在奥运会格斗项目的比赛中，除了柔道不分局数外，其他几个项目都分局进行比赛，局间一般休息 1 min（摔跤局间休息 30 s）。拳击和跆拳道采用累加计分制，而摔跤和散打则采用三局两胜制。每一局比赛胜负一般依据得分多者为胜的原则进行判定。但在比赛中也有优势获胜的情况存在，如柔道中的一本，拳击、跆拳道以及散打中的 KO 等。

在每一局的比赛里，运动员竞技都以回合为时间特征，每一回合的时间有长有短，其间还有无规律的暂停比赛的情况。因此，格斗项目运动员的竞技形式都是间歇性的。表 4－8 所列即为常见格斗项目的比赛局数一览表，在每一回合的比赛里，运动员双方几乎都是以最快的速度、最大的力量来进行进攻和反击，持续时间有长有短，短则几秒钟，长则几十秒不等，强度极大。从供能形式来看，格斗属于高强度的间歇性无氧运动，主要以无氧糖酵解供能为主。就每一场比赛的总时间及其时间分布来看，格斗运动需要运动员有良好的有氧耐力为无氧耐力作基础。以散打运动为例，有研究表明，散打运动员在比赛后即刻心率高达 192 次/min 左右，而血乳酸值达到15.75 mmol/L左右,说明散打比赛要求运动员具有良好的无氧糖酵解供能能力。

表4-8 常见格斗项目的比赛局数一览表

项目	比赛局数	每局比赛时间/min	局间休息时间/s	胜负评定
拳击	4	2	60	累加计分制
跆拳道	3	2	60	累加计分制
散打	3	2	60	三局两胜制
摔跤(古典式、自由式)	3	2	30	三局两胜制
柔道	1	5	—	累加计分制

2. 空间特征

格斗项目的比赛都在一个限定的区域内进行,比赛场地分方形和圆形两种,面积相差不大,运动员的移动及其所采用的技术动作都被限制在这一特定的区域内进行。在这一特定的区域内,运动员根据场上不同的情况,需要无规律地进行快速的攻防转换。由于运动员在比赛中出了场地有可能失分,甚至有可能提前失去比赛,因此,要求运动员对场地有良好的空间感知能力。表4-9所列为格斗项目比赛场地对比表。

表4-9 格斗项目比赛场地对比表

项目	比赛场地形状	比赛区域边长或直径/m
拳击	方形	边长4.9～6.1
跆拳道	方形	边长8
散打	方形	边长8
摔跤(古典式、自由式)	圆形	直径9
柔道	方形	边长8～10

3. 技术特征

徒手格斗运动员使用技术动作的方法一般可分为踢、打、摔、拿四种。运动员在每一回合的博弈中,在使用方法时总是要事先根据博弈双方的距离、时间以及空间关系等做出决策,利用时间差、距离差和空间差来达到自己进攻或防守的目的。由于搏斗双方的情况在场上瞬息万变,运动员几乎不可能有时间来仔细考虑究竟使用何种技术动作,往往都是依靠自身的经验做出的本能判断和反应。因此,运动员要想充分利用时间差、距离差和空间差来达到自己进攻和防守乃至反击的目的,就必须要对敌我双方的攻击距离有良好的感知,在此基础上要具有良好的快速反应能力和准确的判断能力,同时,要利用快速移动的步法接近对手或避开对手的攻击，在进攻时，还必须具有迅速的动作和强大的攻击力量。图 4－5 所示为格斗项目运动员技能有效性的决定因素。

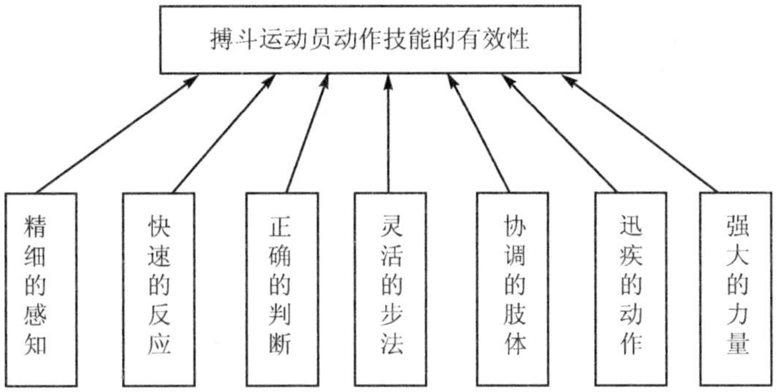

图 4－5　格斗项目运动员技能有效性的决定因素

总的来说，格斗运动对运动员各种能力的要求比较全面。反应快、判断准确、动作迅猛、变化巧妙是其基本特征。由此进一步要求运动员应具有良好的爆发力、良好的肢体协调性与灵敏性、保持快速动作的耐久力以及力量耐力。同时，根据踢打类和摔拿类不同的竞技特点，踢打类格斗运动员应具有与较长攻击距离相对的肢体长度，而摔拿类格斗运动员则应具有稳定的重心。

二、格斗运动员的体能特征

（一）格斗运动员的形态特征

格斗运动员要求身高体重比例恰当，体形匀称，四肢粗壮有力，体脂含量较少，从小级别到大级别之间表现出一定规律的差异性，大级别运动员体脂百分比要高于小级别运动员，而且去脂体重与比赛名次密切相关。各项目之间，拳击与跆拳道运动员身体形态较为接近，柔道和摔跤运动员较为接近。而踢打类项目与摔揉类项目之间有一定差别，主要表现在体脂百分比和体型方面。散打运动员则似乎介于踢打类项目和摔揉类项目两者之间。这可能与各项目的竞赛特征和技术表现不同有关。

（二）格斗运动员的机能特征

由于徒手格斗类项目比赛时运动负荷的强度极大，大强度训练和比赛时心率往往高达 180～210 次/min，是以无氧代谢供能为主，以无氧和有氧混合供能为辅的方式进行的，因此，对运动员心功能要求很高，要求心力储备充足，而安静时心率较低。同时，徒手格斗项目运动员要有良好的呼吸机能，提供身体更多的氧气，以便机体消耗掉的糖原和 ATP 尽快再合成。徒手格斗项目运动员随着运动等级的提高，即训练水平的提高，最大摄氧量也相应提高，这反映了运动循环、呼吸系统综合机能的提高，机体能有效地、充分利用其有氧代谢能力。

(三)格斗运动员的素质特征

徒手格斗项目要求运动员具有迅速、力大、灵活和在规定比赛时间内连续保持上述机能的耐久力的能力。要求全面发展的身体素质是格斗项目的共性,但每一个具体的项目对各项素质要求的程度还是有差异的(见表4-10)。

表4-10 不同格斗性项目各种身体素质重要性5级排序①

素质 项目	速度	灵巧	耐力	力量	柔韧
拳击、散打	1	2	3	4	5
摔跤、柔道	3	2	4	1	5

注:"1"为最重要

从表4-10可以看出,踢打类的格斗项目和摔揉类的项目对运动员运动素质的要求是不同的,这是由它们的主要竞技技术特征不同而造成的。踢打类格斗项目竞技时运动员必须保持一定的距离,技术用力特征是离心力居于主要地位;而摔揉类格斗项目运动员竞技时则必须贴身搂抱,技术用力特征是向心力居于主要地位,主要用力肌肉群的不同和时空状态特征的不同而使得这两类格斗项目的运动员在身体素质上的表现也自然不同。我国的散打运动既有踢打技术,也有摔揉技术,是一种综合格斗项目,它对运动员身体素质的要求也具有这两类格斗项目的综合特征。

在踢打类格斗项目的运动员的各个运动素质中,速度素质、灵敏素质和速度力量素质是主要核心素质,应列为这类项目运动员身体素质训练的首要内容。这是由该类项目动作结构属于变异组合以及瞬息万变的特点决定的。踢打类格斗项目运动员的第二素质是肢体、腰腹力量素质。这是它们运动专项技术动作的效力特点使然。踢打类格斗项目运动员的第三素质是混合供能状态下的基础耐力素质和乳酸能供能为主状况下的速度耐力素质。这是由该类运动一场比赛和各局比赛规定的时间范围和竞赛的激烈程度的特点所决定的。

摔揉类格斗项目运动员的力量是最重要的运动素质,以动力性力量为主。而在动力性力量中,又以速度力量或爆发力为主。同时,这类项目运动员也应具有良好的灵敏性和动作速度。

总之,格斗项目对运动员身体素质的要求十分全面,在体能训练中应该全面加以训练提高。有些身体素质对于优秀运动员似乎显得不太重要,但并不是说这类项目对这种身体素质要求就不高。比如对于踢打类项目运动员来说,柔韧素质被列于重要素质的最后,但良好的柔韧素质是优秀运动员必备的基本素质之一,没有良好的柔韧素质就不可能成为该项目的优秀

① 贺子文.技能主导类格斗对抗性项群训练原理.北京:人民体育出版社,1998.

运动员，只是柔韧素质对于优秀运动员的重要程度相对于速度、力量和耐力来说不是那么重要而已。

三、格斗运动员体能训练的内容、方法与手段

由于运动员体能水平的高低主要由身体素质的训练来加以提高，因此本节所谈的体能训练只涉及身体素质的训练。如前所述，格斗运动员对于运动素质的要求是全面的。但考虑到格斗项目的竞技特征，速度、力量（主要是爆发力和快速力量）及与之对应的速度耐力和力量耐力，对于运动员取得比赛的胜利更为重要。因此，这几种运动素质是格斗项目体能训练的重点。不同格斗项目的运动员要根据各自专项的特征和自身的实际情况，有所侧重地进行运动素质的训练。

（一）格斗运动员的力量训练

1. 最大力量

最大力量是指人体肌肉在随意收缩中所能表现出来的最大力值。由于格斗项目运动员在比赛过程中很少需要表现自己的最大力量，同时调查也表明，格斗项目运动员的最大力量在众多运动项目中也不算优秀，况且最大力量训练容易造成肌肉粗大，对控制体重不利，因此，格斗项目运动员最大力量的训练比例相应较少，通常应控制在30%或20%以内。对于摔揉类格斗项目，最大力量的练习比例要大于踢打类格斗项目。

发展最大力量的负荷强度一般采用次极限或极限负荷强度，通常在最大力量的75%以上。若以最大重复次数RM（指某一肌肉或肌群在疲劳前对某一指定的负荷最多能连续重复练习的次数）来表示，则其负荷通常为6 RM以下。有研究表明，3组6 RM负荷的练习，不仅经济，而且力量增加较为明显。当然，还有多种负荷重量和重复次数的搭配方式较为有效，在训练中应根据自身的情况选择一个较佳的方案。训练中还应该不时地变换负荷重量，如穿插一些极限强度的训练，以使肌肉得到更深刻的刺激。在进行最大力量练习时，间歇的时间应使运动员的机体基本得到恢复后再进行下一组练习。

发展最大力量的常用手段有：

① 负重练习，如常见的有负重卧推、提拉、深蹲、抓举、挺举等；

② 击靶练习，如击打胸靶、击打墙靶、击打同伴的主动迎击靶等；

③ 对抗练习，如双人顶、推、拉、双人对抗抱摔等。

2. 快速力量

快速力量也称速度力量，兼有力量与速度的双重特征，它是指肌肉在尽可能短的时间内发挥出尽可能大的力量的能力。快速力量在格斗类运动中占有极其重要的地位，对于踢打类格斗项目更为重要。只有具有良好的快速力量，踢打类的格斗运动员在竞技中捕捉到战机时才能以最快的速度给对手最沉重的打击，摔揉类的运动员也需要快速的力量来获得把位，爆发用力将对手摔倒。因此，格斗项目运动员的快速力量训练在整个力量训练的计划中应该占有较

大的比重,通常不低于40%或50%。

发展快速力量的负荷一般采用中小负荷的强度,通常在最大力量的30%~60%左右。若以最大重复次数RM来表示,则其负荷通常为8~15 RM。训练时也有仅以克服自身体重进行练习的方式。有研究表明,采用8~15 RM的负荷训练,肌纤维增粗不明显,而速度和耐力均有提高,以速度力量提高最为明显。显然,这种负荷对需要严格控制体重的格斗项目运动员来说正合时宜。据此,有许多人提出"负荷到8,训练到12"的力量训练原则,即力量训练时采用一次能最多连续重复8次的负荷重量,当随着力量的增加,8 RM的重量已能连续重复12次时,就要增加新的重量,使新的负荷成为8 RM。当然,由于快速力量训练的负荷区间较大,还有许多负荷和重复次数的搭配方式。当负荷较大时,每组可重复8~10次,负荷较小时则可重复10~12次。重复练习的组数以不降低快速节奏和重复次数为准,通常为3~5组。间歇时间应以机体基本恢复为准。

发展快速力量的常用手段有五种。

① 克服自身体重练习,如连续快速单腿平地跳或台阶跳、蛙跳、台阶冲刺跑、连续快速俯卧撑双拍掌、引体向上等。

② 负重练习,如连续快速卧推杠铃、负重深蹲跳或交换步跳、抓举杠铃、连续快速高翻杠铃、绑沙袋拳法或腿法练习、摔布人或沙包、靠摔木桩或假人等。

③ 击打练习,如绑沙袋快速击打手靶、脚靶或击打沙包等,或去除沙袋后击打手靶、脚靶或沙包等,快速摔布人等。

④ 克服弹性物练习,如拉橡皮带或拉力器冲拳踢腿等。

⑤ 对抗练习,如双人抢位快摔等。

3. 力量耐力

力量耐力是指肌肉保持长时间克服阻力的能力,兼有力量和耐力的双重特征。现在的格斗项目比赛异常激烈,不到比赛最后关头,往往难以决定胜负。这需要运动员具备良好的力量耐力,尤其是快速力量耐力,以保证在比赛的最后阶段技战术的正常发挥,甚至在对方体力不支、反应变慢的时候,给予其沉重的打击。因此,力量耐力在格斗项目运动员整个力量训练计划中应占一定比重,通常在30%以上,而且以快速力量耐力为主。

发展力量耐力的负荷一般采用小负荷或克服自身体重的方式,通常在最大力量的40%或30%以下。若以最大重复次数RM来表示,则其负荷通常为15 RM以上。有研究表明,30 RM负荷的力量训练可以使肌肉毛细血管网增多、肌肉内有关有氧代谢酶的活性提高,可有效改善肌肉耐力,但对力量和速度的提高作用不明显。结合格斗运动的实际,在进行力量耐力训练时,负荷以18~22 RM为宜。重复练习的组数通常为5~8组。组间的间歇时间以发展目的的不同而有所差异,若只发展快速力量耐力,可待机体基本恢复后再进行下一组练习,若为发展普适性力量耐力,那就应在工作能力尚未完全恢复时就进行下一组练习。

发展力量耐力的常用手段与发展快速力量的常用手段基本相同,主要是练习时二者的负荷特征不太一样。力量耐力练习的负荷重量更轻、一次重复练习的次数更多、重复练习的组数更多，以使肌肉产生疲劳为原则。力量耐力的训练还可将几个练习手段编组进行循环练习，如散打运动中可如此安排，手持轻哑铃拳法练习＋绑沙袋腿法练习＋扛摔沙包＋肋木悬垂举腿或举腿绕环＋负重俯卧体后屈＋连续快速轻杠铃深蹲跳起＋连续快速轻杠铃卧推＋双人揉摔对抗。这样不仅将技术动作融入其中，还可使上下肢、前后肌群和大小肌群的练习搭配在一起。循环练习的组数依运动员的不同情况而有所区别，但组数不宜太少，应达到力量耐力的训练效果，通常为 3～6 组。组间间歇可以充分，也可以不充分。间歇方式以积极性的活动（如放松跑）为宜。

4. 格斗运动员力量训练时的注意事项

（1）合理安排负荷强度是力量训练的关键。应根据力量训练的不同需要，合理地安排练习的负荷与重复次数的搭配方式。

（2）应根据各格斗项目的负荷特征，使不同肌群的力量得到协调的发展。

（3）应使在一般性力量训练中得到发展的力量素质及时转化到专项的技术中来，紧密结合专项技术动作来发展所需的力量素质。

（4）力量训练应遵循循序渐进的原则，初级运动员可以先采用较小负荷的力量练习，适应后再逐渐增加负荷。

（5）通过训练，力量素质增长较快，但停止训练后消退也快。因此，力量训练应保持长期性、系统性。

（6）力量训练后应特别注重肌肉的放松，力量练习应与放松性练习、柔韧性练习或其他练习交替进行，以提高肌肉弹性，防止肌肉僵化。

（二）格斗运动员的速度训练

1. 反应速度

由于体育运动中人体的反应主要是对各种外界信号刺激做出有意识的应答行动，所以信号刺激法是提高反应速度的基本训练方法。在格斗运动中，各种信号刺激主要表现为视觉信号刺激、触觉信号刺激和听觉信号刺激。因此，在训练时就应以这三种信号的不同表现形式对运动员进行反应速度的训练。

值得注意的是，由于赛场经验是运动员预测的依据，经验越丰富，对对方的预测越准确，运动员的反应速度就越快。因此，训练格斗运动员的反应速度最重要的是提高他们的预测和判断能力。行之有效的手段就是经常地进行各种条件实战、实战和比赛，以及通过录像观摩来提高运动员预测和判断的能力。尤其是条件实战，不仅能提高运动员的反应速度，同时也能极大地提高运动员的技战术运用的能力，丰富实战经验。因此，它是格斗运动训练中最重要、最经常采用的手段之一。

训练实践中，还可以采用下列一些方法和手段来提高运动员的反应速度和判断预测的能力：

(1) 示靶击打:教练员事先规定好几个出靶的位置和靶面以及运动员的相应击打动作,教练员不规律地出靶,要求运动员快速、准确地用相应的动作击打。

(2) 打移动靶:教练员或同伴拿靶,在移动中突然出靶,要求练习者根据不同的情况立即进行击打或组合击打。陪练人员也可以用靶反击,要求练习者迅速做出防守反击的动作。

(3) 防反练习:规定一方主动进攻,一方防守反击。防守方根据进攻方的动作,立即进行相应的防守反击。既可采用接触式练习,也可采用不接触式练习;既可事先规定进攻动作和防守动作,也可进行任意的进攻与防守反击。

(4) 揉摔练习:主要培养运动员在摔法中的触觉反应速度。双方先抱缠住,一方使用轻快的摔法动作,控制住力度,要求练习者迅速做出相应的防摔和反摔动作。陪练者也可不控制力度,双方进行真摔实练。

在训练的实践中,还有许多手段和途径可以选择利用。广大教练员和运动员也可以发挥自己的聪明才智,创新出富有成效的方法进行训练。由于在格斗比赛整个过程中运动员都必须不断地做出各种选择性反应,因此,训练中应分别在运动员体力充沛时、疲劳时和非常疲劳时都安排相应的信号刺激训练。

2. 动作速度

由于动作速度总是寓于某一个技术动作或动作组合之中,如出拳的速度、出腿的速度、施摔的速度以及拳、腿、摔之间的任意组合的速度等,因此,提高动作速度应与掌握和保持正确的技术动作紧密地结合在一起,选择专项动作,或对掌握、完善专项动作有积极作用的亲缘性、过渡性练习。

另外,由于神经系统发出指令的强度越大,动作速度越快。因此,在进行动作速度的训练以及平时训练课中基本功和基本动作的训练时,运动员思想必须高度集中,每一个动作都要求自己以最快的速度完成,并力求超过自身的最大速度。

动作速度的能量物质基础是高能磷酸盐系统和糖酵解的能量释放速率。因此,发展运动员动作速度最主要的方法就是大强度的重复训练法。其原则是每一次(组)的练习以速度不至于降低为准,间歇充分。其手段是采用无负荷或轻负荷的技术动作练习。在训练实践中可以采用下列一些具体的练习手段。

(1) 分解练习:把某一完整技术动作分解后进行大强度的重复训练。

(2) 减阻练习:在进行动作速度训练之前,对所要训练的肢体或部位先进行1~2组的阻力爆发练习,利用肌肉的后效作用,再进行速度练习。

(3) 变换练习:无负荷—轻负荷—无负荷—轻负荷的交替练习。如加上沙袋与去除沙袋的拳法或腿法的交替速度练习。

(4) 助力练习:利用外界的助力提高速度。如教练在运动员出拳时拍击其肩部,使其提高出拳速度。

(5) 声响刺激:在进行速度练习时,教练员可以利用高频率的声音节奏来刺激运动员以提高动作速度和频率。

发展动作速度的方法手段还有很多，如游戏和比赛法不仅行之有效，而且趣味盎然。在动作速度的训练过程中，要注意防止运动员“速度障碍”的产生。因此，训练时要注意培养运动员体会不同的速度感知能力，可以利用牵引或外界的助力来打破原有的速度定型，突破速度障碍。另外，运动员疲劳时最好不要进行动作速度的训练，否则容易出现速度障碍。

3. 位移速度

拳谚讲：“步不快则拳慢，步不稳则拳乱”，强调了格斗运动中下肢移动速度和身体重心转换稳定的重要性。而要达到这一要求，一要提高中枢神经系统兴奋与抑制的转换速度；二要提高腿部肌肉的力量。这是提高位移速度的最主要途径。

格斗项目的位移速度与田径运动的直线平跑特点不同，具有一次性、间断性、多元性以及多向性的特征，需要在上、下、前、后、左、右不停地调整自己的身体重心。因此，格斗运动的位移速度训练有其自身的特点。在训练实践中，可以采用以下方法和手段：

(1) 高频率步法移动练习，如短距离冲刺、高频率的小步跑、高抬腿、前滑步、后滑步、往返跑以及高速的单摇跳绳等。

(2) 高频率步法转换练习，如各种步法的前进、后退、左右移动的快速转换练习。也可以结合口令或手势练习，不仅练习移动速度，还可练习反应速度。

(3) 腿部爆发力练习，如快速的单足跳、蛙跳、纵跳、冲台阶、跳深练习等。

4. 格斗运动员速度训练时的注意事项

(1) 要紧密结合格斗项目专项的速度特征进行训练。反应速度以视觉、触觉和听觉为主；动作速度应结合技术动作练习；位移速度结合各种步法练习。

(2) 除反应速度的训练可安排在运动员疲劳时外，动作速度和位移速度的训练都应安排在运动员兴奋性高、情绪饱满时进行。

(3) 防止运动员“速度障碍”的产生。出现速度障碍时，可以采用牵引性的外加助力练习，突破运动员的速度心理感知定型。

(4) 速度训练的负荷强度应采用极限强度或次极限强度，持续时间应以不降低每一次(组)练习的速度为准，通常为 15～30 s，间歇充分。

(5) 速度素质要和其他素质结合训练。格斗运动尤其应注重运动员速度耐力的训练。

(6) 在进行速度训练时，应注重肌肉的放松与协调。

(三) 格斗运动员的耐力训练

1. 耐力训练的方法与手段

如前所述，徒手格斗类项目比赛时运动负荷的强度极大，是以无氧代谢供能为主，以无氧和有氧混合供能为辅的方式进行。不停的移动、强烈的对抗、长时间的拼搏决定了格斗运动的专项耐力是以无氧耐力为主的无氧与有氧混合供能形式的耐力。对于踢打类格斗项目，要侧重于发展运动员的速度耐力，对于摔揉类格斗项目，要侧重于发展运动员的力量耐力，通常采用中、长时间的重复训练法、间歇训练法以及短时间的持续训练法。

格斗项目专项耐力的训练通常采用专项或接近专项的训练手段来发展。在训练实践中，可以采用下列一些具体的方法和手段：

(1) 空击练习：拳、腿、摔各种技术及其组合技术动作的进攻与防守练习。若发展速度耐力，要求快速连续不断地练习，持续40～60 s，间歇20～40 s，重复3～5组；若发展比赛特有的耐力，则应按照各格斗项目比赛的负荷特征进行练习，持续3～5 min，间歇40～60 s，重复4～6组。

(2) 打沙包练习：方法和要求同空击练习。

(3) 打靶练习：方法和要求同空击练习。但在发展比赛耐力时，可以和发展反应速度的练习结合起来。如持靶者可以不规律地突然亮靶，要求击靶者迅速准确地击打。持靶者还可以进攻或反击，要求击靶者根据不同的情况进行进攻或防守反击。

(4) 对抗练习：进行比比赛局数多1～3局的条件实战或实战练习。

(5) 坐庄练习：由练习者坐庄，3～5人轮流与之条件实战或实战，进行比比赛局数多1～3局的练习。

2. 格斗运动员耐力训练时的注意事项

(1) 格斗运动的耐力训练要以有氧耐力训练为基础，以速度耐力和快速力量耐力训练为重点。

(2) 训练时要注意加强呼吸节奏与动作节奏协调一致的训练。在疲劳时要强调运动员进行腹式的深呼吸运动。

(3) 要加强运动员意志品质的培养。顽强的意志品质可以使运动员克服很多困难，对提高耐力素质效果明显。

(四) 格斗运动员灵敏素质的训练

1. 灵敏素质训练的方法与手段

灵敏素质是指在各种突然变化的条件下，运动员能够迅速、准确、协调地改变自身的动作，以适应变化着的外环境的能力。它是运动员各种基本运动素质、运动技能和心理感知能力的综合体现，是一种典型的复合素质。良好的灵敏素质对于格斗项目运动员的重要性是不言而喻的。

由于衡量灵敏素质的标志是运动员在各种复杂变换的条件下能够迅速、准确、协调地做出动作，因此，发展灵敏素质就主要从这三方面着手训练。首先，对于迅速性，主要发展运动员的反应速度和起动速度；其次，对于准确性，主要从运动员的时空判断、肌肉的本体感觉和专门化知觉几个方面着手训练；最后，关于协调性，可以从运动员的模仿能力和运动技能的储备量方面进行培养，可以采用大量非专项的技术动作，甚至是根本不熟悉的动作进行训练。另外，在对这三种能力分别培养的同时，还应注重将它们有机地结合起来，进行综合训练。

灵敏素质的练习强度一般较大，要求神经的兴奋性较高。因此，练习的时间不宜过长，练习的次数不宜过多，组间休息时间要充分，以免影响训练的效果。可以采用下列一些具体的手段和方法进行练习：

（1）单人练习，如立卧撑转体跳、立卧撑前后交叉拍脚、象限双脚跳、十字变向跑、换步蹲跳、撤换步手触地往返跑及各种步法练习中的突然变向、急停、起动等。

（2）假想练习，如在移动的步法中，假想比赛中的各种突然情况，自己则随机应变的突然做动作，如躲闪、进攻、防守、防守反击等。

（3）对抗练习，如一对一的巧妙触摸对方肩部、踩踏对方脚尖等，以及在规定的区域内，一人防守，另一人在不许推、拉的情况下想办法突破防守进入对方区域等。

（4）游戏法，如传统的贴人、打小鸟游戏等。

（5）其他练习，如篮球、排球、足球、乒乓球等各种球类练习和竞技体操、健身操等练习。

2. 格斗运动员灵敏素质训练时的注意事项

（1）由于灵敏素质对运动员的神经系统兴奋性要求较高，因此练习多安排在训练课的前半部分，在运动员体力充沛、精神饱满时进行。但格斗项目比赛的后期也要求运动员具有较高的灵敏性，因此也应适当在训练课结束之前，运动员疲劳时安排一定的灵敏素质训练。

（2）由于灵敏素质的发育敏感期在7～12岁左右，因此应从少儿时期就抓好灵敏素质的训练。

（3）灵敏素质是一种复合素质，必须抓好各相关基本素质的训练。

（4）灵敏素质的训练应注重和格斗项目专项的技战术训练有机结合起来，促进专项灵敏素质的发展。

（五）格斗运动员的柔韧素质训练

1. 柔韧素质训练的方法和手段

柔韧素质是指人体关节在不同方向上的运动能力以及肌肉、韧带等软组织的伸展能力。格斗项目运动员的柔韧素质虽然在各项基本运动素质中处于较次要的地位，但不是说柔韧素质对格斗项目运动员不重要。如肩关节柔韧性差，拳法则不活；髋关节柔韧性差，腿法则没有威力。柔韧素质的发展不仅是运动员学习和掌握格斗技能的重要基础，而且可以提高肌肉的收缩力量，加快动作速度，使运动器官内部的阻力减少，使动作完成得更加轻松、省力。另外，柔韧性的改善还可以降低运动创伤的发生率。

发展柔韧素质的基本方法是拉伸法，即直接对要发展部位的有关肌肉和韧带进行拉伸。训练中常见的方法和手段有以下几种：

（1）静力性主动拉伸，如压肩、压腿、劈叉、腰下桥、体前屈、跪地体后屈等。

（2）静力性被动拉伸，如在同伴的助力下压肩、压腿、劈叉、体前屈、俯卧体后屈等，还可由同伴进行各种搬腿等。运用该方法训练时，应注意练习者的感受，用力不可突然、过猛。

（3）动力性主动拉伸，如甩肩、肩部环绕、踢腿、摆腿、甩腰、涮腰、翻腰等。运用该方法训练时，动作幅度应逐渐增大，速度也应由慢而快，以免肌肉拉伤。

2. 格斗运动员柔韧素质训练时的注意事项

(1) 应根据格斗项目运动的特点,全面发展运动员的柔韧性,特别注重肩、胯部位的训练。同时,不能过分追求柔韧而影响关节的稳固性。

(2) 在进行柔韧训练之前,应先进行一定的准备活动,使身体预热,以免肌肉拉伤。也可把它安排在其他练习的组间休息时进行。

(3) 发展柔韧素质见效快,但消退得也快,而且随着年龄的增大有逐步退化的趋势。因此,柔韧训练应保持经常性,每次课都应有一定的柔韧练习。通常把它与专项训练课的准备活动和基本功训练相结合。

(4) 柔韧性训练应和力量练习相结合,可以有效地避免单一素质的训练带来的不良后果,促进两者的协调发展。

第九节 体操运动的体能训练

根据竞赛项目,体操运动可以分为竞技体操、艺术体操、健美操、技巧和蹦床。其中竞技体操又分别包括男子自由体操、鞍马、吊环、跳马、双杠、单杠,女子跳马、平衡木、高低杠、自由体操;艺术体操包括绳、圈、球、棒、带的单人和团体项目;技巧运动也包括单人、双人和多人的比赛;健美操包括男单、女单、混双、三人操和集体六人操五个项目;蹦床分为网上和单跳项目,网上项目又分单人、双人和团体等项。可见,体操运动所包含的项目很多,根据项群理论,它们都属于技能主导类表现难美性项群竞技项目,该项群对于体能的要求是很高的。其中它们对体能训练要求有共性之外,对于具体项目,各项目对身体素质的具体要求又有各自特点。总的来说,力量、速度、耐力、柔韧、协调等素质构成了体操运动的重要体能要求。而随着现代体操运动技术的高速发展和竞争日趋激烈,运动员的体能训练的地位也愈发重要,往往成为决定运动成绩好坏的关键。

一、体操运动项目特征

体操运动属于技能主导类表现难美性项群,是指运动员根据特定的规则,在特定的场地中徒手、手持或运用特定器械完成的各种身体练习。其中大量练习属于非周期性运动,在练习中既有动力性工作,也有静力性工作。体操运动动作种类繁多、内容丰富、复杂多变、高难惊险,且大都有特定的器械或在特定场地中完成,动作的高难度、准确性和稳定性要求运动员具备良好的体能储备,这就要求运动员在平时训练中要全身心投入地完成各种体能训练。动作的特点是技术复杂而多样,前后连贯并有机地组成成套练习;难、新、力、稳、美是体操类运动项目的主要特点和制胜要求。

体操运动各项目具有独特的技术要求与裁判规则,其特点决定了体操运动员必须具备完善的体操技术和良好稳定的体能储备、心血管系统机能和神经肌肉系统功能,还需具有坚强的意志品质、时空判断能力和自我调控能力。

体操运动的特点之一是自身在体操器械或场地上完成多种多样的体操动作，在完成动作过程中，主要通过手和脚与器械相互直接作用（绝大多数），包括支撑、牵拉、推压、弹跳、特定的静止用力和慢用力动作、舞蹈动作等。运动员在完成一套动作时需一个动作接一个动作连续爆发式用力，从生理学角度看属中等和大强度运动。运动员完成动作时主要是在无氧条件下进行，有时还需要屏气。因此，肌肉工作时通过肌肉内的化学反应和体内能量的消耗得到能量。按照运动时间、强度及物质和能量代谢体系，可把体操运动各项目归纳为表 4-11。

表 4-11 体操各项目完成全套动作的持续时间和主要供能系统①

项 目		持续时间/s	主要供能系统
竞技体操	跳马（男）	5～7	磷酸原（ATP-CP）
	跳马（女）	5～7	磷酸原（ATP-CP）
	鞍马	25～30	磷酸原-糖酵解
	吊环	25～30	磷酸原-糖酵解
	双杠	25～30	磷酸原-糖酵解
	单杠	25～30	磷酸原-糖酵解
	高低杠	25～30	磷酸原-糖酵解
	自由体操（男）	50～70	糖酵解
	自由体操（女）	70～90	糖酵解
	平衡木	70～90	糖酵解
艺术体操	个人项目	75～90	糖酵解
	团体项目	135～150	糖酵解-有氧
健美操	个人项目	105±5	糖酵解-有氧
	双人项目	105±5	糖酵解-有氧
	六人项目	140±5	糖酵解-有氧
技巧运动	第一套动作	≤150	糖酵解-有氧
	第二套动作	≤150	糖酵解-有氧
	第三套动作	≤180	糖酵解-有氧

由此可知，体操运动员的专项体能是以无氧耐力为基础，部分项目同时结合有氧代谢作为主要供能方式。体操运动的这种非周期性和瞬间高难度连接的特点，决定了运动员要反应迅

① 根据张卫星等的《竞技体操体能训练的研究》（山西体育科技，2006 年 12 月）修改。

速,具备较好的专项速度力量素质和速度耐力素质,同时要有较好的有氧代谢能力作基础,对运动员的灵敏素质及身体的协调性也提出了较高的要求。

二、体操运动员的体能特征

(一)体操运动员形态特征

体操运动员具有自己专项固有的身体形态特征,其身体外形和动作姿态都应该符合体操专项的规范要求。运动员身体形态特征既是身体训练的结果,如身体控制能力和协调能力等;又是技术训练的最后烙印,如直膝和绷脚面等必要的基础技能。运动员身体形态不仅能表现出体操项目把运动员形体练得更加健壮、匀称、具有青春活力,而且能使运动员的姿态、动作更具韵味,做到一迈步、一举腿、一抬头、一挺胸都给人以美感。运动员良好的形态特征有利于运动员对自身的空间位置、用力的时间、用力的方向正确地把握,同时身体姿态还是体操比赛中裁判员评分的重要因素。

由于竞技体操是一项克服自身体重去完成动作的项目,要求相对力量比较大,因此体重轻比较有利于完成动作;身材小巧比身材高大有利于完成各种翻腾、转体动作;身材匀称、上下肢较长、躯干较短、髋关节较窄有利于运动员显示出身材线条,更主要的是重心较高,容易完成灵巧性动作。肘关节要伸直而不过伸,过伸的肘关节容易受伤;臂长在男子竞技体操训练中尤其重要,在双杠、单杠、吊环、鞍马等器械上不仅能增大动作幅度,更主要的是在支撑中能提高身体重心,有利于完成动作和提高动作质量;手的大小对单杠和高低杠项目很重要,手大有利于握杠和完成各种换握;肩宽的人一般肩带力量大,而肩带力量是完成体操动作的基础;髋窄的人臀围小,肩宽臀小的体型身体重心较高,而且体型健美,这种体型有利于完成器械项目的各种动作。总之,竞技体操运动员形态特征是身材匀称,上下肢较长,且身高低、体重轻,臂长手大,肩宽臀窄,肌纤维比较长,跟腱比较短。

优秀艺术体操运动员身体形态具有如下特征:身高较高,四肢长,指间距大于身高,肩宽和骨盆窄,手长,足弓高,跟腱长,体脂百分比和体质指数低。体脂百分数、体质指数均属于低水平,肌肉含量较高,身体形态匀称,对艺术体操动作艺术性的展示和难度动作的完成有一定的帮助。

竞技健美操运动员更要求肢体匀称修长优美,这不仅是给人一个突出的印象,更是当今竞技健美操运动技术发展的客观要求。运动员的身高一般以中等身材和体重相对较轻为宜,因为该运动中的许多难度动作需要克服自身体重来完成,力臂适中、体重较轻可以使能量消耗最小化。身材过高会影响动作的灵巧性,身材过矮会影响动作的舒展效果,尤其在混双、三人、六人等集体项目中运动员的身高差距过大会影响配合的协调效果和操化动作的一致性。由竞技健美操运动技术的要求可以把运动员的形态特征归纳为:身材匀称、五官端正、锁骨和肩脚骨较平、四肢稍长、手臂直、小腿长于大腿、关节平直、踝关节略细、跟腱细长清晰、肩宽髋窄、女子颈部略长、臀部肌肉向上紧缩、肌肉呈条型。

蹦床运动主要运动形式为连续完成 10 个空翻或空翻加转体动作，因此运动员的身体形态具有非常高的专项性特征。表现出下肢较长、大腿和小腿的围度相对较粗，身体充实度适中，髋部较窄的形态特点。

技巧运动中，单人项目运动员体型与竞技体操运动员相同，而双人及多人项目的运动员中，上、下面人的共同形态特征是：上面人一般个小、体轻；下面人一般个高、体重、肩宽、腿粗、胸围大、手大。上面人年龄较小，下面人年龄稍大，年龄一般相差 4～6 岁。

(二) 体操运动员机能特征

1. 中枢神经系统的机能变化特点

(1) 体操运动员由于经受长期翻转和倒立影响，运动员前庭系统的中枢整合水平和控制能力较高。

(2) 体操动作惊险，协调性要求较高，因此，大脑皮质与皮质下运动中枢的协调关系随时根据需要加强、保持或加以改造。

(3) 体操练习富有特殊的节奏感，要求神经过程的强弱与交替均需按规定的节奏进行，在大脑皮质神经过程之间要借助本体感受的反馈冲动，建立起准确和严密的时间条件反射。

(4) 体操动作有严格的准确性，要求各肌群中枢之间、各感觉(视、听、前庭、皮肤触压和内脏感受)中枢与肌肉本体感觉中枢之间建立起空间和时间上的精确协调关系，并形成人与器械、时间与空间融合为一体的“综合感觉”。

(5) 体操动作练习的肌肉收缩性质复杂，要求建立起各对抗肌中枢之间兴奋与抑制交替活动的动力定型以及对抗肌之间的同一神经过程的动力定型。这种长期训练养成的动力定型使体操运动员肌肉运动条件反射速度快、准确性高。但长时间的神经过程灵活性、机能稳定性、协调性高，神经系统的能耗就会较大，大脑皮层神经细胞产生疲劳的速度会较快。

2. 肌肉活动的特点

体操运动员在运动过程中，肌肉放松与收缩的相互转换均较分明，并与动作节奏相适应，各运动中枢对肌群的控制能力提高；肌群间的协调关系得到改善。基强度降低、时值缩短、对抗肌之间时值接近、上肢对抗肌群时值相互接近被认为是训练程度良好的标志之一(见图 4－6)。

体操运动能提高肌肉力量和静力耐力，能使肌肉对中枢传来的不断变化的冲动迅速产生动作，从一种动作迅速高效地转换为另一种动作。

3. 能量代谢特点

竞技体操项目(如男女跳马、单杠、吊环、鞍马、高低杠等)练习时间短，但强度大，人体主要靠无氧代谢供能。练习动作虽然多样复杂，但动作之间常有短暂间休。肌肉用力虽大，但持续时间短，完成单个或成套练习能量消耗都不很多。但其他项目(如技巧、蹦床、健美操、艺术体操等)都是持续 1～3 min 不等的大强度运动，在这段时间中，每名运动员需要完成各种悬垂、支撑、翻转、跳跃等大强度、高难度的练习，这就必然要求运动员具有良好的代谢供能能力，以满足持续进行高质量技能运动的需要。持续长时间的代谢供能能力是每一名优秀运动员所必

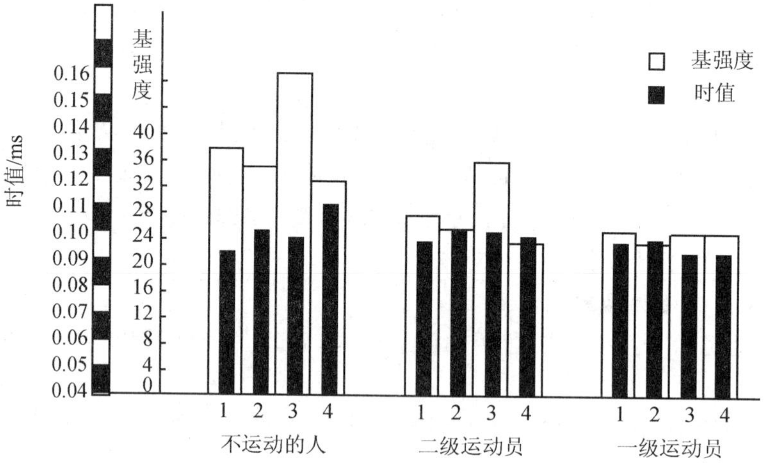

1—胸大肌;2—三角肌;3—肱三头肌;4—肱二头肌

图4-6　不同水平体操运动员的时值和基强度对比

需的。

体操运动包含项目众多,供能形式各一,但其大多数项目属于高强度的无氧运动,它对人体在无氧或缺氧状态下的运动能力要求很高,抗疲劳能力对运动员完美完成成套动作具有巨大的影响。因此,体操运动员在发展无氧代谢能力的同时,还必须注意发展持续时间为2 min左右的混合代谢供能能力。

4. 心血管机能变化的特点

(1) 心血管机能的变化

体操运动员心血管机能变化与动作难度和性质有关。脉搏、血压随着体操动作难度不同和用力性质不同而发生不同变化。

(2) 血液重新分配

体操练习时常改变人体空间位置,有些动作对人体正常血液循环产生一些特殊影响,引起一些特殊反应。例如,离心力作用、重力作用、加减速作用等使血液因运动或重力作用而在体内重新分配,可出现暂时或局部脑部血液供应不足,并产生眼花、头晕现象。

长期进行体操训练可提高心血管的调节机能,使之更适应于体操运动的要求。长期体操训练可以建立起心血管机能调节迅速反应的条件反射,克服离心力、重力等作用的影响,并能有效地发展腹壁肌的张力,帮助克服加减速度对血液重新分配的影响。

(3)“瓦尔沙瓦”现象

体操练习中静力性练习产生憋气,血压随动作的进行和恢复出现特殊变化的规律,其特征表现为:血压先升高,后降低,再上升,而后恢复到运动前水平,血液量也呈现先少、后多,再恢复常量。这种变化称为“瓦尔沙瓦”(Valsalva)现象。

随体操运动员训练程度的提高，心血管调节机能和血液分配能力的完善，“瓦尔沙瓦”现象可以得到缓解；反之，若训练程度下降，“瓦尔沙瓦”现象可再度出现。

5. 呼吸机能变化的特点

(1) 呼吸机能的变化

体操运动后，呼吸频率比安静时约增加1倍；呼吸深度比安静时约增加3～4倍；肺通气量比安静时约增加3～9倍；摄氧量比安静时约增加6～7倍；呼吸机能变化不明显。

(2) “林加尔德”现象

在体操练习中，有很多支撑、悬垂、折体、回环等动作，常常要求胸廓与腹壁等部位同时或交替固定，因而使呼吸肌的活动受到限制，造成呼吸运动困难。丹麦生理学家林加尔德发现，在进行静止用力动作时，呼吸和循环机能变化没有运动后明显，这种生理反应称为“林加尔德”(Lindgaard)现象。随训练水平的提高，呼吸和循环机能的加强，“林加尔德”现象逐渐减轻或被克服。表4-12所列即为静止用力时和恢复期的耗氧量。

表4-12　静止用力时和恢复期的耗氧量

静止用力	持续时间/min	耗氧量/(ml·min^{-1})	
		静止时用力	静止后用力
单杠屈臂悬垂	0.80	557	853
俯卧撑	2.01	562	595
屈膝举蹬站立	1.28	742	807

6. 机能恢复

大运动量的运动和高强度的神经紧张使运动员的机能疲劳程度加大，机能恢复需要的时间也相对较长。合理营养膳食能供给运动员所需热能，提供能源物质的补充和储备，加速代谢废物的消除，维持代谢平衡，并有助于提高运动员的运动能力和运动后体力的恢复。

(三) 体操运动员素质特征

体操属于非周期性运动项目，运动员体能训练的目的是改善神经、心血管系统机能，提高肌肉群力量和弹性，发展速度、耐力、柔韧性和协调能力，提高平衡能力及对方向、时间的判断力等。练习手段多采用与专项技术结构相似的练习或专项体操动作来发展所需的运动素质，以加速掌握技术动作进程，增强比赛能力。因此，在竞技体操运动员训练的各个周期内，都要对专项体能训练做出周密而合理的设计和安排，以保证运动员在其整个运动寿命中达到比较好的竞技状态，取得优异的比赛和训练成绩。

1. 专项力量素质

竞技性体操比赛就是比运动员完成体操动作的难度与质量。运动员完成任何一个动作都是内力与外力相作用的结果，力是唯一使人体改变运动状态的因素。肌肉收缩力即通常所说的力量素质,对体操运动员极为重要。体操中静止用力类型的动作是运动员力量的直接表现,在动力性动作中,力量尤其是爆发力也是完成动作的重要基础。因此,在体操训练实践中教练员与运动员都十分重视力量素质的训练,并且都积累了丰富的训练经验。力量训练的效果取决于训练方法是否科学,为提高训练的科学性,必须研究体操运动员力量素质的特点,以此来改进运动员力量训练的内容和方法。体操运动员力量素质有以下四种特点。

(1) 体操运动员是克服和利用自身体重完成动作,表现为相对力量

体操与举重、投掷、摔跤等项目的力量表现形式不同,不是对抗对手或举起重物,而是通过控制自己身体完成各种动作。控制自己身体的能力是与绝对力量、体重有关的,表现出来的是相对力量。所以体操运动员的力量素质带有个人特点,与运动员身高、体重、身体形态有很大关系,这一点决定了体操运动员力量训练也常常有明显的个人特点。

(2) 在某些项目的一些动作中,力量决定动作的难度

在男子吊环项目中慢起用力动作、静止动作都是力量的表现,运动员力量素质直接决定完成动作的难度。可以说,没有超人的力量,不可能在吊环的比赛中取胜。在其他项目中,如自由体操、双杠等也有一定数量的用力动作。而在健美操和技巧中的托举动作以及跳跃的难度动作,大多可以充分反映出运动员的体能储备情况。

(3) 上肢力量与下肢力量表现形式不同

体操运动员上肢力量主要是在支撑中表现出的推撑力量和在悬垂中表现出的拉引力量。这两种力量都必须具有两种性质不同的肌肉收缩方式:一种是快速的等张收缩,肌肉明显缩短,表现为爆发力;另一种是慢速收缩或等长收缩,肌肉长度不变或变化缓慢,表现为静止用力的力量。上肢的这种肌肉收缩特点有助于肌肉体积的增大。这也是体操运动员肩带肌和上肢肌肉发达的原因。

下肢力量主要是快速等张收缩,表现为运动员的弹跳力,这在自由体操、跳马、健美操、技巧和蹦床等项目中十分重要。这种特点使体操运动员的下肢因运动项目的不同而表现出一定的差异,造成体操运动员上、下肢肌肉发达程度明显不同使其具有明显的专项特点。

(4) 在具有良好柔韧性的同时表现出强大力量

根据体操项目自身的特点,要求力量素质与柔韧性必须同时发展,离开柔韧性的力量是僵硬的,无益于体操技术水平的提高。如果在力量训练过程中忽视发展柔韧性,会由于关节周围肌肉的发达、关节周围韧带、肌腱的增强限制关节活动幅度,使柔韧性下降。相反,在力量训练的同时注意柔韧性的训练,就可以通过增加肌腱、肌肉的伸展性和提高神经系统对肌肉的调节能力来提高柔韧性,这样才能达到刚柔相济,符合体操运动员力量的特点。

2. 专项柔韧素质

柔韧素质是体操运动员的重要身体素质之一。发展良好的柔韧素质是掌握和完成体操动作的重要基础。发展柔韧素质的方法有两种,即被动和主动,也称消极和积极。被动的柔韧练习是指依靠外力的作用促使关节灵活性增大,这一方法可使柔韧指标迅速提高,但与实际应用

有一定的距离,运动员承受的痛苦较大。主动柔韧练习是指通过与某关节有关肌肉收缩来增加关节灵活性的方法。这一方法与专项动作的表现形式相一致,易于体现在体操动作之中,但要想在原有的基础上进一步提高比较困难。由于这两种方法各有利弊,在体操训练中多结合使用。

体操运动员柔韧素质的特点如下:

(1) 良好的柔韧性是高质量完成体操动作的前提,并可减少损伤的发生

良好的柔韧性可以使运动员动作更加舒展、优美,并可减少运动损伤的发生,在一定程度上延长了运动员的运动寿命。柔韧素质的好坏取决于关节的构成、肌肉和韧带的弹性、神经肌肉的调节过程、训练水平以及气温等。此外,与运动员年龄也有一定关系,年龄越大,柔韧性越差。

(2) 良好、全面的身体各部位柔韧性是体操运动员所必需的

无论是哪个项目的体操动作对于运动员身体的柔韧性都有很高的要求,而且也是对运动员柔韧性要求最全面的。如果肩关节柔韧性不好,倒立动作就不易准确;体前屈的柔韧不好,高低杠"正反掏"动作就不能做出应有的幅度。良好的、全面的身体各部位柔韧性不仅可以防止运动员在完成动作时出现损伤,而且对完成体操动作时消耗的力量、速度、耐力提供最经济的效益,可以大大减少运动员疲劳的产生。

3. 专项速度素质

速度是人体快速完成体操动作的能力,它包括动作速度、反应速度和位移速度。速度素质主要取决于中枢神经系统兴奋和抑制的转换速度,红白肌比例(白肌纤维收缩快)以及 ATP 的含量与分解再合成的速度。因此,速度素质受遗传因素影响较大。体操运动员速度素质有以下两个特点:

(1) 体操运动员的速度素质的提高需要与其他素质协调发展

体操运动员的速度训练要求练习者在最短时间内发挥最大的力量并按正确的技术要领去完成体操动作。如跳马的推手,技巧中的起跳、空翻或复合空翻动作中的翻转、转体动作等。根据体操的特点,可以把体操的速度看做是频率、力量和协调相结合的产物。因此,提高和发展体操运动中的速度要注意同时发展其他方面的素质。

(2) 体操项目中最主要的是动作速度和位移速度

体操运动员的反应速度一般是在运动员做动作过程中,预先判断身体的状态,并快速采取相应反应的动作的能力。一般建立在运动员对动作熟练程度的基础上。动作速度是运动员完成单个动作的速度,可以反映运动员动作完成的能力高低以及熟练程度。体操运动员的位移速度主要是指跳马项目,其对速度素质有较高的要求。位移速度的好坏还与运动员自身的力量、柔韧等素质以及跑的技术有关。

4. 专项耐力素质

专项耐力素质是体操运动员应具备的主要身体素质之一。通过专项耐力素质训练,可以

提高运动员呼吸系统、循环系统的功能,从而增强抗疲劳能力;可以促进运动员快速恢复能力,为力量、速度和灵敏等身体素质的发展提供物质基础;还可以培养运动员坚毅、顽强、勇于克服困难的意志品质,对运动员心理素质的培养以及专项的发展都有着重要意义。

体操运动员的专项耐力以无氧耐力为主。根据体操各项目持续时间和运动时肌肉供能特点,可以看出,它们的供能系统方式为非乳酸能供能和乳酸能(糖原无氧酵解)供能为主。以上两种供能方式都属于无氧酵解供能。因此,体操的运动员的专项耐力主要是发展无氧耐力。

由于有氧耐力是无氧耐力的基础,无氧耐力的发展是建立在运动员有氧耐力提高的基础上,因此体操运动员在进行专项耐力训练之前或同时也应进行适量的有氧耐力训练。

5. 专项协调、灵敏素质

专项协调能力是指运动员有机体各部分在时间和空间上的相互配合,合理有效地完成专项动作的能力。专项灵敏、协调能力是运动员的运动技能和各种运动素质在运动过程中的综合表现,是体操运动员不可缺少的一项极其重要的素质,是完成高难动作的基础。可以说专项灵敏、协调能力是体操运动员的灵魂。

体操运动员专项灵敏、协调素质有以下三个特点。

(1) 专项灵敏、协调能力建立在力量、速度(反应速度、动作速度)、耐力、柔韧、节奏感等多种素质和技能之上,取决于神经系统的灵活性和可塑性以及建立动作的储备数量。

(2) 对于体操运动员来说,专项灵敏素质表现在身体位置迅速改变及空中翻转方面。发展灵敏、协调能力与提高专项知觉、时空、频率、用力的感觉以及平衡能力有密切关系。因此,提高灵敏、协调能力的练习应具有复杂性、非传统性和新鲜性的特点。

(3) 发展专项灵敏、协调能力具有体操项目自身的特点。体操项目对于灵敏、协调素质的要求是其他项目所不具备的。体操中的空翻、转体平衡等类型的动作,对于运动员这方面素质提出了较高要求,在训练中应该突出体操训练自身的要求。

三、体操运动员体能训练的内容、方法与手段

现代体操训练的一个十分重要的特点是,训练方法与手段以及训练方式越来越多样化。体操教练应该熟悉、掌握这些方法和手段,并结合教学训练实际和实际需要、具体情况与个体差异设计并采用具有针对性的力量训练手段。

(一) 体操运动员的力量训练

1. 体操运动员专项力量素质训练的设计

(1) 负重抗阻力练习

这种练习可以作用于有机体任何部位的肌肉群,是力量训练最常用的训练手段。负重抗阻力练习主要是通过负荷一定的重量,并重复一定的练习次数来刺激有机体发展力量素质。负重的方式可以是多种多样的,一般常用的有杠铃、壶铃、哑铃、沙袋或负担同伴的体重、变换道具的重量等,重复的次数可以根据运动员的实际情况和项目的实际需要做出灵

活调整。例如，负重的背腹肌静力性练习。运动员用脚和头支撑在短凳上，躯干悬空成仰卧姿势。在腹部上放置一片杠铃或其他重物，停止一段时间（见图 4－7）。或者运动员用前臂和脚支撑在短凳上，躯干悬空成俯卧姿势。在背部上放置一片杠铃或其他重物，停止一段时间（见图 4－8）。

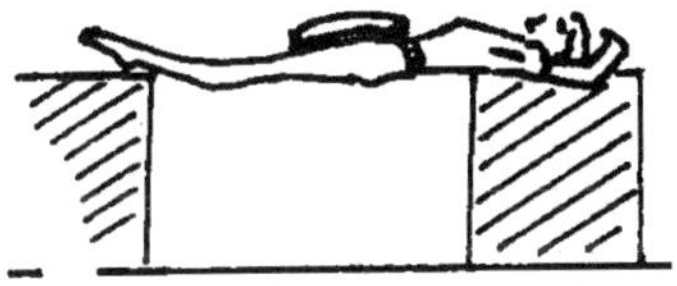

图 4－7　负重的背腹肌静力练习（一）

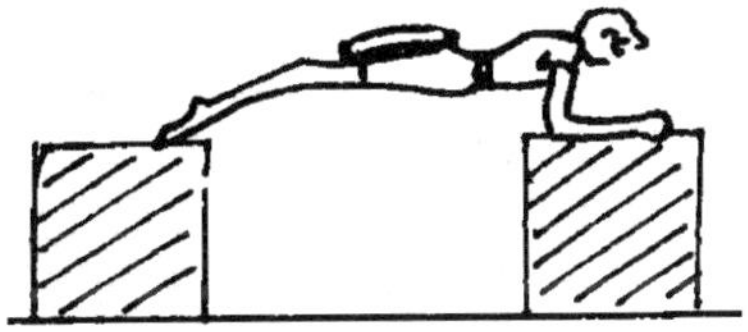

图 4－8　负重的背腹肌静力练习（二）

（2）对抗性练习

这种练习是通过对抗的双方以暂短的静力作用发展力量素质。对抗性练习一般不需要任何器械和设备，通过与对手的对抗还可以激发和唤醒运动员的积极性与练习兴趣，双人推、拉等练习。

（3）克服弹性物体阻力的练习

这种练习是通过对抗弹性物体形变而产生的阻力来发展力量素质，如使用综合拉力器、拉橡皮带等。把弹力较大的橡皮条系在稍高于运动员身高的肋木或杠子上，运动员背对肋木或杠子分腿站立，身体稍前屈，双手握住橡皮条的两头。手腕用力向前做直臂拉橡皮条的动作（见图 4－9），或从侧下举开始，掌心向前，手腕用力向前做直臂拉橡皮条的动作。

图 4－9　克服弹性物体阻力的练习

（4）专门的力量训练器械的练习

这种练习是通过利用专门的力量训练器械发展运动员在身体处于不同姿势（站立、坐、卧、跪、仰）下的力量素质。这种练习可以有针对性地直接发展运动员所需要的肌肉群的力量，还可以减轻他们的心理负担，避免伤害事故的发生。另外，运用电刺激发展肌肉力量已成为可能，而且取得了很好的效果。

（5）克服自身体重的练习

这种练习是运动员通过四肢的远端支撑完成练习，使机体的局部承担体重，从而获得力量素质的发展,如仰卧起坐(见图 4-10)、仰卧举腿(见图 4-11)、推倒立(见图 4-12)、各种控倒立(见图 4-13)、推小车(见图 4-14)、横马俯卧起上体(见图 4-15)、爬倒立(见图 4-16)等。

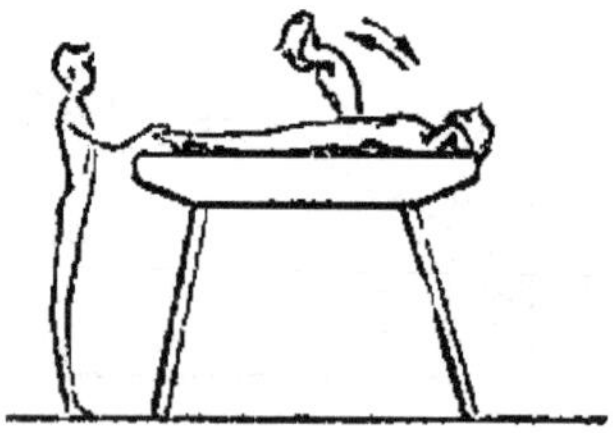

图 4-10　仰卧起坐

图 4-11　仰卧举腿

图 4-12　推倒立

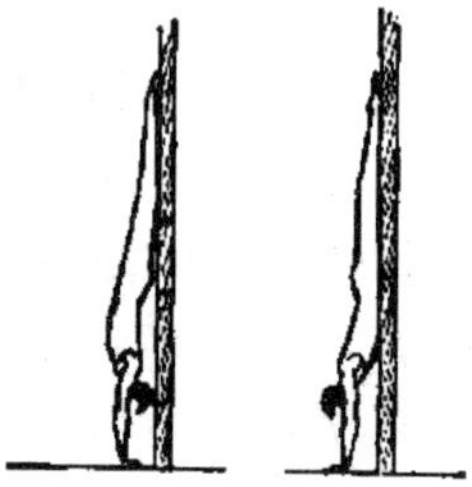

图 4-13　控倒立

图 4-14　堆小车

图 4-15　横弓俯卧起上体

图 4-16　爬倒立

(6) 克服外界环境阻力的练习

这种练习是通过利用自然环境或人为设计的环境发展力量素质，如在沙地、草地或海绵垫上练习各种跳跃，利用台阶发展腿部力量等。这种练习要求轻而快。

(7) 结合专项技术，利用各种动作、基本难度动作或者将力量素质要求较高的部分抽出来作为力量训练手段进行练习

这样的练习方法有，将技巧中的踺子、后手翻、原地团身后空翻；吊环中的连续转肩、慢起倒立、十字支撑；双杠中的连续挂臂前摆上与后摆上、支撑后摆成手倒立；高低杠连续腹弹后提上接腾身回环成手倒立；将水平支撑顶肩推成手倒立等基本难度动作或者对力量素质要求较高的动作抽取出来作为力量练习手段来进行力量练习。

2. 体操运动员力量训练的组织方法

(1) 等张训练法(也称为动力性练习法)

① 等张训练的负荷。等张训练的负荷量应控制在运动员最大完成次数在 8 次左右，这时的负荷量增长力量效果最好。例如，采用引体向上的方法练习力量，如果运动员可完成 20 次或更多，则应在运动员身上负重，使其只能完成 8 次左右。在训练实践中很多力量练习负荷不足，每组完成次数偏多，练习的效果偏向发展力量耐力，不利于发展绝对力量。

② 等张训练的具体方法

a. 上肢推撑力量

- 手倒立类练习，包括推倒立、提倒立(利用吊环、双杠、倒立架等器械)；
- 负重双杠臂屈伸；
- 卧推杠铃。

b. 上肢拉引力量

- 负重引体向上；
- 引体向上成支撑；
- 爬绳(杆)。

c. 上肢直臂内收、外展、前举力量

- 压十字(根据情况使用橡胶带)；
- 俯卧压十字(环距地高 40 cm 左右)；
- 拉橡胶带。

d. 腰腹力量

- 负重的仰卧起坐；
- 悬垂举腿(肋木或单杠)；
- 腿后举(上体俯卧纵马上，两手抱马身，两腿向后上摆起)。

e. 下肢力量

- “跳深”是简捷有效的方法，缓冲时间要短，跳起速度要快，可根据能力负重。

(2) 等长训练法(也称为静力性练习法)

肌肉张力明显增加而长度基本不变称为等长收缩。体操动作中有很多静止用力动作和用力慢做的动作,完成这些动作时肌肉是以等长收缩为主。在体操力量练习中等长训练的主要形式是静止用力和用力慢做。

① 等长训练的负荷。等长训练的负重主要是自身的体重。等长训练具有关节角度特征,即在某个关节角度训练中,这个关节角度的静力性力量明显增加,而在其他关节角度时力量增加并不明显。因此,体操运动员进行等长训练时应以自身体重为负荷,以体操中静止用力动作为主,进行专门性练习。采用静止用力动作进行等长训练时,运动员尽最大努力保持静止时间在5~7 s,这时的负荷最有利于增长绝对力量。如果静止时间在20 s以上则主要是增长力量耐力。负荷强度可以通过在运动员身上负重或给予适当助力来调整。每种练习的次数应在5~10次。

② 等长训练的具体方法有各种十字支撑,吊环、双杠、自由体操的水平支撑,高举腿支撑,俯卧静力练习(前臂和脚分别置于山羊上,在腰部负重),仰卧、侧卧静力练习,靠墙斜倒立支撑(面向墙45°的斜倒立)。

(3) 循环训练法

循环训练是广泛采用的一种练习法,它可以发展力量,也可以增强肺功能。循环训练的效果主要取决于循环训练的内容。用于发展力量的循环训练主要是由负重抗阻练习组成。循环训练要根据运动员的能力分别设计,由5~6种力量练习组成,每个练习循环一遍为一组,一般应安排3~5组。训练实践证明,循环训练在发展力量方面有明显效果。

3. 体操运动员力量训练时应注意问题

(1) 力量素质训练首先要考虑的是该运动员要发展什么难度的动作或什么节目的难度动作,该难度动作需要发展身体哪部分的肌肉力量,属于何种性质的力量,以此分析应当选用哪些发展力量素质的手段和方法。

(2) 要根据运动员的生长发育规律以及身体素质发展的年龄特点安排训练。儿童、少年运动员正处在生长发育时期,适当的力量练习可促进骺骨生长。不要做大重量的静力练习和支撑练习。因此,对年龄较小的运动员,一般采用中、小重量的快速的力量练习为宜。年龄稍长的运动员要根据其力量训练水平及项目发展需要,有计划地逐步加强力量训练,逐步提高绝对力量。

(3) 在力量练习的手段与方法的采用上,应尽量结合专项运动的特点,应尽量与实际动作在技术上相一致的单个或者组合动作来发展专项力量,主要包括发力部位、发力的顺序和方向、力量的属性和身体的姿势等。在练习中,面部要轻松、自然,给人以美感。

(4) 要注意正确的呼吸方法。在做各种力量练习时,在发力之前都有一个短暂的屏息过程。正确的呼吸方法是:在做动作之前,轻提一口气(气留在胸,而不是腹)开始做,完成第一个动作后将气徐徐吐出,发力前再提气屏息,反复交替。正确的呼吸不仅可以节省体力,多做动作,而且可以帮助提高重心,使面部表情自然。

(5) 力量训练应注意肌肉的放松与休息。运动员既需要力量,又需要体形美。如果一味地追求粗大的肌肉,不仅有损形象,而且对今后技术的发展和高难度节目的创新可能会造成阻碍。最好采用积极的休息方式,让运动员主动做一些肌肉放松的动作。也可采用循环练习法,使身体不同部位的力量练习交替进行,并经常改变负荷强度和动作的组合顺序,以免造成身体局部过度疲劳和精神疲劳,从而提高训练效果。

(二) 体操运动员的速度训练

1. 体操运动员速度训练的设计

(1) 反应速度的训练

① 变换口令练习,如反口令练习等。

② 不同部位传接球练习,如持球人听到信号后,立即将球传给同伴等。

(2) 完成动作速度的训练。通常采用定量计时或定时计数的办法,让运动员快速重复一些基本动作,以此来发展相应的动作速度。

① 连续侧手翻:要求快速、连贯、方向正。

② 连续后手翻:要求充分蹬地、翻转快速、动作圆滑。

③ 连续快速前手翻:要求翻转快速、连贯。

④ 连续快速后空翻:要求翻转速度快。

⑤ 10 s 团身后空翻(计数):要求翻转速度快、团身紧。

(3) 位移速度的训练

① 原地高抬腿练习:要求速度快、重心高。

② 20～30 m 快速跑:可采用计时、比赛、追逐跑等形式。

③ 上坡跑和下坡跑:要求上坡跑时后蹬有力,下坡跑时频率要快。

2. 体操运动员速度训练的组织方法

(1) 结合跑的速度练习

① 采用 20～30 m 的加速跑和快速跑,掌握跑的正确方法。

② 在跳马跑道上进行 20～30 m 的加速跑。

③ 在跳马跑道上助跑 20 m 左右,单脚上板,提高跳马助跑速度和准确上板的能力。

(2) 结合发展力量的速度练习

① 快速完成俯卧撑或引体向上的练习。要求以最快的速度完成 8～10 次,或在 8～10 s 的时间内尽可能多做练习。

② 由屈臂俯卧撑快速推离地面,两手在空中击掌 1～3 次成屈臂俯卧撑。

③ 靠墙手倒立用力推离地面。臂和腿保持伸直,用肩带和手腕的快速发力来完成。优秀运动员可从倒立位置推离地面 5～7 cm。

④ 从双杠一端支撑,快速推手移动至双杠的另一端,速度快者可在 2.2～2.5 s 内完成。

⑤ 在地板上俯卧撑,两臂同时推手快速向前或向后移动。

⑥ 俯卧地板上,两臂伸直向前,同伴两手抓住运动员两脚踝,做快速压臂成支撑 5～8 次,如图 4－17(a)所示。

⑦ 仰卧,双手直臂在头上方握杠铃向前上举,接着做反向动作至还原。杠铃重量不超过体重的 25%,如图 4－17(b)所示。

⑧ 背靠肋木站立,两臂上举,用最大速度向下划动固定在肋木(或墙上)上的橡皮筋带 8～10 次,如图 4－17(c)所示。

⑨ 由手倒立开始,用力推手,同时屈体,两腿向前摆越成坐,如图 4－17(d)所示。

⑩ 趋步踺子推手同时屈髋,以臀背落于海绵坑中的泡沫垫上,如图 4－17(e)所示。

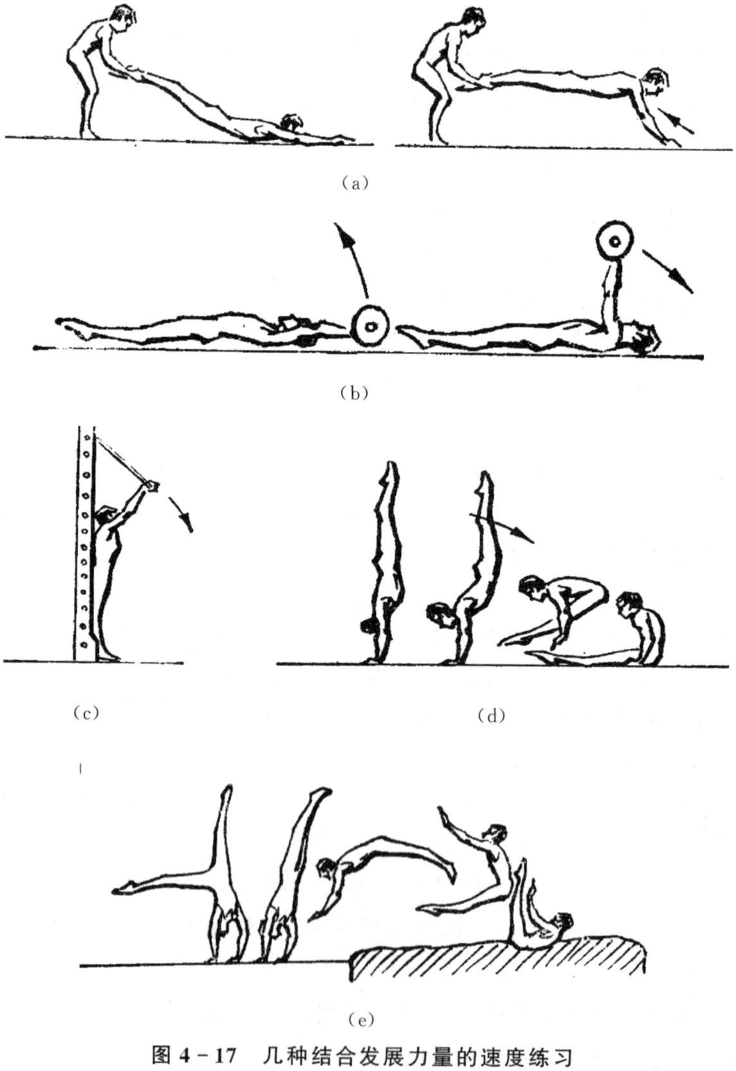

图 4－17 几种结合发展力量的速度练习

（3）结合体操的速度练习

① 采用计时或不计时的方法，以最快的速度连续做某个熟练的体操动作，如连续侧手翻3～5次（s），连续后手翻3次（s），连续腾身回环成手倒立多次，连续向前或向后大回环多次等。

② 快速完成技巧串动作的练习，如踺子后手翻—快速后空翻—直体后空翻等，练习可在同伴的帮助下进行。

③ 以较快的速度完成某些联合动作，如单杠屈伸上—后摆手倒立—向后大回环—直体后空翻下。

④ 在弹板或弹网绷床上做各种空翻或转体动作的练习，要求翻转的速度要快，可给予助力。

速度训练要在中枢神经系统兴奋适宜的情况下进行，故应安排在训练课的前半部分。练习时强度要大，重复个数要少，一个练习时间不超过10 s，休息要充分。每次课中，练习速度素质的总时间不超过半小时。

3. 体操运动员速度训练时的注意问题

（1）在发展速度素质时，首先要注意练习的强度、重复次数、组与组的间隔时间以及身体恢复情况。根据运动时人体供能的特点，速度练习主要是以ATP－CP供能为主，时间不超过8～10 s，以极限强度完成。每组练习后的休息要能够使运动员的身体机能得到完全恢复，而后才能开始下一组练习。

（2）在训练中应防止速度障碍（即速度增长停止甚至下降）的产生。其预防措施是在一定阶段内减少速度练习，而增加速度力量练习及专项身体素质练习的分量。避免采用单调枯燥的练习。

（3）由于速度素质不易转移，因此在速度练习中练习内容应尽量选择专项动作，以确保所发展的速度素质能高效地服务于专项训练和比赛。

（4）体操中的速度训练经常融入速度力量训练中。对初学者应特别注意动作完成的正确与否和其熟练程度，在此基础上要求运动员提高动作练习的速度。

（三）体操运动员的耐力训练

1. 体操运动员耐力训练的设计

（1）一般耐力训练手段与方法

① 3～5 min连续跳绳练习。

② 越野跑。

③ 定距爬绳或爬杆练习。

④ 球类练习，如篮球、足球等。

⑤ 循环练习法，即把各种不同的身体素质练习组合在一起进行练习，并要求在一定时间内完成一定的数量。

(2) 体操运动员耐力训练的手段与方法

① 基本动作的多次重复练习,如鞍马各部位的连续全旋、技巧连续原地团身后空翻等。

② 基本难度动作的多次重复,如高低杠连续向前大回环或向后大回环、技巧踺子后手翻后空翻(来回做)等。

③ 基本难度动作联合串的多套练习,如高低杠屈伸上摆倒立—腾身回环成倒立,吊环屈伸上直角支撑—慢起倒立—直臂直体慢落下成支撑—十字支撑—连续压起若干次(可助力帮助)等。

④ 半套动作练习。

⑤ 基本“架子套”练习(不做主要难度动作以及上法或下法)。

⑥ 成套完整套路练习。

⑦ 超成套动作练习。

⑧ 改变训练的间歇时间和活动的比例,逐步缩短休息时间,即逐步增加练习的密度和强度。

2. 体操运动员耐力训练的组织方法

专项耐力练习应与各项技术训练结合起来,根据各项目的特殊要求来确定练习内容、确定练习时间和次数。

3. 体操运动员耐力训练时应注意的问题

(1) 一般耐力素质和节目耐力素质的训练比例应根据不同训练时期和不同的对象有所不同。年龄小的运动员一般耐力素质的训练比例较大,随着年龄的增长和训练水平的提高,节目耐力素质训练的比例逐渐增加。在全年训练的过渡期和准备期前期,一般耐力训练较多,而在准备后期和竞赛期则以专项耐力训练为主。

(2) 专项耐力训练应从提高运动员的有氧耐力开始。因为有氧耐力是无氧耐力的基础,只有先进行有氧耐力训练,使运动员心血管系统的功能提高后,才可能为以后无氧耐力的发展奠定坚实的物质基础。如果一开始就进行无氧训练,会使心肌壁增厚,虽然心收缩力增强了,但由于心腔变小了,每搏输出量提高不大,影响了全身的血液供给,对今后发展是不利的。所以,在进行无氧训练之前或同时,应进行有氧耐力训练。

(3) 专项耐力的训练应达到或超过比赛的量和强度,以建立必要的专项耐力储备,保证运动员在比赛中能够表现出良好的专项耐力水平。

(4) 发展耐力素质应与培养运动员的意志品质结合起来。意志品质是影响耐力素质发展的一个重要因素,因此在进行耐力素质训练时,一定要重视培养运动员的顽强、刻苦、耐劳、不怕困难和勇于克服各种困难的优良意志品质,从而最大限度地提高运动员的耐力素质。

(四) 体操运动员的灵敏、协调素质训练

1. 体操运动员灵敏、协调素质训练的设计

除借助体操技术训练、专项身体训练以及舞蹈、基本体操等练习来培养协调能力外,还应

采用以下四种练习方法。

（1）让运动员尽可能地学习、掌握体操各类型的基本动作。掌握动作类型越多，基础条件反射建立越多，动作技能迁移就越容易。

（2）经常变换练习组合方式，使运动员在不习惯的条件下练习，提高运动员的协调性。

（3）采用弹网或弹板等专门器械进行力所能及的各种翻腾和转体动作的练习，改善前庭分析器的功能，提高运动员在空中状态时对自己所处位置的判断能力。

（4）采取一些专门练习手段，这些手段如下：

① 练习不对称动作。

② 反向完成动作。

③ 改变动作的速度和节奏。

④ 要求运动员完成创造性的动作。

⑤ 按信号（灯光、声响、口令等）完成特定的动作。

⑥ 改变动作完成时的空间范围，如在空中由团身变为直体，由并腿变分腿等。

⑦ 采用改变负荷的静止或用力练习，提高运动员区别完成动作时肌肉用力不同程度的能力。

2. 体操运动员灵敏、协调训练的组织方法

培养灵敏、协调能力的练习通常应放在训练课的主要部分的开始阶段，这时运动员可以保持最佳的心理状态和工作能力。对于高水平运动员来说，提高灵敏、协调能力还应在有疲劳征兆和明显疲劳的情况下进行。

专项灵敏、协调练习应与各项技术训练结合起来，根据各项目的特殊要求来确定练习内容、练习时间和次数。

3. 体操运动员灵敏、协调素质训练时应注意的问题

（1）训练手段应多样化并经常改变

灵敏、协调素质的发展与各种分析器和运动器官机能的改善有密切的关系。运动员能否在运动中表现出准确的定向定时能力和动作准确、迅速变换的能力，都取决于各种分析器和运动器官功能的提高与否。一旦运动员对某一动作技能熟练到自动化的程度时，再用该动作去发展灵敏、协调素质的意义就不大了。因此，采用多种多样并经常变换的手段发展灵敏素质可以提高运动员各种分析器和运动器官机能，有利于灵敏、协调素质提高。

（2）掌握大量运动技能并提高多种运动能力

灵敏、协调素质只有在动作技能掌握熟练后才能表现出来。动作技能的动力定型建立的数量越多，动作熟练性越强，做出的动作也就越灵活。因此，训练中应反复练习，尽快建立条件反射和合理的动力定型，并掌握大量运动技能。由于灵敏、协调素质是人体综合能力的表现，发展灵敏素质还必须从培养运动员的各种能力入手，在训练中广泛采用发展其他运动素质的方法来发展灵敏素质，并培养运动员掌握动作的能力、反应能力、平衡能力等。7～13 岁是发展灵敏素质的最佳时期，在此时期神经系统的可塑性大，空间定向能力在7～11岁，反应能力在7～12岁，节奏感在6～12岁均有大幅度提高，因此应当抓紧各个时期的训练。

(3) 结合体操专项要求进行训练

灵敏、协调素质具有专项化的特点。例如，一个体操运动员在专项练习中能表现出良好的灵敏素质和协调性，但是在球类练习中就不一定也能表现出来。所以在训练中应根据运动员所从事的专项要求和特点，采用不同的训练手段与方法，使训练效果与体操项目要求相一致。如体操可多做一些移动身体方位和空间变化的练习。

(4) 合理安排训练时间

灵敏、协调素质训练在整个训练过程中都应适当安排，使之系统化，但训练时间不宜过长，练习重复次数不宜过多。因为机体疲劳时运动员力量水平会下降，速度将减慢，节奏感被破坏，平衡能力会降低，这些情况都不利于灵敏、协调素质的发展。此外，在具体训练过程中，通常将灵敏、协调素质的训练安排在训练课的开始部分，使运动员在体力充沛、精神饱满、运动欲望强的状态下进行练习。

(5) 消除紧张的心理状态

在进行灵敏、协调素质训练时，应采用各种有效的方法与手段，消除运动员紧张的心理和恐惧心理。因为运动员心理紧张时，肌肉等运动器官也必然紧张，从而反应迟钝、动作的协调性下降，影响训练效果。

(五) 体操运动员的柔韧素质训练

1. 体操运动员柔韧素质训练的内容

根据体操的特点和要求，重点设计以下旨在发展肩、胸、腰、髋、腿、腕、踝等部位柔韧性的方法。

(1) 肩部柔韧性练习

① 压肩，如体前屈压肩(见图4-18(a))、仰卧压肩(见图4-18(b)与4-18(c))。

② 弓步拉肩(见图4-18(d))。

③ 俯卧外力搬肩(见图4-18(e))。

④ 吊肩(见图4-18(f))。

⑤ 转肩(见图4-18(g))。

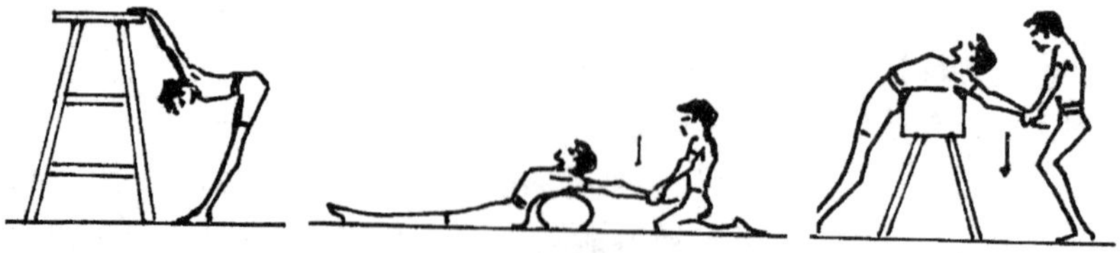

(a) (b) (c)

图4-18 肩部柔韧性练习

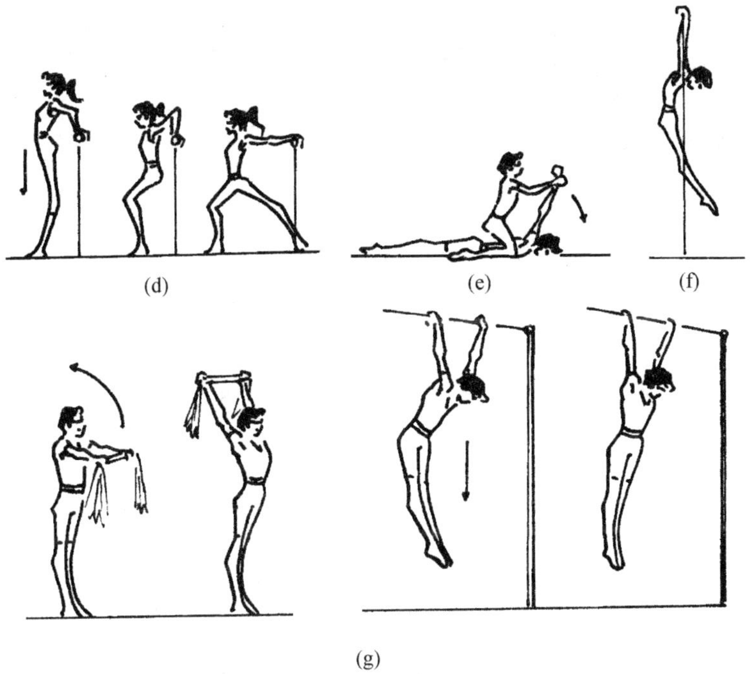

图 4－18　肩部柔韧性练习(续)

(2) 腰部的柔韧练习

腰部的柔韧训练必须注意既要有软度,又要富于弹性和力量,腰部柔韧性练习主要有以下几种方法：

① 架桥(见图 4－19(a))。

② 下桥(见图 4－19(b))。

③ 下腰抱腿(见图 4－19(c))。

④ 单腿支撑下腰(见图 4－19(d))。

⑤ 踹燕。这个高控腿大幅度下腰动作能有效地练习腰、髋的控制力和柔韧性。对地上和平衡木前后方向的软翻、手翻类动作及大幅度地踢腿下腰动作都是十分有益的(见图 4－19(e))。

⑥ 与全身波浪练习相结合。

⑦ 体前屈柔韧的练习。坐压（见图 4－19(f))、立压（见图 4－19(g)）。

⑧ 高分腿坐压(见图 4－19(h))

⑨ 摆动练习,如分腿站立体前屈摆动(见图 4－19(i))、反复做经肩背倒立的屈体振摆(见图 4－19(j))、低单杠做分腿屈体悬垂反复前后振摆(见图 4－19(k))。

图 4-19　腰部柔韧性练习

(k)

图 4－19　腰部柔韧性练习(续)

(3) 腿部与髋部柔韧性练习

髋腿部柔韧性主要指单腿向前、侧、后三个方向的运动幅度，它与髋关节周围肌肉、韧带的伸展性有很大关系。发展腿部与髋部的柔韧性练习有以下六种方法。

① 两腿分别在前的纵劈叉(见图 4－20(a))。

② 横劈叉(见图 4－20(b))。

③ 压腿(见图 4－20(c))。

④ 控腿：各个方向的控腿都应扶把，从 45°开始练起，逐渐提高到 90°，然后再提高到 90°以上。控腿时主力腿须站直，髋不要前后左右移动，上体保持直立(见 4－20(d))。

⑤ 踢腿：踢腿不仅能够使腿部更加松弛和有力量，而且可以直接运用于一些体操舞蹈动作。各个方向的踢腿可以从踢到 25°、90°开始练起，逐渐增加高度，然后练习主力腿起踵的踢腿。

a. 扶把向前、向侧、向后踢腿(见图 4－20(e))。

b. 扶把向后结环踢腿：踢腿的同时，最大限度地抬头挺胸(见图 4－20(f))。

c. 上体前倾向后踢腿：踢腿时上体前倾，不要展髋(见图 4－20(g))。

d. 向后踢腿与平衡的控制相结合(见图 4－20(h))。

⑥ 压腿、扳腿，控腿、踢腿相结合。这种综合的练习方法可以有效地提高动力腿的柔韧性和主力腿控制重心的能力(见图 4－20(i))。

(4) 踝部柔韧性练习

踝部柔韧性练习主要是提高踝关节背屈伸的幅度，通常有以下四种练习方法。

① 跪坐压脚背(见图 4－21(a))。

② 双腿并拢全蹲，肩、背负重压踝，脚后跟着地，重心由后逐渐前移，增加踝关节背屈的幅度。

③ 跪坐后仰压脚背(见图 4－21(b))。

④ 负重压脚尖(见图 4－21(c))。

图 4-20 腿与髋部柔韧性练习

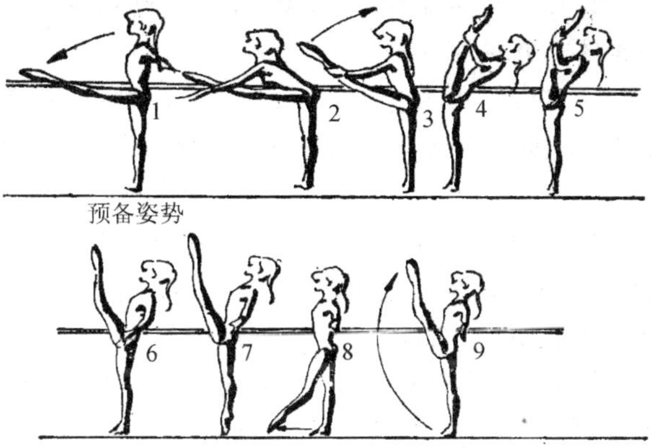

(i)

动作说明：单手扶把。1—2 为压腿动作；3—5 扳腿；6—7 控腿；8—9 踢腿

图 4-20　腿与髋部柔韧性练习(续)

(a)　(b)　(c)

图 4-21　踝部柔韧性练习

(5) 腕部柔韧性练习

腕部柔韧性练习主要是提高手腕伸的幅度。常见的练习手段有自搬手腕、双手撑地、重心前移等。

2. 体操运动员柔韧素质训练的组织方法

(1) 练习强度：开始以中等强度为宜，最后可达 80%以上。

(2) 练习时间：每次可控制在 10～20 s，时间不宜太长。

(3) 间歇：完全恢复，可做积极性放松活动。

(4) 重复次数：5～10 次。

(5) 练习组数：3～5 组为宜。

柔韧训练可根据其供能特点和训练要求，选用不同方法：

(1) 单人或双人的各关节伸展练习。

(2) 采用各种方式、方法拉长肌肉、韧带、肌腱等结缔组织，如甩腰、吊腰、劈叉、压腿、踢腿等多种训练方法。

(3) 专项动作模仿练习,如大幅度振摆、后软翻、吊环后转肩等。

3. 体操运动员柔韧素质训练应注意的问题

(1) 柔韧素质训练应从小抓起,每天坚持,经常保持。年龄越小,柔韧性越好,柔韧素质提高得也越快。柔韧素质的训练要长年坚持,不能中断,否则消退很快、恢复较难(尤其是大龄运动员)。

(2) 发展柔韧性的练习,一般应安排在一堂训练课的前半部分进行。此时学生尚未感到明显疲劳,一般不容易受伤。在柔韧练习之前,应适当做些准备活动,练习幅度由小到大、由慢到快、由静到动。尤其在气温较低时,血液循环较慢,肌肉的粘滞性较大、弹性差,柔韧性自然就差。因此,在柔韧练习之前,采用慢跑和做操,可使血液循环加快,体温有所升高,从而降低肌肉粘滞性,对柔韧练习有利,而且不易拉伤。

(3) 做被动练习时,外力要逐渐加大,最后保持在一定限度内,以免拉伤。因为肌肉、韧带对外力有一个逐渐适应的过程,其伸展性也有一个逐渐提高的过程。切忌猛压、猛拉或猛踩,如果突然用力过大,就有可能拉伤肌肉或韧带。此外,身体任何关节的活动范围都有一个最大的限度,如果违背了关节的解剖结构特点,就会造成损伤。

(4) 在柔韧练习之后要注意放松,如压腿后要踢踢腿,下桥后应抱团全蹲等,从而使肌肉柔而不软、韧而不僵。

第十节 田径运动员的体能训练

田径运动是由人类生存生活、生产劳动基本技能的走、跑、跳、投逐步形成和完善的以个人为主的现代运动竞赛项目。国际业余田径联合会《田径手册》(2002～2003)对田径运动的定义是“径赛和田赛运动,公路跑、竞走和越野跑”。无论是以速度和力量为主的短跑径赛和跳跃、投掷项目,还是比赛耐力的中长距离走、跑项目,都要求运动员能够发挥最佳体力和顽强的意志,竭尽全力地为创造最好成绩而竞争。其运动成绩客观准确,反映着运动员的体能、技术、战术、心理和智能训练的综合效果。使“更快、更高、更强”的奥林匹克格言在田径运动员身上得到最完美的展示。

任何一个项目运动成绩的取得,都不是某个单一因素所决定的,而是多种复合因素的综合效应。田径运动员比赛成绩的获得也必定是主、客体多种因素的综合效应。当然,主要取决于运动员自身竞技水平,其中体能的发展水平是取得体能类项群比赛成败的决定性因素。田径运动本身是体能主导类项目,在一定的技术基础上主要是依靠运动员的体能水平决定其竞技能力。

一般认为,体能是以人体三大供能系统的能量代谢活动为基础,通过骨骼肌系统表现出来的运动能力,体能是指人体的基本运动能力,包括身体素质、形态、机能三部分。

构成体能的身体形态、机能、素质三个因素都有各自相对的独立作用,又有着密切联系,彼此制约、相互影响，其中每一个因素的水平都会影响体能整体的水平。三个构成因素、运动素质是体能的外在表现，因此在运动训练中多以发展各种运动素质作为身体训练的内容。人体的形态和机能状态是决定其运动素质水平的基础条件。

田径运动员素质训练的内容主要是发展与专项有密切关系且能够促进掌握专项技术和提高专项成绩的身体素质，并针对专项要求来发展运动员有机体的各器官和系统机能，大力发展以力量、速度及耐力为主的专项素质以满足比赛的直接要求。专项训练的手段与专项的动作幅度、用力性质、用力顺序和紧张程序应一致或相似。

本节根据田径各项体能训练的特点分为竞走、短距离跑、中长跑、跳跃和投掷五个部分进行说明。

一、竞走类运动员的体能训练

（一）竞走类运动的项目特征

（1）竞走项目一般包括 5 km、10 km、20 km、50 km 等项目，是指运动员与地面保持接触、连续向前迈进的过程，没有人眼可见的腾空。前腿从触地瞬间至垂直部位应该伸直，即膝关节不得弯曲。

（2）竞走运动属于体能主导周期耐力性运动，比赛距离长、技术要求规范、支撑时间长，易导致严重的局部疲劳，对专项耐力素质要求高要求运动员技术动作协调并有良好的节奏。

（3）竞走是一个有效的向前运动的过程，这项运动通过以髋部为支点的杠杆（双腿和双脚）运动和双臂摆动维持平衡来实现。专门的技术要求和判罚标准要求高，是参加比赛最重要的保证。在竞走比赛中，尤其是比赛的后程，正确的竞走技术动作依托于运动员的体能状况。

（4）运动成绩评判是以运动员完成比赛任务耗费的时间为依据，并运用计量工具予以准确测定评价，客观公正。

（二）竞走类运动的体能特征

1. 竞走类项目运动员的形态特征

竞走类运动员的形态特征应为身材修长、匀称，肩宽胸厚，骨盆较窄，足弓弯曲较大，跟腱明显，膝关节自然伸直，踝关节屈伸幅度大，小腿比大腿长，肌纤维细长、富有弹性。

2. 竞走类项目运动员的机能特征

竞走类运动员中枢神经系统表现为兴奋过程占优势，肌肉紧张和放松能力强，心肺功能要求高。供能系统是以无氧代谢供能和有氧-无氧混合供能为主。

3. 竞走类项目运动员的素质特征

竞走是典型的周期耐力性项目，要求运动员有机体在一定强度下长时间持续工作，需要运动员具有良好的有氧代谢能力和专项耐力。运动员的速度素质要求也很高，尤其是在战术安排或在比赛最后阶段是取得优异成绩的保证。竞走运动员的肌肉力量要求在长时间内发挥小量的用力，即竞走运动员应按其特点把力量素质和耐力素质结合起来，否则随着距离的延长，步幅会减小。竞走运动员的柔韧性和关节的灵活性尤其是髋关节的灵活性为步幅和技术正确性提供保障。

(三)竞走类运动员的体能训练的方法与手段

1. 竞走类运动员的力量训练

(1)一般力量

一般力量训练指发展运动员全身各部位力量,主要包括符合专项技术的用力肌群的训练,以腿部、腰部、髋部、腹部、背部为主部位肌群,还包括臀肌肌群、股二头肌肌群、小腿和足关节屈肌群、肩关节和肱二头肌等。要求不同部位肌肉在完成不同练习时肌力和内协调性得到提高。

经常选用的训练方法如下:丘陵地跑——发展腿部力量耐力;连续跳跃练习——发展腿部力量耐力,如连续单腿交换向上跳、连续跨步跳;连续蛙跳——发展腿部与整体的协调力量;综合力量练习——发展整体力量和速度力量耐力及协调能力。在运动员的训练中,身体素质训练是整体训练结构中一个组成部分。因此,训练负荷数量、训练负荷强度、训练负荷密度的加大或减小都要与同期专项运动能力训练协调一致,这样才能有效地促进整体运动能力的提高。

(2)专项力量

由于竞走运动员要连续较长时间或很长时间地进行以下肢为主的重复动作,因此在全面发展运动员力量素质的前提下,对运动员下肢肌群的力量耐力和支撑器官(腿和踝关节)的力量能力要求更高。

因此,训练中力量训练主要是力量耐力和支撑器官的训练。提高运动员的力量耐力应主要通过对血液循环和呼吸系统机能的改善来发挥毛细血管的作用和肌肉对血红蛋白的利用去发展力量耐力,而不应仅仅依靠提高运动员的绝对力量。所以在训练过程中,不宜过多采用过重的杠铃练习,可充分利用自然条件发展运动员的力量耐力和支撑器官的功能。

需要强调的是,竞走运动员身体中枢部位(骨盆和躯干)的稳定性、关节稳定性、髋关节前后运动时的平衡能力、克服自身体重的力量等所涉及的练习手段均应加以重视,特别应把腰、背臀部肌肉的发展和力量的提高作为重点。

一般采用加大难度的竞走练习,如上坡走、山地起伏地段走、适当的跳跃练习(如两腿交换跳、跳绳)、负重摆臂等。走时向前的动力主要由踝关节、趾关节、髋关节周围肌群收缩产生的水平推力提供。因此可加强支撑腿踝关节、趾关节、髋关节的伸屈力,这也是增加步频和步长的重要因素之一。综合力量练习将适合项目特征和个人特点的不同练习内容给予科学安排,其重复次数和组数使运动员机体代谢供能达到与专项能力训练相同或接近程度,这样对运动员整体力量素质的协调发展极为有利。

2. 竞走类运动员的速度训练

最大速度是指在一定距离内最快的位移速度,运动员最大速度的水平往往是战术安排和比赛最后阶段决定胜负的关键。但最大速度不是竞走项目的决定因素,因此提高竞走运动员的速度必须与影响速度耐力水平提高的其他因素同时协调发展。单一的最大速度提高的速度训练(同短跑运动员一样的速度训练),即使获得了最大速度的提高,其速度转化为速度耐力的比率也是很小的。竞走运动员既需要非乳酸无氧代谢供能的训练,也需糖酵解无氧代谢供能训练。这两种速度的同时改善才能促进运动员速度耐力水平的提高。

发展非乳酸能的速度能力是耐力项目的特殊需要,是在运动员有机体处在一定量乳酸堆积的条件下发展运动员的最大速度。实践中,教练员一般将最大速度的训练安排在专项训练负荷后待运动员有机体内乳酸含量尚未恢复时进行,如越野跑后,选用 200 m 左右距离的间歇跑。竞走运动员发展速度素质一般采用接近专项、短于专项、大强度的竞走练习,并强调发展运动员的动作速率和节奏感。除采用专门练习外,还可以安排高频小步走和原地快速摆臂的模仿竞走练习、连续快速的仰卧摆腿练习以及各种加速走和坡度走练习等。

3. 竞走类运动员的耐力训练

肌肉长时间地持续工作是竞走项目的最大特点。耐力是竞走运动员的基本素质。耐力是基础,可直接反映出一名运动员能源物质贮存量的大小、有氧代谢能力的高低及运动器官抗疲劳能力的强弱。因此,发展耐力应放在首位,并贯彻训练始终。

(1) 一般耐力

一般耐力泛指运动员完成长时间工作的总体能力。因此,提高运动员的摄取氧、运输氧及利用氧的能力,保持运动员体内适宜的糖原及脂肪的储存量,提高肌肉、关节、韧带等支撑器官对长时间负荷的承受能力,以及加强运动员心理调控能力,改进运动员在疲劳状态下充分动员机体潜力,坚持继续工作的自我激励是发展运动员一般耐力的基本途径。

针对竞走项目的特点,对运动员呼吸系统和心血系统的机能要求高。一般认为,长时间的单一练习既能发展机体的有氧代谢的能力,又能发展进行该项运动主要工作肌群及关节、韧带的工作耐力。而长时间变换内容的练习则减轻了局部运动装置的工作负荷,着重培养运动员有氧代谢的能力。小强度、长时间是发展一般耐力训练的负荷特点。

竞走运动员一般耐力主要训练方法如下:长时间单一运动练习;持续走、跑;变换的运动练习;法特莱克、爬山、自行车、游泳等。由于竞走和中长跑均为周期耐力性项目,具体方法手段可借鉴中长跑训练部分。

(2) 专项耐力

专项耐力是一定距离内发挥出尽可能高的平均速度走完全程的能力,它是竞走运动员专项成绩的一个重要标志。发展专项耐力是竞走运动员训练的核心问题,主要取决于运动员有氧代谢能力、体内能源物质的储存、支撑运动器官承受长时间工作的能力以及运动员对疲劳的耐受程度等方面。专项耐力训练既要对机体产生最大刺激作用,又要使运动员在短期内得以恢复,同时配以必要的医务监督和营养保健措施,定期检查运动员各种生理变化,避免伤病和过度疲劳的产生,只有这样才能使训练负荷的能力及运动成绩逐年提高。无论使用何种方法,关键是围绕合理技术进行训练并控制好训练强度与训练量之间的关系。竞走运动员的专项耐力主要通过提高有氧-无氧混合能力来提高，一般采用比赛或略高于比赛的速度，而训练的距离采用主项或接近主项距离的大强度间歇、重复、比赛训练法等。要求训练条件与比赛相同或在特定方面难于比赛。

4. 竞走类运动员的柔韧素质训练

竞走运动员的柔韧素质直接影响竞走运动员的步幅和技术，尤其是髋关节的柔韧性和灵活性。采用身体各个环节肌肉、关节的主动和被动的大幅度伸展和牵引练习，通常安排在准备活动和主要练习之间。练习时注意缓慢地进行并逐步加大动作的范围。根据竞走运动员的特点，在练习时提高运动员的肩、髋、膝、踝等关节的柔韧性和灵活性，适当增加身体围绕垂直轴转动的幅度，提高肌肉紧张和放松能力，以改善动作的协调均衡性，协调能力。柔韧素质训练一般采用垫上或肋木的静力拉伸练习，在最大动作范围姿势下保持 5～30 s；原地或行进间动力性练习；原地的模仿竞走转髋、两手支撑转髋跳等练习。竞走运动员的协调、柔韧素质及协调能力的训练不是单独进行的，要与专项技术训练结合并贯穿于运动员训练的全过程。由于竞走和中长跑均为周期耐力性项目，体能方法手段也可借鉴中长跑训练部分。

二、短距离跑类运动员的体能训练

(一) 短距离跑类项目特征

(1) 短跑类项目一般包括 60 m、100 m、200 m、400 m 跑及 4×100 m 和 4×400 m 等项目，是田径运动径赛中距离最短、强度最大的项目，要求人体运动器官和内脏器官在大量缺氧的情况下完成极限强度的运动项目。

(2) 短跑类项目是体能主导类速度性项目，速度能力是其竞技能力的主要决定因素。全程的成绩取决于反应速度、加速度和保持最高速度的能力以及技术的质量。在不同距离的项目中，三者的构成比例虽有不同但都是三种表现的完整结合。其中 400 m 可视为较长段落的短跑，速度耐力的作用尤为重要。而 100 m 对起跑的快速反应能力和爆发力要求极高，体现为反应速度与动作速度的完美结合，在极短时间内达到最大位移速度并维持快速的最大用力至终点。接力短跑体现每个运动员的单跑速度，以及传、接棒技术。

(3) 跨栏跑一般包括男子 110 m、女子 100 m 和男、女 400 m 栏四个项目。跨栏跑是短距离跑的一种特殊形式，是指跨越障碍的短跑，是一项在固定条件(栏高、栏距)限制下，依靠加快步频提高全程跑速的非对称的周期性径赛项目。它是田径项目中技术性强、动作较为复杂，对速度、力量、柔韧、灵敏、耐力等素质及全身协调配合要求较高的项目。运动成绩是由运动员的栏间跑速度、过栏技术以及跑跨结合技术决定的，主要取决于速度、力量、一般和专项耐力、技术、节奏、髋部的灵活性、协调性和平衡能力以及精神集中能力等因素。

(4) 短距离跑类项目肌肉工作是属于(肌肉活动)动力性工作，以肌肉的爆发用力起跑、极大强度的途中跑和最大用力冲刺跑完成全部过程。工作部位以下肢为主，包括大小腿的肌群，上肢和躯干肌肉虽不产生动力但在运动过程中起着保持姿态和平衡的重要作用。

(5) 短距离跑类项目竞赛规则相对简单,运动成绩是以运动员完成比赛相应距离的最短时间为依据,运用计量工具予以准确测定评判,客观公正。

(二) 短距离跑类运动员体能特征

1. 短距离跑类运动员形态特征

优秀运动员身高存在个体差异,一般身体匀称结实;肌肉富有弹性,成束形;皮下脂肪较少,瘦体重相对较大;小腿稍长于大腿,大小腿长比最好小于 95%;踝围较小,跟腱较长,人体肌肉收缩的作用力集中,有利于踝关节的蹬伸;臀部上翘,臀后、骨盆的纵轴短,肌肉用力时发力集中。脚趾齐且较短,这样的运动员跑步时做功少,向前性好。跨栏运动员除与短跑运动员相似外一般要求下肢长与身高比大,大腿长与身高比小,有利于跨越栏架和跑过栏间距。

2. 短距离跑类运动员机能特征

由于短跑运动的特点,要求其对抗肌收缩与舒张快速交替活动,因此,神经过程灵活性高,兴奋过程占优势,但由于兴奋与抑制过程转换频繁,使得大脑皮层神经细胞易疲劳。短距离项目时间在 60 s 左右,以无氧代谢供能为主,包括磷酸原系统供能和糖酵解系统供能。项目不同两者所占比例不同。50 m、60 m、100 m 和直道栏项目,磷酸原系统供能占主要部分;200 m、400 m 和 400 m 栏则是无氧糖酵解系统供能为主,要求无氧耐力较强,有较强的心血管和呼吸系统功能。

3. 短距离跑类运动员素质特征

短距离项目素质特点为身体素质全面发展的基础上,保证速度素质的不断提高。由于这些项目都要求运动员以自身的力量克服体重,克服静止状态使自己迅速产生快速位移运动,因而力量的发展与提高对速度素质的提高和挖掘起重要作用,另外柔韧性、灵活性以及一般耐力也很重要。如跨栏运动员的髋关节灵活性及肌肉的柔韧性对掌握合理的跨越栏架技术有很大的影响。各项素质全面发展必须有助于运动员动作频率的提高与动作幅度的增加。在速度性项群不同的单项中,速度素质构成因素的要求以及这些因素在单项中所起的作用又各有不同(见表 4－13)。

表 4－13　不同项目对体能因素的要求及重要程度[①]

类别 / 素质因素 / 重要程度 / 项目	速度素质							
	反应速度能力	加速能力	快速完成单个动作能力	位移速度能力	动作频率	速度耐力	力量	柔韧性及灵活性
60 m 跑	3	3	2	3	3	1	3	1

① 田麦久.项群训练理论.北京:人民体育出版社,1998.

续表 4-13

类别 / 素质因素重要程度 / 项目	速度素质							
	反应速度能力	加速能力	快速完成单个动作能力	位移速度能力	动作频率	速度耐力	力量	柔韧性及灵活性
100 m、200 m 跑	2	3	1	3	3	2	2	1
400 m 跑	1	2	1	3	2	3	1	1
60 m 跨栏跑	3	3	2	3	3	1	3	2
100 m、110 m 跨栏跑	2	3	1	3	3	2	2	2
400 m 跨栏跑	1	2	1	3	2	3	1	2

注：1—基础条件；2—重要；3—非常重要

由以上分析可知，在整个比赛的各个阶段，对短跑技术的要求会因肌肉的用力情况、用力时间特征和运动员的新陈代谢活动而有变化。素质主要集中在速度、力量、柔韧性、协调性、专项耐力上。

(三) 短距离跑类运动员的体能训练的方法与手段

训练中提高运动员体能的关键在于根据项目特点、运动员训练阶段划分、个体差异等正确地选择训练内容，优选适合运动员具体情况的训练方法和手段。当前短距离跑类项目表现出训练内容的广泛性和专项性密切结合、训练方法手段相对集中以及训练方法手段选用最佳匹配(合理地组合训练手段)的特点。在训练过程中，训练内容的选择体现在一方面要与决定运动员竞技能力水平的主导因素——速度素质紧密结合。训练方法和手段主要选用发展运动员爆发力、动作速度、反应能力及动作幅度为主的练习。另一方面训练要解决专项技术的需要。如跨栏项目中“蹬摆配合”，以及跑与跨、跨与跑结合的练习。训练手段的合理组合有助于充分发挥各手段的综合效应(整体效应)，如短跑运动员采用跑—跳、跳—跑的组合训练，用跑的专门练习然后过渡到加速跑等。

1. 短距离跑类运动员的力量训练

提高短距离跑项目运动员速度不仅要重复专项练习，而且要提高运动员力量。肌肉力量的性质、状态直接影响专项素质。如肌肉最大力量与反应速度及加速跑相关；肌肉爆发力与加速跑和最大速度相关；肌肉力量耐力与后程速度相关。

(1) 速度力量的训练

速度力量与加速跑、最大速度跑的能力关系最为密切。在发展基本力量的同时，应着重发展速度力量。在力量和速度两个因素中，只要其中一个或两个因素提高，速度力量就会得到提高，实际上训练中提高力量相对比提高速度容易。因此提高速度力量的练习方法主要是采用发展力量的练习，在力量练习的同时应注意加快频率。

速度力量练习方法主要采用超等长的力量练习，如用最大速度做垂直跳 30 s；单足跳30～50 m；立定跳远，三级跳远；三级跳箱练习(用单足跳上、跳下)；单足跳下台阶；跳深练习等。不同练习内容对练习的组数及每组重复次数有不同的要求。速度力量练习也可采用近似短跑运动结构的专门练习，如运动员的快速小步跑、原地快速交换踏步、原地高抬腿跑等练习；在外部有利条件下完成高频练习(如下坡跑、顺风跑、缩短步长跑的高频率跑)；陆上划臂练习；减阻蹬踏练习等。

(2) 力量耐力的训练

力量耐力与终点跑保持速度能力关系最为密切，特别是 200 m、400 m 跑、400 m 栏的运动员。力量耐力兼有力量和耐力的双重特点，既要求肌肉具有较大的力量，又要求肌肉能够长时间地坚持工作。短跨项目不仅对运动员力量的大小有较高要求，对有氧代谢能力和能坚持长时间工作的经济实效的运动技术也有很高要求。通过力量耐力训练可提高运动员毛细血管和肌红蛋白的数量，改进运输氧的功能，提高无氧负荷的能力，从而延缓或减少速度下降的程度。

发展力量耐力的主要途径一般包括持续训练法、间歇训练法、循环训练法、重复训练法等训练方法，主要通过克服自身体重或负小重量的持续跑、跳跃等练习来实现；不同短距离的跑的练习；负重抗阻力练习，如负重弓箭步走、高抬腿弓步换腿跳、托重物跑和跳，各种跳跃练习，负重与不负重的双脚跳、单脚跳、水平跳、垂直跳等手段来提高运动员的力量耐力。

2. 短距离跑类运动员的速度训练

速度素质是指人体快速运动的能力，包括人体快速完成动作的能力、对外界信号刺激快速反应的能力以及快速位移的能力。短距离跑类项目这三种速度素质在运动实践中既有区别又有联系，移动速度是由不同的单个动作速度(如途中跑中的后蹬速度、前摆腿动作速度、摆臂速度等)组成；而反应速度往往是移动速度的开始(如起跑)。但反应速度快，动作速度和移动速度并不一定快。

短距离跑类项目运动员的速度训练主要包括反应速度、加速度和最高速度。速度训练的效果在很大程度上取决于速度练习距离的选择、练习量的掌握以及恢复时间的控制。实践证明，运动员从静止开始到加速到个人最高速度一般需要 5～6 s 时间，因而速度训练的最佳距离应选择在 30～80 m。由于速度训练对神经肌肉系统的要求较高，只有在神经系统高度兴奋状态下进行练习，才会取得好的效果。因此，速度训练应严格控制练习量及恢复时间的安排。练习次数一般为 4～10 次，恢复时间应保证运动员能够快速完成动作并能得到恢复，才进行下一次练习。

(1) 反应速度

短距离跑运动员的反应速度主要取决于人的感受器(视觉、听觉)、其他分析器的特征以及中枢神经系统与神经肌肉之间的协调关系。反应速度素质受遗传效应影响较大，此外，不同的信号刺激、不同的动作准备、不同机能状态、不同强度、接受刺激的感受器数量不同等因素都会影响运动员反应速度的表现程度。

反应速度训练常用的方法有信号刺激法(即利用突然发出的信号提高运动员对简单信号的反应能力)和运动感觉法。其练习手段有移动目标的练习及选择性练习。

(2) 动作速度

短距离跑运动员的动作速度主要受中枢神经系统兴奋与抑制的转换速度和神经-肌肉协调性的影响。提高动作速度常用的方法有利用外界助力控制运动员的动作速度,减小外界自然条件的阻力(如顺风跑),利用动作加速或利用器械重量变化而获得的后效作用发展动作速度,借助信号刺激提高动作速度等。

(3) 移动速度

短距离跑类项目移动速度主要取决于步长和步频,但并不完全取决于步长和步频的对应关系。全程的动作频率和动作幅度状况的改善以及两者之间的合理组合能保证运动员获得更快的移动速度。一般提高动作频率的途径有两种:一是提高中枢神经系统兴奋抑制转换的速度;二是增强肌肉的收缩力量与放松能力。加大动作幅度的途径有三种:一是提高肌肉质量;二是改进动作技术;三是改善柔韧性。提高移动速度有两个基本途径:一是提高运动员力量(见力量部分);二是重复专项练习。

重复跑是提高移动速度最主要的手段。负荷强度采用90%~100%以上的大强度的各种形式跑或利用降低条件的反复跑训练使运动员机体动用ATP-CP能源物质,达到发展非乳酸供能的无氧能力。训练强度应是变化的,防止速度障碍。负荷量(持续时间)6~15 s左右。练习重复次数可以多,但必须以不降低训练强度为原则,如4~5次,练习组数视运动员的具体情况而定,水平高多些,水平低少些。间歇时间包括次间间歇和组间间歇,次间间歇一般包括短时间歇和长时间歇两种安排方式:

① 短段落间歇安排,如距离30~60 m,间歇时间60 s左右,目的在于使机体动员ATP-CP供能。

② 较长段落长间歇安排,如100~150 m,间歇时间120 s以上,目的是保证机体ATP-CP能源物质通过休息得以恢复。

组间间歇一般时间较长,如间歇5 min,以利于下一组练习。训练过程中的间歇方式一般以积极性休息为主。

3. 短距离跑类运动员的耐力训练

短距离跑运动员需要具有在大量缺氧条件下以高速度持续跑完全程的能力,在各项比赛中,后程减速造成步长缩短、频率减慢和技术变形等现象,均是其速度耐力不足的表现。通过训练可使运动员尽可能长时间保持最高速度和尽量减少最高速度下降的幅度。造成速度下降的原因主要是中枢神经受高频刺激所产生的疲劳。

因此,训练应以无氧糖发酵解供能为其物质基础,训练方法应选择导致产生最大乳酸的原则,采用极限下速度加大负荷的重复练习。一般采用负荷强度较大,强度为80%~90%,心率达 180～190 次/min。负荷量：一次练习的时间为 1～2 min 之间，控制在 300～400 m 或 200～600 m，重复次数不必过多，3～4 次即可，以保持必要的训练强度为原则。重复组数的原则是使运动员在最后一组也基本能保持所规定的负荷强度，而不应下降得过多。练习的重复组数应视运动员的训练水平而定，一般为 2～5 组。间歇时间安排有两种做法：一种是次间间歇时间以恒定不变，如每次练习之间休息 4 min；另一种是逐渐缩短次间间歇时间，采用这种方式可保持每次练习以后使体内乳酸堆积，达到较高值。这个值便可以成为下一次练习机体乳酸的起点值，并使下一次练习时乳酸达到更高的含量，从而达到训练的目的。注意：由于这种安排方法练习密度大，运动疲劳深刻，训练时要谨慎。次间间歇时间为 3～5 min，以利于恢复。组间间歇时间一般要 10～15 min。

4. 短距离跑类运动员的柔韧和灵敏素质训练

短距离跑运动员主要体现动力柔韧和灵敏素质，柔韧和灵敏的水平要依据专项的需要，并有一定的柔韧储备，过分发展可能导致关节和韧带的松弛和变异，影响专项力量和技术发挥。

柔韧和灵敏素质训练一般采用以下几种方法：徒手体操、各种压腿、踢腿、摆腿和劈腿练习；武术基本功；负重和不负重的各不同方向的踢腿和绕腿练习；利用栏架做负重与不负重的向内、向外绕练习；跨栏和跑的各种模仿练习；肩负杠铃的弓箭步走，负轻杠铃的连续弓箭步抓举；小腿负沙袋连续在栏侧做提拉起跨腿的练习等。

三、中长跑类运动员的体能训练

（一）中长跑类运动的项目特征

（1）中长跑是中距离跑和长距离跑的总称，一般包括 800 m、1 500 m、3 000 m、5 000 m、10 000 m跑等项目。

（2）中长跑运动属于体能主导类的周期耐力性项目，距离较长，强度属于次最大强度，并以克服自身体重、较长时间多次重复相同动作为技术特征。运动员跑动过程中保持高速能力、跑步技术的经济性、战术能力、冲刺时的最大速度是影响运动员在不同距离项目上成功与否的共同因素。当前随着竞技水平的提高和比赛竞争的激烈，对运动员速度水平的要求也越来越高。

（3）中长跑运动对意志品质要求高。运动员在训练以及比赛中抵抗疲劳对人体极限的挑战，要求运动员有坚强的意志，尤其是在比赛后程往往更是意志品质的较量。

（4）运动成绩评判是以运动员完成比赛任务耗费的时间为依据，运用计量工具予以准确测定评价，客观公正。

（二）中长跑类运动员的体能特征

1. 中长跑类运动员的形态特征

中长跑运动员一般身高个体差异较大，中跑运动员身高略高于长跑运动员，一般低于田径其他项目的运动员；身体匀称结实、肌肉富有弹性，成束形，皮下脂肪较少，瘦体重相对较大；下肢长,小腿相对较长,前摆时步幅大;踝围较小,跟腱较长,人体肌肉收缩的作用力集中,有利于踝关节的蹬伸;臀纹线高,臀部上翘,臀厚,骨盆的纵轴短,肌肉用力时发力集中,脚趾齐且较短。

2. 中长跑类运动员的机能特征

中枢神经系统机能特点表现为神经过程灵活性较高,机能稳定性较高,大脑皮层神经细胞较快产生疲劳。中长跑对心血管系统和呼吸系统功能要求高,在比赛过程中植物性机能不能适应运动机能的要求,机能变化不能很快提高,而在比赛临近终点时,植物性机能变化可达到最高水平。心脏每搏输出量大,血红蛋白含量较高。反映指标主要是心率、血乳酸、血压、每分输出量等。能量代谢以无氧代谢供能和有氧-无氧混合供能为主。

3. 中长跑类运动员的素质特征

中长跑属于体能周期性耐力项目,其竞技能力主要是由身体素质决定,其中发展有氧代谢系统供能是中长跑运动员身体训练的基础内容,也是发展无氧酵解供能水平的前提条件。速度耐力是决定中长跑运动员竞技能力的最重要因素。同时,相对力量和力量耐力也不可忽视,其体能训练应主要针对发展运动员的糖酵解系统、有氧氧化系统、协调能力、力量耐力、意志品质训练等。

(三)中长跑类运动员体能训练的方法与手段

1. 中长跑类运动员的力量训练

中长跑运动员要不间断的连续较长时间或很长时间的多次重复单一动作。运动员的活动均是由肌肉的收缩产生的动力作用于支撑面(地面)的反作用力使人体在水平方向上向前移动。因此,运动员的力量素质尤其是下肢力量是极为重要的。在任何情况下,力量尤其是力量耐力是中长跑运动员的重要基础。其中对下肢肌群的力量耐力和良好的支撑器官(腿和踝关节)力量能力的要求更高。因此,力量训练主要是力量耐力和支撑器官(肌肉、韧带、软组织、关节等)的训练。

利用循环训练安排全身力量协调发展的练习不仅可以提高运动员各部位肌肉功能的发展,而且还可以改善提高运动员的内脏功能。值得注意的是,提高运动员的力量耐力应主要通过对血液循环和呼吸系统机能的改善,发挥毛细血管的作用和肌肉对血红蛋白的利用去发展力量耐力,而不应仅仅依靠提高运动员的绝对力量。在训练过程中,应充分利用自然条件发展运动员的力量耐力和支撑器官的功能,如利用地形条件的上坡跑或软地跑(沙滩、草地、雪地等)来增强腿部肌肉力量。经常选用的训练方法:山地跑——发展腿部力量耐力;连续跳跃练习——发展腿部各关节力量耐力;连续单腿交换向上跳、连续跨步跳——发展腿部力量耐力;循环力量练习——发展整体力量、速度力量耐力及协调能力。

另外,腰背部力量的协调发展对跑步的正确技术的重要作用不可忽视,可采用肋木悬垂举腿(直腿或屈腿)、垫上腹肌两头起、背肌等练习。

2. 中长跑类运动员的速度训练

现代中长跑被认为是速度耐力项目。速度耐力是长时间维持一定较高速度水平的能力，最大速度是指在一定距离内最快的位移速度，运动员最大速度的水平往往是战术安排和比赛最后阶段决定胜负的关键。但最大速度素质不是中长跑项目的决定因素，因此提高运动员的速度，必须与影响速度耐力水平提高的其他因素同时协调发展。单一的最大速度提高的速度训练，如同短跑运动员一样的速度训练，可能获得最大速度的提高，但其速度转化为速度耐力的比率很小。中长跑运动员既需要非乳酸无氧代谢供能的训练，也需要糖酵解无氧代谢供能训练。这两种速度的同时改善才能促进运动员速度耐力水平的提高。

发展非乳酸能的速度能力是耐力项目的特殊需要，是在运动员有机体处在一定量乳酸堆积的条件下发展运动员的最大速度。实践中，教练员一般安排在专项训练负荷后待运动员有机体内乳酸含量尚未恢复时，全力进行最大速度的训练，如越野跑后，选用 200 m 左右距离的间歇跑。中长跑运动员发展速度素质一般采用接近专项、短于专项、大强度的竞走练习，主要采用短距离的重复跑、加速跑、行进间跑和变速跑等。

3. 中长跑类运动员的耐力训练

耐力素质的发展是耐力项目专项训练的重要组成部分，不同代谢供能耐力训练目的不同，训练方法也不同，但又必须和专项能力训练融为一个整体。

(1) 一般耐力

一般耐力是运动员有机体各器官系统机能的综合，是在不同项目中表现出专项耐力的基础。其任务是在一般身体训练的过程中有计划地对影响耐力的各个因素进行影响，扩大有机体进行一般工作的机能能力，建立提高负荷量的条件，并利用素质转移的效果为发展专项耐力打下基础。根据中长跑项目的特点分析，一般耐力训练与提高心血管、呼吸系统机能有紧密联系，适宜高强度、长时间、连续工作的能力就是“有氧耐力”的表现。“有氧耐力”的任务一是建立提高运动负荷的前提条件，二是产生耐力向专项练习转移的效果。

① 持续训练法。有两种典型的练习形式，即匀速持续训练和变速持续训练。应用特点是平均强度不大，负荷时间相对更长，以有氧代谢系统供能为主。一组练习的持续负荷时间至少应为 10 min 以上。负荷强度心率指标平均为 160 次/min 左右。持续训练法是中长跑运动员训练过程中广泛用于发展耐力素质训练方法。

② 乳酸阈训练。乳酸阈值是反映人体有氧工作能力的重要生理指标，其值越高，人体有氧工作能力越强。乳酸阈强度通常为 4 mmol/L 左右，大约为最大摄氧量的 60%～80%，但由于乳酸代谢存在较大的个体差异，其值在 1.4～7.5 mmol/L 之间，因此一般认为个体乳酸阈强度是发展有氧耐力训练的最佳强度，以此强度训练，可使运动员在长时间内进行练习，从而提高氧代谢供能能力。值得注意的是，个体乳酸阈可训练性较大，有氧能力提高后，其训练强度应根据新的个体乳酸阈强度来确定。

③ 法特莱克训练。源于瑞典的速度游戏。训练主要是利用自然环境如田野、树林、沙地

等进行走、慢跑、快跑的练习，运动员根据自己感觉，以不同配速跑，其主要依据是时间，而不是距离。恢复时间不预设。运动员应该不仅有力量、耐力，还要有速度和配速技巧。法特莱克训练的优点是在自然环境中提高运动员的基础耐力能力，有利于运动员体力分配、肌肉放松以及协调灵敏能力的提高。其不足在于教练员或教师对训练量和强度的控制有一定难度。训练中根据运动员从事的项目而规定训练总时间，一般在40～90 min。

还有其他一些方法手段发展运动员的一般耐力，如长时间进行的其他周期性运动，如速度滑冰、划船、自行车等；反复做克服自身体重的练习；坚持较长时间的抗小阻力的练习；循环练习等。

(2) 专项耐力

专项耐力是运动员有机体为了获取专项成绩而最大限度动员机能能力克服专项负荷所产生的疲劳的能力。中长跑项目的专项耐力特点是用尽可能高的平均速度通过全程，主要采用接近专项的运动距离以及运动强度安排练习内容。其主要方法是间歇训练法、重复训练法等。

乳酸是周期耐力项目运动员的大敌。从训练的生物学角度分析，在运动时，乳酸积累导致机体疲劳或机能衰减是影响运动能力的主要因素之一。但大量积累乳酸可刺激机体对酸性物质的缓冲和适应，从而提高糖酵解供能能力。最大强度运动30 s～15 min属于非乳酸和糖酵解混合供能，其中糖酵解供能起主导或重要作用，中长跑比赛属于这种情况。因此，中长跑运动员既需要非乳酸无氧代谢供能的训练，也需要糖酵解无氧代谢供能训练。这两种速度的同时改善才能促进运动员速度耐力水平的提高。

① 糖酵解无氧代谢供能的无氧耐力训练

a. 负荷强度。应使运动员机体处于糖酵解供能状态，因此强度应大，强度为80%～90%，心率达180～190次/min。

b. 负荷量。一次练习的时间介于1～2 min。以跑为训练手段，控制在300～400 m或200～600 m；以游泳为训练手段，控制在100～200 m或50～200 m。

c. 重复练习的次数与组数。重复次数以保持必要的训练强度为原则，如3～4次。若重复次数过多，就不可能保持必要的训练强度，导致训练效应的改变。一组练习重复次数的确定与距离有关，距离长，重复次数可少些，距离短，则可多些。重复组数的原则是使运动员在最后一组也基本能保持所规定的负荷强度，而不应使负荷强度下降得过多。练习的重复组数应视运动员的训练水平而定。一般讲，训练水平低的重复组数则少，如2～3组；对训练有素的运动员，可安排3～5组。

d. 间歇时间。发展糖酵解无氧代谢供能的无氧耐力的间歇时间安排有两种做法。一种为次间间歇时间恒定不变，如每次练习之间休息4 min等。另一种为逐渐缩短次间间歇时间，采用这种方式可使每次练习后体内乳酸堆积，达到较高值。这个值便可以成为下一次练习机体乳酸的起点值，并使下一次练习时乳酸达到更高的含量，从而达到训练的目的。但应注意的是，由于这种安排方法的练习密度大，运动疲劳深刻，训练时要谨慎。如第一、二次之间间歇6～5 min，第二、三次之间间歇5～4 min，第三、四次之间间歇4～3 min。此外，还应注意间歇时间的确定又受负荷距离及强度的影响，距离长，强度大，间歇时间就长；距离短，强度小，间歇时间就短。另外，组间的间歇时间一般要长于组内间歇时间，以利于恢复。

e. 练习组合。可采用段落相等的练习，也可采用段落不等的组合练习。若采用段落不等的组合练习，其安排顺序应从短距离开始，逐渐加长距离，这样安排有利于血乳酸的堆积和训练效应的积累。

② 非乳酸能无氧耐力训练学要点

a. 负荷强度应使运动员机体动用 ATP－CP 能源物质，达到发展非乳酸供能的无氧能力。因此采用达 95%以上的大强度。

b. 负荷量。持续时间 10 s 左右或更长些。

c. 练习重复次数与组数。重复次数可以多，但必须以不降低训练强度为原则，如 4～5 次。练习组数视运动员的具体情况而定。水平高的运动员多些，水平低的运动员少些。

d. 间歇时间。有次间间歇和组间间歇。次间间歇一般采用两种安排方式：一是短段落间歇安排，如距离 30～60 m，间歇时间 60 s 左右，其目的在于机体动员 CP 供能。二是较长段落间歇安排，如 100～150 m，间歇时间 120 s 以上，其目的是保证机体 CP 能源物质通过休息得以恢复。组间间歇时间则应该更长些，如歇息 5 min，这样可使 CP 得到恢复，以利于下一组练习。

e. 间歇方式。组间间歇时间可做积极性休息。

4. 中长跑类运动员的柔韧训练

柔韧素质直接影响中长跑运动员的步幅和技术，尤其是下肢关节的柔韧性和灵活性。根据运动员的特点，采用身体各个环节肌肉、关节的主动和被动的大幅度伸展和牵引练习，有针对性地提高运动员的肩、髋、膝踝等关节的柔韧性和灵活性，适当增加身体围绕垂直轴转动的幅度，提高肌肉紧张和放松能力，以改善动作的协调均衡性，协调能力。

发展肩部、腿部、臂部和脚部的柔韧性主要手段有压、搬、劈、摆、踢、绷及绕环等练习。发展腰部的柔韧性主要手段有站立体前屈、俯卧背伸、转体、甩腰及绕环等练习。一般采用垫上或肋木的静力拉伸练习，在最大动作范围姿势下保持 5～30 s；原地或行进间正踢、侧踢等动力性练习；徒手或轻负重交换跳。

5. 中长跑类运动员的灵敏训练

灵敏素质是指在各种突然变换的条件下，运动员能够迅速、准确、协调地改变身体运动的空间位置和运动方向，以适应变化的外环境的能力。其能力的提高对运动员改进技术，培养好的节奏及提高运动中的放松能力均有帮助，对越野跑训练和比赛更为重要。

中长跑类运动员的灵敏训练主要采用以下方法：让运动员在跑、跳当中迅速、准确、协调地做出各种动作，如快速改变方向的各种跑、各种躲闪和突然起动的练习，各种快速急停和迅速转体的练习；各种调整身体方位的练习，如利用体操器械做各种较复杂的动作等；专门设计的各种复杂多变的练习，如立卧撑、十字变向跑及综合变向跑等；各种改变方向的追逐性游戏和对各种信号做出复杂应答的游戏等。

四、跳跃类运动的体能训练

(一) 跳跃类运动的项目特征

(1) 跳跃项目一般分为远度项目(如跳远、三级跳远)和高度项目(如跳高、撑竿跳高),是人体运用自身能力或借助特殊的器械,通过一定的运动形式,使身体腾越最大的高度或远度的运动项目。

(2) 跳跃类项目是动力性工作,混合性练习,既有周期性练习(如助跑阶段),也有非周期性练习(如踏跳、腾空、越杆、落地等一系列动作)。其共性特征是“助跑快,着地快,起跳快”。

(3) 跳跃类项目属于体能主导类快速力量性项目,速度素质和爆发性用力的能力是其竞技能力的主导因素。运动员要在很短的时间内最大限度地创造出最大的起跳爆发力,既要有很快的速度,又要有很大的力量,并把两者有机地结合起来。因此运动员要具有良好的爆发力量、绝对速度、较好的弹跳性和柔韧性及跳跃技能。

(4) 运动成绩评判以运动员完成比赛的远度和高度为依据,运用计量工具予以准确测定评价,客观公正。

(二) 跳跃类运动员的体能特征

1. 跳跃类运动员的形态特征

跳跃类运动员一般身材修长;在人体成分中,瘦体重较大,脂肪较少;下肢较长,大腿相对较短,小腿较长;一般踝关节围度较小,跟腱较长,跳高尤为突出,人体肌肉收缩的作用力集中,有利于踝关节的蹬伸。部分项目由于其特点(如撑竿跳高),要求运动员指距较长以提高握杆点,增加摆动半径,给杆以更大的压力,有利于越过更高高度。上肢和躯干肌肉发达,躯干趋桶形。撑竿跳高运动员对这一指标要求较高。一般臀纹线高,臀部上翘,臀厚,骨盆的纵轴短,肌肉用力时发力集中。

2. 跳跃类运动员的机能特征

中枢神经系统机能表现为神经过程灵活性较高,运动员对感官机能要求较高。跳跃类项目非周期性部分踏跳、腾空、过杆、落地等动作都要求头部姿势正确,因为头部位置改变,刺激本体感受器,反射性引起身体肌紧张重新分配,产生状态反射,从而保障动作的完成。靠视觉判断步点、起跳点和踏板的距离。各器官机能的变化不大,次于短跑。跳高试跳次数越多,对心肺机能的要求越高。能量代谢特点是运动持续时间短,主要由磷酸原系统供能。虽然爆发力较大,但总的能量消耗不多。对能源储备、呼吸、循环系统影响皆不大,恢复较快。

3. 跳跃类运动员的素质特征

跳跃项目完整技术一般包括助跑、起跳、腾空(过杆)和落地。但每个项目的运动形式和要求又有所不同,因此对运动素质的要求也存在一定差异。但跳跃类项目专项素质主要集中在速度、力量以及灵敏柔韧等能力上。其中速度能力是短跑的速度和加速能力。短跑速度与跳跃成绩之间存在显著的相关性。如跳远运动员所跳远度的2/3是由助跑速度决定的,是决定跳跃项目成绩的直接决定因素。所跳远度的1/3是由起跳垂直速度获得的，是影响跳跃成绩的间接相关因素。力量能力是指在助跑速度基础上取得良好跳跃必要的高度，需要专项的反应跳跃力量与周期性运动助跑快速转变为非周期性运动起跳的有效的转换能力。灵敏能力则是指运动员肢体协调配合以保持空中的身体平衡。

（三）跳跃类运动员体能训练的方法与手段

随跳跃类项目竞技水平的不断提高，运动员体能训练的内容也不断扩展与更新。其主要表现为训练内容更具有专项的特点，即围绕直接促进掌握技术和提高专项成绩的身体素质的强化；素质训练内容也尽量和专项动作幅度、用力性质、用力顺序与时机等相似或一致；素质与技术训练相结合；训练内容序列安排更加科学合理等。

1. 跳跃类运动员的力量训练

（1）发展相对力量

跳跃项目运动是克服自身体重的能力的项目，一方面要求运动员具有较大的最大力量，另一方面还要求运动员体重不能过大，即要求运动员具有良好的相对力量。因此要求跳跃运动员保持较低的体脂水平，对下肢肌肉质量的要求也较高。

通常采用肩负杠铃全蹲或半蹲跳的练习，以及用各种方法上举杠铃和壶铃的练习。应采用85%以上的负荷强度，以动员尽可能多的运动单位工作，以减少肌肉功能性的肥大，达到在控制体重增加的前提下增大绝对力量的目的。

（2）发展速度力量

发展速度力量的目的是提高与运动员专项速度和专项技术有密切关系的力量素质，速度力量取决于肌肉收缩的力量和肌肉收缩的速度，据项目的特点应重点发展由着地到快速蹬伸的能力。主要途径是提高最大力量和缩短表现出最大力量所需的时间。跳跃类项目需要运动员具备速度型爆发力，要求运动员在速度较快的动作中以及克服外界阻力小、用力时间短的动作中能表现出很大的优势。

一般采用在快速助跑中进行多级跳及发展速度型爆发力的练习。各种跳跃练习是指在最短的时间内完成规定的次数，即定次数短时间的完成。在一定时间内完成较多的次数，即定时间多次数的完成等练习。负重抗阻力的专门练习是指专门练习的动作结构和肌肉的工作状态要和专项技术以及比赛时的动作相似。超等长收缩练习是指采用各种踏跳练习（如连续跳跃栏架、跨步跳等）和跳深练习。

在一定速度要求情况下，要求在动作形式和用力特点上与专项动作接近。为使运动员一开始就有较快的水平速度，可采用带助跑的各种起跳和跳跃练习，如30～50 m左右的跨步跳、单足跳，并以两种方式进行，一种是努力加大每一跳的远度，争取以最少的跳次完成练习的距离；另一种是在保持较大动作幅度的前提下，尽量加快蹬摆速度、加快动作频率和跳的速度（可计时或计步数）。注意专项技术练习也是发展专项弹跳力的重要手段，要体会利用助跑速度增强效果的技巧。

2. 跳跃类运动员的速度训练

跳跃类项目主要表现在技术动作复杂、协调性要求高、动作结构规格化情况下，要求运动员最大限度地(或接近最大限度地)表现出动作速度素质。跳跃运动员的速度主要体现在助跑和动作中，运动员必须具备在短距离中发挥出高速度的能力和专项所需的特殊节奏，还要求运动员在短暂的起跳时间内和在很快的水平速度中爆发性地发挥出尽可能大的力量，这种对爆发力的要求与其他项目有明显区别，即对运动员的助跑速度、起跳时肌肉收缩的动作速度和完成助跑转化起跳瞬间的肌肉收缩速度要求较高。因此，训练的主要任务是提高绝对速度和动作速度以及使二者有机的结合。在此基础上完善快速、准确的助跑是跳跃运动员速度训练的主要任务。

另外，不能忽视上肢力量和技术动作对跑速的影响。跑是上下肢协调配合的周期性运动，因此摆臂动作的质量(摆动方向、力量、速度以及频率)对腿的动作质量有很大影响。

(1) 发展位移速度

跳跃运动员的速度训练可以参考短跑运动员的速度训练，以发展和提高步频为主，并与掌握正确的技术紧密结合，可采用如起跑、行进间最大速度跑、借助外力跑、加快步频跑、加大步幅跑等进行速度训练。但要注意将运动员平跑位移速度紧密地和跳跃项目的起跳等衔接起来。由于助跑距离的原因，运动员助跑既要快，又要有极高的准确性。运动员助跑不仅要发挥出高速度，而且还要有充沛的体力以便在高速中有力地完成起跳，因此训练中更重要的是发展运动员在较短距离内快速加速、发挥出最高速度的能力。不同项目助跑也有所不同，应注意速度节奏的训练，以体现跳跃项目速度的特点。发展专项位移速度，各个项目采用的手段因项而异。

跳远、三级跳远项目可在跑道上或跳跃助跑道上，采用比赛的助跑距离、助跑节奏做助跑练习。长距离的助跑练习，助跑距离比正常的助跑距离至少长 10 m，且不需从起跳板起跳。它可以让运动员集中精力做快速起跳，因为运动员在长距离助跑末端的冲刺比正常的助跑距离末端冲刺快得多，对加快起跳极为有利。跳高项目可利用不同半径的圆圈跑(半径为 5 m、6 m、7 m)、直线进入弧线跑和弯道节奏跑等进行助跑练习。如前 30 m 逐渐加速，后 10 m 加快频率的跑。撑竿跳高项目持竿与不持竿的助跑、持竿的助跑插穴起跳、下坡持竿助跑和持竿助跑插穴起跳等练习培养运动员的助跑起跳能力。

(2) 发展动作速度的助跑起跳能力

动作速度是指完成单个动作时间的长短，主要取决于由肌纤维类型的百分组成及其面积、肌肉力量、肌肉组织的兴奋性和运动条件反射的巩固程度等因素。应注意将提高动作速度与掌握和保持正确的技术动作紧密地结合在一起。专门性的动作速度训练应与专项比赛动作要求相一致，快速重复各个项目的各种专门练习，发展专项所需部位的肌肉力量。一般可采用徒手或负轻器械的各种专门练习、加助力的专门练习。动作速度训练中，练习的持续时间一般不宜过长。练习与练习之间的间歇是由练习的强度所决定的。

3. 跳跃类运动员的耐力训练

因为在多次试跳中需要运动员达到理想的远度，因此，跳跃运动员的专项耐力主要体现在以最大强度重复完成完整比赛动作的能力。训练内容与手段则应以多次重复完成比赛动作或接近比赛要求的专项练习为主。

一般多采用极限或极限下强度完成此类练习。例如，反复完成各专项的技术练习和专门练习，一般完成练习的量要到达最大疲劳为止；在逐渐增加训练负荷量的基础上，适当增加负荷强度，进一步提高内脏器官的功能；大量地进行专门跳跃练习和短中程助跑的专项跳跃练习；全程助跑的专项跳跃练习和连续不断地参加测验和比赛。

4. 跳跃类运动员的灵敏、柔韧和平衡能力训练

在跳跃项目中柔韧和灵敏的作用可以增强肌肉的弹性，加大关节活动幅度，保证在完成专项跳跃时进行大幅度的摆动，利于提高跳跃运动员节奏控制的能力、动作的高度协调性，以及对防止受伤起保护作用。跳跃项目中平衡能力与空间感觉十分重要，失掉平衡则破坏了跳跃节奏。另外，灵敏平衡和协调性与信心有着直接的联系，在训练和比赛过程中，很多外界刺激都可能使正确的技术遭到破坏。如果运动员有很好的灵敏协调能力，就能及时调整姿势或动作。因此对柔韧、灵敏、平衡等综合能力要求高。

通常采用如田径项目的各种辅助练习；球类、体操、武术等练习和活动性游戏；听、看信号的变换方向、速度、节奏和距离的练习；各种拉伸肌肉、肌腱和韧带的练习，发展运动员各关节的灵活性、柔韧和平衡等能力。

同时也要根据专项的需要采用那些迫使运动员发挥随机应变的能力，快速而有效地从意外的困境中摆脱出来的练习，发展灵敏、平衡等能力。如采用蹦床跳跃练习对改善平衡和空间调节能力有很大帮助。

五、投掷类运动员的体能训练

(一) 投掷类运动项目特征

(1) 投掷类项目一般包括标枪、铁饼、铅球、链球等，是指运动员用旋转或直线的助跑方式给器械预先加速，然后通过最后用力使器械运行最大的水平空间距离。

(2) 投掷项目属于动力性工作，其中铁饼、铅球、链球是由握法、预备姿势或预摆、滑步或旋转、最后用力、身体平衡五个部分组成，这些动作结构均属于非周期性练习。标枪助跑属于周期性练习，投掷部分属于非周期性练习，因此，标枪属于混合性练习。

(3) 投掷运动是体能主导类速度力量性项目，以力量为基础，速度为核心，按照严格的用力顺序，使肌肉产生爆发式收缩，以最快的速度、最大的力量把器械投掷出去，所以对肌肉力量和速度要求高。但由于投掷器械本身的重量不同，所以对力量和速度的影响不一样。如器械较轻的标枪项目，对肌肉收缩速度要求就较高。

(4) 投掷运动员是人体运用自身能力，通过一定的运动形式，将手持的规定器械抛出并尽可能获得远度的运动项目。人体与器械构成一个系统,因此对运动员控制器械的能力要求高。

(5)运动成绩评判是以运动员完成比赛的远度为依据,运用计量工具予以准确测定评价,客观公正。

(二)投掷类运动员体能特征

1. 投掷类运动员形态特征

投掷类运动员一般身材高大匀称,使最后用力的工作距离或旋转半径加长,出手点较高。由于标枪要求运动员具有较好的速度素质,能在快速助跑的条件下协调准确地完成投掷动作,因此,标枪运动员要求身材更加匀称。上肢和躯干肌肉发达,躯干呈桶型。这对运动员投掷用力时更好发挥肩带和躯干肌肉力量十分有利。上臂肱二头肌和肱三头肌具有较强的收缩力量。根据项目特点,运动员必须将器械持握在手上完成动作,因此手较长,一方面利于持握器械,保持器械稳定;另一方面可适当增加用力的工作距离。

2. 投掷类运动员机能特征

中枢神经系统机能特点是大脑皮层兴奋过程占优势,反应时间缩短,神经过程具有高度的均衡性。由于动作结构复杂,有旋转、滑步、投掷器械等,在完成这种复杂动作过程中,对感觉器官要求较强,除本体感觉传入冲动有重要作用外,还须有视觉、前庭分析器等的作用。如掷标枪是需要视觉来感知助跑的第一、第二标志线的距离和标枪的飞行;铅球、铁饼和链球投掷时,要求视觉准确判断投掷圈的范围和身体与圈沿的距离。由于运动持续时间短,能量代谢主要是磷酸原系统供能,具有功率输出快、持续时间短、供能总量少及机体恢复快等特点。

3. 投掷类运动员素质特征

影响投掷类运动员运动成绩的主要因素为最大力量、双腿和躯干伸肌肌群的速度力量,以及对投掷进行最后加速的专项投掷反应力量。协调能力也尤为重要,节奏和平衡、定向能力、加速和制动的准确运用,以及旋转过程中有目标的投掷,都需要高水平的协调性。从投掷项目原理分析,决定投掷远近最重要的因素是器械的出手速度。速度是投掷类项目的核心,而这个速度的获得是以绝对力量为前提的爆发力,只有瞬时爆发的最大力量才能获得一个最高的出手速度。掷标枪不仅采用近似跑的技术动作,而且要求运动员在全速跑动的过程中流畅、协调地完成投掷动作的投掷项目。掷标枪项目更多的是依赖较长距离的助跑、爆发力和专项投掷力量。

(三)投掷类运动员体能训练的内容、方法与手段

1. 投掷类运动员的力量训练

投掷运动员的力量主要为最大力量、速度力量。在训练计划的安排中,必须注重依据肌肉收缩用力性质和运动员特点,以及采用轻重结合、轻重和标准器械的组合训练。采用不同重量的器械进行专项投掷,使运动员已具备的能力充分地转化到专项上。投掷重器械可以发展专项力量,投掷轻器械可以有效地发展速度。轻重器械组合训练,可使运动员眼的机体接受不同的刺激,防止肌肉僵化,达到提高投掷速度的目的。但是要注意,使用不同重量的器械限度是

不能造成明显的技术变形，另外注意在力量训练过程中，不能忽视小肌肉群力量的训练。

(1) 最大力量

最大力量主要是指完成专项技术动作需要的最大力量和最大功率。发展最大力量的主要途径有，加大肌肉横断面，提高肌肉间及肌纤维之间的协调性，以及增加肌肉中磷酸肌酸CP的储备量，加速工作中ATP的合成速度。一般运用大强度法、极限强度法、静力练习法、变换训练法、金字塔式训练法等发展运动员的最大力量。

最大力量一般采用大重量负重抗阻力练习，如运用杠铃、壶铃、哑铃等训练器械。克服弹性物体的练习，如使用拉力器、拉橡皮带等，依靠弹性物体变形而产生的阻力发展力量素质。也可利用训练组合器械练习，使身体处在各种不同的姿势(或坐、或卧、或立)进行练习，可直接发展运动员所需要的肌肉力量，使训练更有针对性。

(2) 发展速度力量

速度力量是运动速度和力量的综合表现形式。强调在尽可能短的时间内完成动作，表现出最大的力量。因此除与最大力量决定因素相同之外，完成动作的速度是决定因素。此外，由于不同动作结构、不同强度、不同持续时间、不同重复次数的练习对不同素质的发展有不同的影响，因此，要特别注意完成动作时是否符合专项正确技术的要求。训练中要设计既能使快速力量得到最大的发展，又要使它能在专项比赛中充分利用的动作。

发展快速力量的常用手段如下：一是器械不出手练习，如原地拉胶带、连续转髋、持球连续滑步、扶栏杆转髋、肩负杠铃原地旋转一周、持器械旋转等。二是投掷不同重量器械的专门练习和完整技术结合，采用轻器械、重器械和标准器械的组合练习。三是各种发展肩部肌群、发展腿部肌群、发展躯干肌群等不同肌群的力量练习。

值得注意的是，速度力量训练的效果在很大程度上取决于中枢神经系统保持的兴奋度。因此，在训练中应避免出现疲劳，重复次数不宜过多，组间休息应保证机体基本获得恢复。

2. 投掷类运动员的速度训练

速度训练是指在有外加负重量的条件下，或技术动作复杂、协调性要求高且动作结构规格化的情况下，要求运动员最大限度地(或接近最大限度地)表现出动作速度素质。因此，速度训练主要针对位移速度和动作速度，一般采用短跑、跳跃和快速投掷等练习。这些练习可帮助运动员发展将力传到器械上去的速度。在短跑和跳跃的练习中，可增强膝和髋部肌的爆发力，并提供同样的弹性动作，使之在投掷中应用。

(1) 发展位移速度

发展运动员位移速度一般采用短跑练习，各种跳跃练习以及各种加速跑、冲刺跑、牵引跑、侧向和向后快速移动身体的练习等，距离和重复次数随运动员具体情况而定。但由于不同的投掷项目，身体的位移形式也不同，有直线助跑位移、滑步位移、旋转位移，因此发展位移速度的方法和手段也不同，如铅球主要采用连续滑步练习、脚或小腿负沙袋的滑步练习、各种滑步结合最后用力的专门练习、滑步推轻重量铅球的练习。标枪主要采用持枪或不持枪的连续交叉步练习,如2～3步助跑掷标枪、5步或5步以上的助跑掷标枪和各种不同距离的持枪助跑练习等。铁饼和链球主要采用不同速度的徒手或持铁饼(链球)的旋转练习、持各种物体(木棍、树枝、带球)的旋转练习等。

(2) 发展动作速度

提高动作速度应与掌握和保持正确的技术动作紧密地结合在一起。专门性的动作速度训练与专项比赛动作要求相一致。动作速度的快慢主要取决于中枢神经系统的功能及该部位运动肌肉力量的大小,在训练中则需相应地采用不同手段提高运动员的动作速度。大强度的重复训练法是提高运动员动作速度的最主要的训练方法。

提高专门速度能力可以通过徒手和采用各种轻器械的快速动作的练习,以及上述所有的最大力量和速度力量训练方法和手段。

教练员常采用利用外界助力帮助运动员提高动作速度,如帮助运动员前送髋关节。在使用助力手段时,必须掌握好助力的时机及用力的大小,同时还应让运动员很好地感觉助力的时间及大小,以便使他们能独立及早地达到动作速度的要求。另外,可利用动作加速或利用器械重量变化而获得的后效作用发展动作速度。投掷轻器械练习和快速技术动作练习可以诱发运动员的先天速度能力,如可以采用快速旋转投掷轻器械、快速连续旋转、快速行进间转髋练习、快速出手和鞭打动作的练习等。

3. 投掷类运动员的耐力训练

(1) 一般耐力

几乎可以通过全部身体练习,其中包括专项训练的练习,使运动员最大限度地增强各个器官和系统,特别是心脏、血管和呼吸系统的耐力。一般耐力在很大程度上决定着运动员有机体的一般工作能力和健康水平。发展一般耐力的常用手段为长时间专项练习,多种变换的、组合的耐力练习,坚持较长时间的抗小阻力的练习,循环练习等。

(2) 专项耐力

专项耐力取决于各个器官和系统的专项训练水平及适合投掷项目要求的生理心理能力水平。在疲劳的情况下,运动员发挥意志品质的作用而继续工作的能力具有特别重要的意义。专项耐力也与技术、战术的合理性经济性原则性相联系,投掷运动员发展耐力的主要途径是多次重复专项练习和部分专门性的练习。只有大量重复那些以改善技术和身体素质为目的和适应比赛条件的练习,才能达到最佳的耐力水平。训练过程中,多采用极限或极限下强度的练习方法。

耐力一般采用反复完成各种专项技术和专门练习;大量进行投不同重量的器械练习;在逐渐增加负荷量的基础上增加强度的练习;连续不断地参加测验和比赛。

4. 投掷类运动员的灵敏训练

投掷运动员要求有很好的平衡、节奏控制的能力。而灵敏素质对动作的高度协调性、对保护和保障田径运动员的安全是很重要的。在训练和比赛过程中,很多外界刺激都可能使正确技术遭到破坏。如果运动员有很好的灵敏性,就会恢复平衡,调整姿势或动作,不至于影响运动成绩。凡与这些专项动作结构接近的各种练习，均能促进灵敏性的发展。这主要是指让运动员在非正常情况下，完成他们所熟悉的动作练习。如在改变助跑距离和助跑速度，就会给运动员造成一些不太习惯的条件，这就要求运动员改变动作以适应这种不太习惯的条件，这就需要运用他们的灵敏性。

注意结合力量训练发展灵敏性，如果适时地增加力量，则较容易克服这些动作过程中的阻力，而且较大的力量使肌肉可以进行更快速的收缩，从而获得更快的速度，同时，也增加了灵敏性。还可以通过各种运动技能的学习和体验来有效地提高灵敏和协调性，如各种运动游戏、球类活动、体操、技巧、游泳，以及田径运动中的各种跑、跳、投练习等。

5. 投掷类运动员的柔韧训练

投掷类项目的柔韧性训练基本上采用拉伸法，分为动力拉伸法和静力拉伸法。在这两种方法中又都有主动拉伸和被动拉伸两种不同的训练方式。身体各个环节肌肉、关节的主动和被动的大幅度伸展和牵引练习通常安排在准备活动和主要练习之间。具体训练内容根据运动员个体情况而定。一般采用肩关节柔韧练习，徒手和带重物做双肩向前或后的绕环的练习，徒手压肩等。

腰部和髋部练习采用站立体前屈、俯卧背伸、转体、甩腰及绕环、交叉步跑、正面大步转髋、负重弓箭步走等。不仅要加强柔韧性，还要注意发展各个环节的伸展性和肌肉的弹性，根据专项特点，优先发展肩部和躯干部位的柔韧性。注意柔韧性练习必须经常进行。

第五章　体能训练的医务监督

要获得体能训练的最佳效果，除了训练过程本身的科学化之外，还包括医务监督、运动营养、运动训练设施等诸多因素，这些因素对体能训练的目标起着重要的支持作用。合理、科学的医务监督能够降低运动性疲劳、运动性疾病对运动员造成的伤害，有效延长运动员的运动寿命。体能训练医务监督的内容重点应该包括以下几个方面。

1. 区别生理与病理之间的界限

体能训练是一种以发展身体机能潜力和使机能潜力得到最大发挥为目的的大负荷训练，是人体在困难条件下，长时间、高强度、大负荷持续工作能力的训练，它突出对人体各器官和机能系统的超负荷适应训练。这种训练有可能会改变生理极限，需要进行病理和生理界限的鉴别诊断。研究区别生理与病理的诊断方法是医务监督的一项重要内容。

2. 运动员身体机能状况的医学评定

通过形态检查和机能测试，对运动员身体机能状况进行综合评定，这种检查可在不同的阶段和不同的状态（如安静状态、训练过程、恢复过程）下进行，除阶段性的定期检查外还可进行动态观察和比较。

3. 运动性疾病的防治

运动负荷超出了人体的生理限度就会导致病理状态。运动性疾病与训练的量和强度有密切关系，常见的有过度训练、过度紧张、运动性贫血、运动性血尿等。定期进行身体机能检查，及时发现潜在的功能障碍是预防运动性疾病的有效措施。

4. 伤病后训练的恢复

运动员患各种疾病（如流感、肝炎、心肌炎等）和运动损伤后开始恢复训练的适宜时机、训练内容和运动量的掌握，能否参加比赛以及参加比赛的项目和时机，这些问题的合理处理对巩固伤病疗效、恢复体能及进一步提高运动成绩，都有重要的作用。

5. 运动性疲劳的消除

体能训练引起的精神疲劳和身体机能的下降，是人体为维护正常的功能做出自我保护的一种生理现象。如不采取有效措施及时消除疲劳，则可能产生机体调节的紊乱和过度疲劳。消除疲劳的基本方法有心理法、理疗法、运动放松法和饮食调节法等。

第一节　运动性疲劳程度的判别

自 1880 年意大利生理学家 Mosso 研究人类的疲劳开始，运动性疲劳的研究已有近 130

年的历史。研究人员基于不同的理论和方法,从不同的角度对运动性疲劳进行了大量研究,同时对运动性疲劳进行了各自的界定。美国应用心理学家 Simonson 认为疲劳是代谢基质产物的积累,活动所需基质的耗尽,基质生理化学状态变化和调节,协调机能失调等。1982 年,在第 5 届国际运动生物化学学术会议上,运动性疲劳被定义为"机体的生理过程不能持续其机能在特定水平上和(或)不能维持预定的运动强度"。英国心理学家 Gibson 认为疲劳是在持续或重复收缩中不能维持力量(或功率)。美国南亚拉巴马大学的研究人员 Lewis 等从生理学角度指出疲劳是指在肌肉活动中出现最大力量的产生能力降低。英国爱丁堡大学心理医学教授 Sharpe 指出疲劳是以缺乏动机和警觉为特征的一种主观感觉。根据疲劳发生的原因和表现可以将其划分为生理性疲劳(躯体疲劳)和心理性疲劳(精神疲劳);根据疲劳发生的部位,生理性疲劳又分为中枢疲劳和外周疲劳。目前,多数研究是围绕着生理性疲劳展开的,而针对心理性疲劳的研究相对较少。生理性疲劳往往导致机体结构成分和功能的改变,而心理性疲劳则导致机体行为和情绪的改变。

疲劳是运动训练的必然结果,如何科学准确地判别疲劳程度是科学训练的一个重要环节。判断晚了,导致过度疲劳,甚至是损伤;判断早了,运动负荷不足,不能够实现运动训练效果的最佳化。

一、自我感觉

运动性疲劳首先表现为自我感觉到疲倦或者疲惫,主观上要求休息。当运动员自我感觉到有运动积极性下降,呼吸紊乱、口干舌燥、心悸、恶心、全身乏力、头部昏沉、动作迟钝、脚步沉重,甚至动作僵硬、失调、肌肉痉挛或疼痛、食欲不振、睡眠不好等症状时,说明已处于疲劳状态。由于运动项目、运动性疲劳产生的原因以及运动员自身状况的不同,处于疲劳状况的运动员的自我感觉各不相同。运动员可以根据表 5-1 列出的自觉症状的多少判断其疲劳的性质和程度,症状总数越多,疲劳程度越深。

表 5-1 运动性疲劳自我感觉症状检测对照表①

精神症状	躯体症状	神经感觉症状
(1) 脑子不清醒,头昏眼花	(1) 头沉	(1) 眼睛疲劳,眼冒金星,眼无神
(2) 思想不集中厌于思考问题	(2) 头痛	(2) 眼发涩,发干
(3) 不爱动,不爱说话,表情淡漠	(3) 全身懒倦	(3) 动作不灵活,动作出错误
(4) 针扎似的疼	(4) 身体某处或全身无力、疼痛或抽筋	(4) 脚跟发软,脚步不稳
(5) 困倦	(5) 肩发酸	(5) 味觉改变,味觉厌腻

① 王健.运动人体科学概论.北京:高等教育出版社,2003.

续表 5-1

精神症状	躯体症状	神经感觉症状
(6) 精神涣散、呆滞迟钝 (7) 对事情不积极 (8) 很多事情想不起来 (9) 做事没有信心,做事出错误 (10) 对事情放心不下,事事操心 (11) 信心不足,敏感固执 (12) 孤僻,沮丧,缺乏兴趣 (13) 记忆力减退 (14) 厌烦训练 (15) 睡眠不好	(6) 呼吸困难,气短 (7) 腿无力 (8) 没有唾液,口发粘、发干 (9) 打哈欠 (10) 出冷汗 (11) 动作不协调、不精确 (12) 心悸,呼吸紊乱	(6) 眩晕 (7) 眼皮和其他肌肉跳动 (8) 听觉迟钝,耳鸣 (9) 手脚发颤 (10) 不能安静下来 (11) 恶心 (12) 食欲不振

二、身体检查

可以通过观察运动员运动训练后身体的反应对其疲劳状况进行判断,比如脸色苍白、眼神无光、表情淡漠、连打哈欠、反应迟钝、情绪改变;动作准确性、协调性、节奏性紊乱;比赛时技术发挥不好、运动成绩明显下降等。这时结合相应的一些身体指标检查将有助于对运动员疲劳程度的判断,例如血压下降、体温升高、心率加快等。

近年来,研究人员运用中医理论对优秀运动员出现的运动性疲劳症候进行调查研究,将运动性疲劳的各种症状归纳总结为三种类型,即形体疲劳、脏腑疲劳和神志疲劳。

1. *形体疲劳*

形体疲劳主要指肌肉、肌腱和韧带、骨和关节的疲劳。疲劳症状有肌肉酸痛、发紧、发硬,肌腱、韧带和肌肉压痛广泛,动作不协调、僵硬,脉搏多弦;关节处肌腱、韧带和骨疼痛,有压痛、微肿或不肿等。

2. *脏腑疲劳*

脏腑疲劳主要指大负荷运动训练或比赛后机体脏腑功能失调和下降。疲劳症状有脾胃功能失调、食积阻滞、食少腹胀、口淡无味、厌食;面色淡白、气短懒言、头晕目眩、舌淡脉弱、心悸腰酸、神疲乏力;女性月经失常等。

3. *神志疲劳*

神志疲劳主要指运动员的精神和情志的改变。疲劳症状有失眠不寐、精神不振、困倦厌训等。

三、生理生化指标检测

运动员的自我感受反映了其疲劳状况,但是主观感受到的疲倦不能够准确反映人体内疲劳状况发生的程度。通过检测运动员不同组织、器官和系统的生理功能指标以及生物化学指标的变化,能够更加精确地量化运动员的疲劳状况,有助于运动员疲劳程度的判断。

(一) 判断运动员疲劳程度的生理机能指标

1. 运动系统的指标

(1) 肌肉力量和耐力

肌肉力量和耐力下降是肌肉疲劳的主要特征,可在训练前后或次日凌晨检测肌肉力量和肌肉耐力的变化及恢复程度,由此对疲劳的程度和恢复情况进行评价。肌肉力量评价的常用检测指标是最大随意收缩力,而肌肉耐力可以通过测量定量重量负荷的持续时间或重复次数进行评价。肌肉疲劳的程度与肌肉力量和肌肉耐力下降的程度成正比。

(2) 肌肉硬度

肌肉疲劳时收缩机能下降,而且放松能力也下降,表现为肌肉不能充分放松,肌肉硬度增加。

(3) 肌电图

肌电图(Electromyography,EMG)是肌肉兴奋时所产生的电位的变化,也可反映肌肉兴奋收缩程度,运动过程中的 EMG 变化可确定神经系统和骨骼肌的机能状态,通过 EMG 可反映出肌肉是否疲劳。神经肌肉系统疲劳时,肌电图的一般特征为积分肌电值增加,肌电功率谱的高频成分减少,低频成分增加,即肌电功率谱左移。

2. 心血管系统的指标

(1) 心　率

心率是评定运动性疲劳最简易的指标,一般常用基础心率、运动后即刻心率和恢复期心率对疲劳进行评价。

基础心率是基础状态下的心率,即在清晨起床前,运动员处于清醒、静卧状态时的心率,一般用脉搏表示。身体机能正常时,基础心率相对稳定;如果大运动负荷训练后,经过一夜的休息,基础心率较平时增加 5～10 次/min 以上,则认为有疲劳累积现象。如果连续几天持续增加,则应调整运动负荷。

可采用遥测心率方法测定运动中的心率变化,或用运动后即刻心率代替运动中的心率。按照训练-适应理论,随着训练水平的提高,完成同样运动负荷时,心率有逐渐减少的趋势。通常情况下,如果完成同样强度的定量负荷运动心率增加,则表示身体机能状态不佳。

人体进行一定强度运动后,经过一段时间的休息,心率可恢复到运动前状态。身体疲劳时,心血管系统机能下降,可使运动后心率恢复时间延长。因此,可将定量负荷后的心率恢复时间作为疲劳诊断指标,如在 30 s 时间内进行 20 次深蹲的定量负荷运动。一般心率可在运动后 3 min 内恢复到运动前水平,而身体疲劳时,这一恢复时间则会明显延长。

(2) 心电图

心脏疲劳时,心电图(Electrocardiogram,ECG)会发生改变,如 T 波下降或倒置,S－T 段下移,心律不齐等。

(3) 血压体位反射

大运动负荷训练后,植物性神经系统调节机能因疲劳而下降,使血管收缩与舒张运动的调节发生障碍。血压体位反射主要是测定心血管系统的调节机能,其方法如下:

① 受试者成坐位姿势,静息 5 min,测定安静时的血压。

② 受试者仰卧并保持卧姿 3 min。

③ 测试人员推受试者背部使其恢复坐姿(不能让受试者自己坐起),立即检测血压,并每隔 30 s 检测一次,共持续 2 min。如果在 2 min 内血压完全恢复即为正常,2 min 内恢复一半以上为调节机能欠佳,2 min 内完全不能恢复为调节机能不良。

3. 感觉与神经系统指标

(1) 反应时

反应时间(Reaction Time,RT)简称反应时,又称为反应潜伏期,是指从接受刺激到机体做出反应动作所需的时间,即刺激与反应之间的时间间隔。RT 可分为简单反应时(Simple Reaction Time,SRT)和复杂反应时(Complex Reaction Time,CRT)。疲劳时 RT 明显延长,特别是 CRT 延长更明显,表明大脑皮层分析机能下降。

(2) 闪光融合频率

闪光融合是以闪烁的光作为视觉刺激,当其达到一定的频率所引起的心理效应,称为闪光融合现象。对于刚刚产生闪光融合感觉的闪光频率,叫做闪光融合频率(Flicker Fusion Frequency,FFF)。疲劳时由于视觉机能下降,FFF 也下降,故可通过测量比较运动前后 FFF 值来判断疲劳的程度。

(3) 皮肤空间阈值

疲劳时触觉机能下降,机体辨别皮肤两点最小距离的能力下降。疲劳时其阈值较安静时大 1.5 倍以上为轻度疲劳,如果大 2.0 倍以上为重度疲劳。

(4) 脑电图

脑电图(Electroencephalogram,EEG)是脑神经细胞电生理活动在大脑皮层或头皮表面的总体反映。EEG 可反映中枢神经系统机能状态,一般安静状态下慢波极少,而在运动后出现疲劳时,EEG 中慢波明显增多,表明大脑皮层抑制过程占优势。

4. 呼吸系统指标

呼吸系统指标通常可以用呼吸肌的疲劳来衡量,采用肺活量计,连续测定 5 次肺活量,每次间隔 30s。如果 5 次肺活量值连续下降,说明存在呼吸肌疲劳现象。

(二) 判断运动员疲劳程度的生化代谢物质指标

1. 血液指标

血红蛋白(Hemoglobin,Hb)俗称血色素,是红细胞中一种含铁的蛋白质。Hb 的主要生理功能是运输氧气和二氧化碳,并对酸性物质起缓冲作用,参与体内酸碱平衡调节。Hb 的含量对运动员的运动能力影响很大，对耐力运动员的专项素质尤为重要。我国普通人群 Hb 含量为男性 120～160 g/L，女性 110～140 g/L，运动员基本也处于这一范围。在训练和比赛期间，运动员的 Hb 含量受营养、运动负荷和休息等因素的影响。因此，Hb 是评定运动员机能状况最常用的指标。一般情况下，在大运动量训练初期，机体对大运动量不适应，Hb 下降，这是由于红细胞的破坏增多，Hb 的生成和破坏平衡失调造成的。一般坚持训练三周后，运动员对运动量逐渐适应，Hb 回升，有的运动员甚至出现超量恢复，这时运动员机能状况良好。如果运动员 Hb 持续下降或处于较低的水平（下降 10%～15%），则表明运动员处于疲劳状态，如果下降达到 20%或更高，则表明运动员处于过度疲劳状态，应及时补充营养，调整运动量。

2. 尿液指标

正常成年人尿中蛋白质含量极少，人体一天尿中排出蛋白质的总量在 150 mg（一般为 2～8 mg/(100 ml)）以内，采用常规方法不易检查出来，故称为尿蛋白阴性。运动会引起一些人尿液中蛋白质含量增多。这种由于运动引起蛋白质含量增多的尿，被称为运动性蛋白尿。运动后尿中蛋白质排出的数量可以作为评定运动员身体机能状况、运动负荷强度和数量的指标。运动后尿蛋白的数量与运动量有关，尤其与运动强度关系密切，同时也与运动员身体机能状况有关，因而可用尿蛋白出现的数量评定运动量，特别是评定运动强度。在运动实践中应用尿蛋白指标可以评定一次训练课的负荷量，也可以评定身体机能状况及恢复情况。一般采集运动后约 15 min 的尿液观察运动后的变化，以评定运动负荷的大小或机能状况，运动后 4 h 或次日晨取尿，观察疲劳及恢复状况。运动员运动后比原来负荷后的尿蛋白含量突然增加 3～4 倍，但相对恢复较快，在运动后 4 h 左右，是运动员疲劳的表现；如果运动员的尿蛋白连续几天在训练后增加 3～4 倍，晨安静时连续几天处于较高水平或持续升高，则表明运动员过度疲劳。但是，尿蛋白的个体差异较大，因此在使用该指标判断运动员疲劳程度时更适合运动员的自身前后对照。

3. 内分泌系统指标

（1）血清睾酮

睾酮是人类三种主要的分泌型雄性激素中活性最高的一个。睾丸组织分泌睾酮的功能受下丘脑和脑垂体（腺垂体）分泌的激素调节和控制。雄性激素的生物学功能广泛，主要是促进副性器官的发育，并调节性腺机能，此外还能促进组织摄取氨基酸、核酸和蛋白质的合成、肌肉和骨骼的生长及磷酸肌酸的合成，刺激促红细胞生成素的分泌，增加肌糖原储备，维持雄性攻击意识等。运动训练对人体形态和机能产生刺激作用，人体逐渐适应而出现运动能力提高的过程中，雄性激素起着重要的作用，因此测定运动员血清睾酮值有重要的意义。一般来说，运动员身体机能状况良好时，血清睾酮处于较高的水平，机体的合成代谢旺盛，能够迅速恢复，可以继续大强度的运动训练，以获得更好的训练效果。当运动员血清睾酮持续出现明显下降时，如较正常水平下降 15%～20%，则是运动性疲劳的表现，如果运动员晨安静时血清睾酮水平下降 25%～30%，则说明运动员处于过度疲劳状态，这时应该考虑运动员有血清睾酮相对不足和下丘脑-垂体-性腺轴功能下降的可能。由于血清睾酮水平的个体差异较大,因此仅用某一次血清睾酮检测结果来评价运动员血清睾酮水平是不全面的,应该注意积累资料进行纵向的对比研究。

(2) 血清皮质醇

皮质醇是由肾上腺皮质分泌的一种糖皮质激素,在垂体产生的ACTH(促肾上腺皮质激素)的作用下,在肾上腺皮质细胞线粒体内合成。皮质醇的生物学功能是参与物质代谢,维持机体糖代谢的正常进行,保持血糖浓度的相对稳定,促进肝外组织蛋白质的分解,抑制氨基酸进入肝外组织,使血液中氨基酸含量上升,加强糖异生作用,促进四肢的脂肪组织氧化分解。由此可见,皮质醇是一种促进机体分解代谢的重要激素。在运动训练中,血清皮质醇是代表机体分解代谢快慢的指标。一般认为,当运动员运动后血清皮质醇仍然保持较高的水平,如持续升高20%左右,就会导致机体分解代谢过于旺盛,将导致疲劳。有人认为血清皮质醇的变化往往是一过性的,而且变化幅度很大,因此一般不单独使用皮质醇指标,多与血清睾酮等其他指标共同使用,说明运动员的机能状况。

(3) 血清睾酮/血清皮质醇

在运动训练实践中,可以定期检测运动员安静状况时血清睾酮与血清皮质醇的比值,用于监控运动员的机能状况。可以在阶段性训练前检测晨起数值,作为监控的基础值;然后,在阶段性训练过程中根据实际需要定期检测晨起数值,与基础数值进行比较,反映运动员机体总的合成代谢与分解代谢的平衡状况。如果血清睾酮/血清皮质醇的值出现大幅度下降,则有可能是运动员体内的分解代谢大于合成代谢,将会导致运动员疲劳状况的出现,需要对运动员加强营养补充,调整训练负荷,促进恢复,避免过度疲劳的出现。有芬兰学者认为,当血清睾酮/血清皮质醇的值持续下降,并且下降超过了30%,或者此比值小于0.35×10^{-3},则可以诊断为过度疲劳。我国学者的研究认为,血清睾酮/血清皮质醇的值下降25%是运动性疲劳的表现,下降30%或者持续下降为过度疲劳。由于运动员血清睾酮和皮质醇水平受多种因素的影响,因此在运动训练实践中常结合其他反映运动性疲劳或过度疲劳的指标来共同判断运动员的机能状况。

4. 代谢产物

(1) 血乳酸

乳酸是人体代谢供能体系中的一个重要的中间产物,它既是糖酵解代谢的底物,又是有氧代谢的底物,同时它还可以经糖异生作用转变为葡萄糖。因此,运动时人体内乳酸生成和消除的代谢变化,成为了解运动时能量代谢特点、掌握运动强度的重要指标。运动时,骨骼肌是产生乳酸的主要场所,乳酸透过骨骼肌细胞膜进入血液形成血乳酸。在正常情况下,血液中乳酸的生成与消除处于动态平衡之中,血乳酸浓度为1~2 mmol/L。运动员血乳酸安静数值与正常人无差异,但是在比赛前情绪紧张时,运动员血乳酸安静数值可能升高达到3 mmol/L左右。运动时血乳酸浓度的变化与运动强度有关。短时间剧烈运动时,如1~3 min的全力跑后，血乳酸浓度可达到 15 mmol/L 以上；在长时间耐力运动后，血乳酸浓度上升较少。训练水平、运动员的身体机能状况可以影响运动后血乳酸浓度。速度耐力性运动项目的高水平运动员，运动成绩好，同时血乳酸最大浓度数值也高；耐力性运动项目的运动员，在完成相同的运动负荷后，优秀运动员血乳酸数值较低。如果运动员血乳酸安静数值超过正常值范围，而运动时的最大血乳酸数值下降则是疲劳的表现。

（2）血尿素

尿素是人体内蛋白质和氨基酸分解代谢的终产物。正常情况下，人体内尿素的生成和排泄处于平衡状态，使血液尿素水平保持相对稳定。运动时，特别是长时间大强度运动时骨骼肌中能量代谢平衡遭到破坏，蛋白质和氨基酸分解代谢加强，尿素生成增多，使血液中尿素含量增高。机体对运动负荷的适应性越差，运动过程中机体内蛋白质和氨基酸分解越多，尿素生成就越多。因此，血尿素可作为反映机体疲劳程度和评定机能状况的重要指标。一般在一次训练课后次日晨，运动员血尿素安静值在 8.0 mmol/L 以上是疲劳的表现；如果持续几天晨安静值超过 8.0 mmol/L 或持续升高则表明过度疲劳。

5. 其　他

由于剧烈运动时间过长，乳酸生成增多，血液 pH 下降，使唾液 pH 也下降。因此，测定唾液 pH 可用于判断运动性疲劳。测试方法为让受试者将口腔中的唾液消除掉，然后使新产生的唾液沿口唇流出。用镊子把测试唾液 pH 的试纸贴在舌尖，待其充分吸湿后取出，立即与比色表对照。运动后唾液 pH 降低，表示机体疲劳。

四、心理学指标检测

“心理疲劳”这一词最早出现于 20 世纪 70 年代美国的一篇小说中，用来形容服务行业工作者厌倦工作后出现的种种表现。后来被美国心理学家 Feudenberger 引入心理学来描述心理健康保健领域中工作人员在压力下的反应。由于影响心理疲劳产生的因素很多，目前也没有心理疲劳的公认概念。扬州大学体育学院教授颜军将运动性心理疲劳定义为由于运动员长期集中于重复性的单调且大强度训练和比赛情况下所造成的一种心理不安和疲劳感。北京体育大学刘方琳等人将心理疲劳在性质上做了两种划分：“真性”心理疲劳和“假性”心理疲劳。认为“真性”心理疲劳是伴随着由于过度训练引起的生理疲劳而出现的，是一种真实的心理上的疲劳感和无力感。“假性”心理疲劳主要是由生理疲劳以外的其他因素造成，包括常规训练竞赛因素和常规训练竞赛以外的因素。日本学者中西光雄认为心理疲劳是由于进行工作（运动）使工作效率降低，出现疲劳感觉及身心功能处于降低状态的现象。医学心理学研究表明，心理疲劳是由于长期的精神紧张、压力、反复的心理刺激及恶劣的情绪作用逐渐形成的。

从以上对心理疲劳的解释来看，心理疲劳不仅仅是由身体能量的消耗引起的，也是人主观体验的一种倦怠。长期的定式作用势必造成体育锻炼的紧张程度较大，练习方式的简单重复也易造成心理上的厌倦和疲乏，最终发展成心理疲劳。

如何通过分析运动性心理疲劳的表现症状，选择比较灵敏、客观的指标来判断运动性心理疲劳将对科学合理地指导运动训练和比赛产生很大的效益。目前，评定心理疲劳的指标和方法很多，大致可归纳为三类：观察评定、主观感觉评定和客观指标评定。

(一) 观察评定

所谓观察评定主要是指在训练过程中教练员(或队医)注意观察运动员的各种表现，从而合理地安排和调整训练内容与训练负荷的评定方法。有研究指出，当运动员在训练中表现出反应迟钝、注意涣散、精神恍惚、情绪烦躁、思维混乱、不可名状的恼怒和沮丧、肌肉松弛、肌群协调不良、动作缓慢不活泼，均可能是心理疲劳的表现。观察评定是一种在实际运动训练中容易操作的方法，但也存在问题，其评定的尺度很难掌握。其次，有的研究人员容易将运动量、运动负荷、运动强度、运动数量等概念混用，可能对心理疲劳现象的观察造成不正确的评定。

(二) 主观感觉评定

1. 主观体力感觉等级量表

主观体力感觉等级(Rating of Perceived Exertion，RPE)是瑞典心理学家Borg于20世纪70年代创立，根据运动时的中枢疲劳和外周疲劳信号综合制定。作为判断运动负荷和疲劳程度的一项指标，它已被世界各地广泛应用。国外许多报道已证实，RPE是推测运动强度和医务监督的有效方法，同时也是介于心理学和生理学之间的一种指标。严格地说，RPE的表现形式是心理的，但反映的却是生理机能的变化。欧美生理学家将RPE指标与一些生理指标变化同时检测并综合分析。Borg的RPE等级量度分别为6根本不费力；7～8非常轻松；9很轻松；10～12还算轻松；13～14稍累；15～16累；17～18非常累；19非常非常累；20精疲力竭，见表5-2。6～20的运动负荷相当于心率60～200次/min的运动强度。1982年，Borg又提出一个新量表——12级RPE量表(见表5-3)，更适合无氧运动或缺氧时自觉反应的需要。

2. POMS心境量表

主观感觉评定主要是运用一些心理量表。国内外的研究者通过大量的研究指出，POMS量表是监控运动员心理疲劳较好的情绪变化指标。心理状态剖面(Profile of Mood States，POMS)是由美国心理学家McNair等人于1971年编制而成的一种情绪状态评定量表，它包括6个分量表(紧张、压抑、愤怒、精力、疲劳和慌乱)。澳大利亚心理学家Grove等人在1992年出版的第2期《国际运动心理学杂志》上发表了他们新发展的简式POMS问卷，其中增加了“与自尊心有关的情绪”这一分量表，共7个分量表。情绪状态总估价(Total Mood Disturbance Score，TMD)的计算公式是：5种消极情绪(紧张、愤怒、疲劳、慌乱、压抑)的总分数减去2种积极情绪(精力、自尊)的总分数，加上一个常数(100)，最后得出TMD分数。TMD分数越高，表明有更消极的情绪状态，即心情更为纷乱、烦闷和失调。但是未见学者将心境总积分值与疲劳程度对应趋势做深入研究。

表 5-2 15 级 RPE 量表

自我感觉	等 级
根本不费力	6
非常轻松	7
	8
很轻松	9
还算轻松	10
	11
	12
稍累	13
	14
累	15
	16
非常累	17
	18
非常非常累	19
精疲力竭	20

表 5-3 12 级 RPE 量表

自我感觉	等 级
没有感觉	0
非常非常轻松	0.5
非常轻松	1
轻松	2
适度	3
有些累	4
累	5
非常累	6
	7
	8
非常非常累	9
精疲力竭	10

（三）客观指标评定

RT 是评价人类活动的一个重要变量，是心理生理学实验中最普遍采用的心理活动指标之一。它可以测定大脑皮层的兴奋和抑制功能，分析人的感觉、注意、思维、个性差别等各种心理活动。

有研究者指出脑电的波形可较明显地反映出心理疲劳时反应迟钝、判断失误、注意力不集中、厌倦训练，并伴有神经系统症状。

计算机化的内隐认知实验是监测心理疲劳的新设想。有研究者利用计算机化的内隐认知实验对人的身体自我观念进行了有益的探讨，研究首次发现：第一，采用受试者身体图片作为刺激，可以对受试者的身体自我观念做出评定；第二，计算机实验评定出的内隐身体自我观念与自陈量表评定出的外显自我观念具有中等程度的负相关，说明两者测量的是不同观念；第三，内隐身体自我观念对生活满意感有一定的预测能力，说明这一观念具有一定效度。

由于目前的技术、资料和经验的限制，运用 EEG、计算机实验进行一次性测试的评价价值有限，测试与分析技术复杂，还有待进一步探索；RT 的测定结果容易受到被试者配合程度的影响。总的来说，哪种或哪些方法检测心理疲劳更为可靠和有效，仍有待探索。但不论采用哪种方式检测心理疲劳，有两个原则是必须遵循的：第一，检测应该是长期进行的；第二，评定主要是个人化的，也就是说，对测试结果的评定应以自身对照为主。

第二节 常见运动性疾病

运动性疾病是指机体对运动过量或缺乏,不适应或训练安排不当,引起机体内环境紊乱或原有的内环境紊乱加剧,发生身体机能异常或疾病,甚至生命活动障碍而出现的症状和体征。

一、过度训练

(一)概 念

我国学者认为,过度训练是运动负荷与机体机能不相适应,以至疲劳连续积累而造成的一系列功能紊乱或病理状态。过度训练在各个运动项目的训练中都可见到,更多见于力量、速度、耐力素质的训练中。过度训练的发生与以下因素有关。

(1) 连续大运动量训练,缺乏必要的间隙。

(2) 运动量增加过快。

(3) 伤病后训练开始过早和(或)训练量过大。

(4) 缺乏全面训练基础。

(5) 生活制度的破坏。

(二)症 状

1. 神经精神症状

神经精神症状有睡眠障碍(失眠、多梦、易惊醒等)、头痛、头晕、无训练欲望、心情烦躁、易激怒、记忆力下降等。

2. 心血管系统症状

心血管系统症状有运动员诉说心悸、心慌、胸闷、气短、心前区不适、心律不齐等。可出现晨脉加快,运动后心率恢复慢。血压的变化与运动项目有关,一般项目运动员的血压未见明显变动,而举重、投掷等力量性项目运动员安静状态和运动负荷后血压常明显偏高。

3. 消化系统症状

消化系统可出现食欲下降、恶心、呕吐、肝区疼痛等症状,严重时可出现胃肠道功能紊乱。个别运动员可出现上消化道和(或)下消化道出血症状。

4. 运动成绩和体重下降

个人项目中运动成绩下降比较明显,负荷能力下降,尤其是最大负荷能力和最大乳酸水平下降明显。集体项目运动员常表现为反应迟钝、动作不灵活和协调能力下降等。

5. 运动系统

运动系统的症状常表现为肌肉持续酸痛、压痛、肌肉僵硬,易出现肌肉痉挛、肌肉微细损伤等。当下肢过度训练时可出现过度使用症状——表现为疲劳性骨膜炎、小腿间隔综合征、张力性骨折、跟腱及髌腱周围炎等。

6. 全身和其他系统症状

过度训练的运动员常诉说全身乏力、体重下降，易发生感冒、腹泻、低热、运动后蛋白尿、运动性血尿、运动性头痛等，甚至易患肝炎等传染病。

上述症状的轻重常与运动量大小，特别是运动强度的大小有密切关系。开始时仅在大运动量训练后出现，若未及时采取措施，则症状逐渐加重，在中、小运动量训练后也可出现。

(三) 诊　断

过度训练的诊断指标主要有以下几个：

1. 体　重

成年运动员在大运动量训练后，体重持续下降(休息、进食后不恢复)超过正常体重的1/30(人工减重除外)是诊断过度训练的重要依据之一。

2. 心血管系统

安静时心率较正常时明显增加。一般认为心率较平时增加 12 次/min 以上应该引起注意。过度训练的运动员心电图可能出现 ST－T 改变(ST 段明显下降超过 0.075MV 被认为是诊断过度疲劳的重要参考指标)及各种心律不齐，如室性早搏、阵发性心动过速以及各种传导异常等心电图变化。过度训练的运动员可能出现贫血，但有时只表现为血色素水平较平时降低，但并未达到贫血的标准。此外，在血液检查时还发现运动员白细胞计数减少，特别是淋巴细胞减少，免疫机能低下，抵抗力低下，容易感染各种疾病。

3. 呼吸系统

主要表现为 VO_{2max}下降。

4. 泌尿系统

表现为尿蛋白阳性，有时可出现血红蛋白尿或血尿。

5. 消化系统

消化系统过度训练的运动员在运动时可出现右侧肋部痛，有时会出现个别运动员肝脏肿大，但是肝功能一般正常。

6. 内分泌系统

女性运动员可出现月经紊乱，严重时出现闭经。由于应激引起的皮质醇升高，而促性腺激素抑制，导致睾酮/皮质醇升高。而促性腺激素抑制导致的睾酮和皮质醇的比值的变化是过度训练的敏感指标。睾酮/皮质醇比值为 0.03 或者更小则可以确定为过度训练，但还应该根据其他临床表现来判断。

7. 免疫系统

过度训练同样也会影响机体的免疫系统，使运动员易受感染，内分泌系统也会出现应激反应。早期出现肾上腺素、去甲肾上腺素和肾上腺皮质激素的升高，继而使这些激素的水平下降。

除上述症状外，还可出现讨厌或害怕专项训练，见到专项训练场就出现恶心、呕吐等症状。

进行体检时,在过度训练的不同阶段,有时候可以看见心电图上心肌缺血性改变,心脏急性扩大、心肺功能下降、贫血、胃肠功能紊乱等现象,因此过度训练不等同于过度疲劳。

(四)预防措施

1. 合理安排训练负荷

制订训练计划一定要考虑运动员机体的可接受性和个体的特点,恰当规定训练任务,尽可能地安排轻松有趣的训练内容,采用多种多样的训练方法和手段。

2. 加强训练中的机能评定

在训练中密切运动员、教练员、医务人员之间的联系与合作,运用医务监督手段督导运动员的训练过程,在大强度训练中做好运动员的机能评定,运动员必须详细记录对每次训练的主观感觉。另外还可通过对各种生化指标的定期检测来分析判定运动员负荷的适宜程度,预防运动损伤事故的发生。

3. 培养运动员自我诊断的能力

运动员通过长期的运动训练能摸索出一套自我控制的方法,因为他们常常处于训练最佳状态与过度疲劳的边缘。自我控制能力也就是自我诊断的能力能及时地感知过度训练的早期信号,并及时采取措施,有效地预防过度训练。

4. 避免过度训练

在训练方面要特别注意避免容易引起过度训练的高危险训练模式,包括没有充分恢复的连续比赛,或在一系列比赛之间没有足够的恢复时间;突然增加训练量或训练强度,而不循序渐进;使用单一的训练模式,导致某一肌群或某一能量系统的疲劳延续;生活中的应激因素增加,如睡眠不足,营养不良等。

5. 加速疲劳的消除

促进疲劳消除的措施有生理学的、物理学的、药物的、心理的等。常用的措施有营养物质的补充,包括蛋白质、维生素和微量元素等的补充;保证足够的睡眠和休息,宜采用各种积极性休息的措施来消除精神的和体力的紧张(放松性旅游、听轻音乐、温水浴、桑拿浴、按摩等)。

(五)治　疗

治疗基本上围绕四个方面进行:

(1) 消除病因。

(2) 调整训练内容和(或)改变训练方法。

(3) 加强各种恢复措施。

(4) 对症治疗。

多数过度训练的运动员经过治疗后可以恢复健康。

二、过度紧张

过度紧张是指运动员在训练或比赛时,体力和心理负荷超过了机体的潜力而发生的生理紊乱或病理现象。它在一次剧烈训练或比赛后立即出现或几次训练或比赛后发生。一般过度紧张多发生在训练水平低、经验较少的新手身上，也可发生在因伤病中断训练较长时间后重新恢复训练的运动员身上，有时也发生在受激烈精神刺激后的高水平运动员身上。

(一) 过度紧张的类型

过度紧张的类型较多，轻重程度差异很大，可涉及某一系统或几个系统。

1. 单纯虚脱型

这一类型比较多见，多发生于短跑和中长跑运动员。在剧烈训练、尤其比赛后即刻，赛跑者出现头晕、面色苍白、恶心、呕吐、大汗淋漓等现象。轻者卧位休息片刻后就会逐渐好转，重者被迫卧床休息1～2天才能缓解。多数发生者神志清醒，能回答询问。

对单纯虚脱型的处理主要是卧位休息、保温，可饮用热水或咖啡。较重者可吸氧、静脉推注葡萄糖等，以加速恢复。这一类型多见于训练水平不高或已间歇训练一段时间突然参加比赛的运动员。预防单纯虚脱的关键是要遵守循序渐进的训练原则。

2. 昏厥型

昏厥型表现为在运动中或运动后突然出现一过性的意识障碍。清醒后诉说全身无力、头痛、头晕，可伴有心、肺、脑功能降低的症状。常见的昏厥有以下三种情况：

① 举重时昏厥。做大重量挺举时，由于胸腔及肺内压突然剧增，造成回心血量减少，致使心脏排血量锐减，造成短暂的脑供血不足，可见到持续20～30 s的昏厥状态。

② 重力性休克。多见于径赛运动员，尤其多见于短跑、中跑运动员，有时自行车和竞走运动员也可见到。运动员在进行运动时，四肢血管大量扩张，循环血量比安静时增加很多倍。这时依靠肌肉有节奏的收缩和舒张以及胸廓的吸引作用，血液可以正常向心脏回流。当运动者突然停止运动时，下肢肌肉对血管的收缩作用突然停止，出现血液淤滞在下肢，造成循环血量明显减少，血压下降，心跳加快而心搏量减少，使中枢神经血液供应减少，出现脑缺血而造成昏厥。

③ 强烈刺激后引起昏厥。这种情况经常发生在参加重大国际性比赛的高水平运动员身上。其表现为紧张剧烈的比赛后运动员突然意识丧失。有的运动员在剧烈比赛后，在直立位下可发生一过性虚脱或昏厥。这是由于强烈的神经反射使血管紧张性降低引起急性广泛性的周围小血管扩张、血压下降，从而导致脑部血液循环不足而引起昏厥。一般在受到强烈刺激发生昏厥后，可让运动员平卧休息，头可稍低，迅速进行初步的检查(脉搏、血压、体温、心电图等)，排除可能的外伤后，应给予吸氧、静脉注射高张葡萄糖40～60 ml、注意保暖、迅速运送到附近医院做进一步处理等措施。

3. 脑血管痉挛型

脑血管痉挛型表现为运动员在运动中或运动后即刻出现一侧肢体麻木，动作不灵活，常伴有剧烈的头痛、恶心和呕吐。

4. 急性胃肠道综合征

详细内容见第209页“六、运动性胃肠道综合征”。

5. 急性心功能不全和心肌损伤

急性心功能不全和心肌损伤表现为运动后出现呼吸困难、憋气、胸痛、心跳加速或节律不齐、血压降低等症状。运动后出现急性心功能不全和心肌损伤的表现较多,有的可出现急性心力衰竭,有的为心肌梗塞,较轻者可出现心肌缺血、心肌轻度损害。有的急性心功能不全和心肌损伤的发生是运动直接所致,有的是在原有心脏病(风湿性心脏病、病毒性心肌炎、肥厚性心肌病、马凡综合征、冠状动脉先天发育畸形等)的基础上发生的。

对运动后出现急性心功能不全者,在现场应给予吸氧、心脏起搏等急救处理后,立即送往医院进一步抢救。

(二) 过度紧张的预防

(1) 做好运动员的身体检查,在运动员集训前或参加激烈比赛前,应进行全面深入的体格检查,以排除各种潜在性疾病,如心血管系统、消化系统等。

(2) 严格遵守循序渐进的训练原则,避免缺乏训练或训练不够者参加训练和比赛,对因故中止的训练者,恢复训练时要从小运动量开始,逐步增加训练强度。

(3) 加强训练时的医学观察,尤其对新运动员和少儿运动员,要注意他们在训练场上的反应,及时调整运动量。对年老运动员的运动训练要重视个别对待,应坚持健身原则,不应过分追求比赛分数和成绩。

三、运动性猝死

世界卫生组织规定,未能预期的、非创伤的、非自杀性的,从症状或体征出现后6～24 h内的死亡称猝死,30 s内称即刻死亡。运动性猝死是指运动中或运动后6 h内发生的非创伤性突然死亡。有报道,足球、橄榄球、曲棍球、篮球、举重和体操运动员在训练和比赛中发生猝死的。

(一) 运动性猝死的机理

运动性猝死病例中绝大多数都有器质性疾病存在,其中以心血管疾病最为常见,约占70%～80%,其次为脑血管疾病、中暑和药物滥用等。在此重点介绍运动员心脏猝死。运动诱发原有心血管疾病的病情突然加重,使心脏不能搏出血液而发生猝死,一般见于三种情形。

① 严重心律失常。室性心动过速、心室扑动、室颤和室性停搏引起心室收缩快而无力甚至心室完全失去收缩能力。

② 急性左心泵衰竭。心肌斑片状坏死或纤维化减少心输出量,发生休克。

③ 心脏动脉瘤的破裂。

常见的易致猝死的器质性疾病有冠心病、心肌病、心肌炎、心脏畸形(如心尖动脉瘤和三尖瓣低位)、风湿性心脏病、脑溢血、蛛网膜下腔出血、急性胰腺炎等。

有时运动性猝死也见于心脏无器质性病变的“健康人”中,这是由于神经源性心脏停搏所致。强烈的运动性应激原引起机体植物神经功能严重紊乱，促使肾上腺素能和胆碱神经介质大量释放，同时激发心脏抑制-血管扩张反射，从而损伤心脏搏动和血管舒缩活动，发生猝死。

（二）运动性猝死的诊断

(1) 有运动过量史。

(2) 运动中或运动后 24 h 内有胸骨后或心前区与呼吸运动无关的持续性疼痛，常向颈部、臂或上腹放射；脉搏细弱、血压降低、心率快、心音低、心律不齐、奔马律、休克、心力衰竭；偏瘫、昏迷；神志突然丧失、大动脉搏动消失、心音消失、呼吸停止、发绀和瞳孔固定散大。

(3) 运动中或运动后数秒、数分钟内来不及出现症状就发生猝死。

（三）运动性猝死的预防

(1) 运动前进行严格的身体检查，排查可致猝死的器质性疾病患者，特别是冠心病人。

(2) 运动训练安排要遵循系统性、全面身体训练和专项运动训练相结合、区别对待等原则。训练要适合不同年龄、性别的解剖生理特点。

(3) 密切注意猝死的先兆症状。

① 神态或动作的改变。瞬间凝视、短暂意识丧失、呼吸突然减慢、双手紧握拳而凝视。

② 心绞痛顽固而严重。

③ 心律失常。心跳极度缓慢，30～50 次/min 或伴有血压降低；室性早搏大于 5～6 次/min，或呈二、三联律。

④ 备用预防猝死的药物，如心得舒、阿司匹林、生脉散等。

（四）运动员 Marfan 氏综合征

Marfan 氏综合征是近年来备受运动医学界关注的先天性心脏病，也是运动性猝死的主要原因之一，多发生于身材高大的运动员，在运动实践中应予重点排查，防患于未然。

Marfan 氏综合征又名蜘蛛指(趾)综合征，属于一种先天性、遗传性结缔组织病，为常染色体显性遗传，有家族史，病变主要累及中胚叶的骨骼、心脏、肌肉、韧带和结缔组织。骨骼畸形最常见，全身管状骨细长、手指、脚趾细长，呈蜘蛛脚样外观。心脏二尖瓣关闭不全或脱垂，主动脉瓣关闭不全。眼晶状体脱位和半脱位，视网膜剥离等。血管方面表现为大动脉中层弹力纤维发育不良，主动脉或腹主动脉扩张，形成主动脉瘤或腹主动脉瘤。主动脉扩张到一定程度以后，可能造成主动脉破裂死亡。发病率约 0.04%～0.1%。

Marfan 氏综合征诊断标准：

① 家族史。家族中有肯定的 Marfan 氏综合征患者，分析家谱时应符合常染色体显性遗传规律。

② 眼部病变。晶体韧带松弛，晶状体脱位或半脱位，高度近视、视网膜剥离等。

③ 心血管病变。主动脉根部增宽，升、降主动脉扩张或发生主动脉夹层动脉瘤，主动脉关闭不全及二尖瓣脱垂等。

④ 骨骼异常。蜘蛛样指(趾)，脊柱侧凸、后凸、鸡胸、硬脊膜膨出等。

凡符合上述四项标准中的两项或两项以上者,方可诊断为 Marfan 氏综合征。

Marfan 氏综合征患者主动脉根部中层薄弱,不能承受动脉内高压力负荷和大运动量训练,故怀疑 Marfan 氏综合征的运动员应做常规动态血压监测、胸部纵膈影像学监测、超声心动监测、心脏大血管核磁检查,以便确诊,并决定下一步治疗方案。

四、运动员贫血

(一) 运动员贫血的原因

目前,多数学者认为运动员贫血与下述因素有密切关系:

1. 血浆稀释引起的相对性贫血

一些耐力项目运动员经训练后血浆容量增加,这被认为是机体对训练的适应性反应。通过血容量增加,剧烈运动使心搏出量和最大心排血量增多,有利于周围组织氧的运送和释放。另外,血容量的增加和血球压积的适当下降可使血液黏稠度降低,从而减少外周阻力,有利于周围组织的血液灌流。由于血浆容量的增加与血红蛋白的增加不成比例,即血浆容积的增加大于血红蛋白总量的增加,出现相对的血液稀释状态,其表现为血红蛋白浓度偏低,测试结果显示贫血。

2. 血红蛋白合成减少

运动员血红蛋白生成和(或)红细胞合成减少或速度减慢可导致贫血的发生。血红蛋白合成需要足够量的铁、蛋白质、维生素 B_{12} 和叶酸等。运动员进行大运动量训练时,对蛋白质、铁等营养物质的需求量随之增加。如果其营养摄入量仅达到一般需要量(某些运动员(体操、舞蹈)还要限制饮食摄入量),而未增加额外的补充量,就更易出现造血原料不足,血红蛋白合成减少的情况。研究表明,运动员是发生缺铁的高危人群,缺铁性贫血对依靠有氧供能的运动员运动能力的影响是明显的。

3. 运动引起溶血和红细胞破坏增加

运动时由于肌肉的极度收缩、挤压或牵伸造成相应部位微细血管的淤血或红细胞破坏增多,从而造成血红蛋白、血细胞比容下降。

(二) 影响运动员贫血的因素

① 运动项目。田径,特别是长距离跑运动员、马拉松运动员发生贫血的百分率大大高于其他项目。

② 加大运动量训练。当运动员进入冬训加大运动 1～2 个月后,多数人的血红蛋白浓度下降。

③ 营养补充对贫血的影响。补充营养的运动员的血红蛋白浓度下降减少。

④ 训练状态的影响。运动员在训练状态下降时,血红蛋白浓度偏低。

(三) 运动员贫血的临床症状

运动员贫血症状的轻重取决于贫血发生的速度、贫血的原因和血红蛋白浓度降低的程度。

当运动员患轻度贫血时，安静状态和中小训练量时不出现症状或症状很不明显，仅在大运动量训练时才出现某些症状；中度和重度贫血时，由于血红蛋白明显下降，可出现一系列症状，主要表现为：

（1）心肺系统：血红蛋白水平降低，机体出现一些代偿现象，如心悸、心慌、呼吸急促，活动后更为明显。

（2）神经系统：可出现头痛、头晕、失眠、反应能力降低等。

（3）内分泌系统：女运动员可出现月经紊乱（稀少、周期缩短或经量过多）或闭经。

（4）体征：轻度贫血体征不明显；中、重度贫血可出现皮肤和黏膜苍白，心率加快、心尖部出现收缩期吹风样杂音，较重者可出现肢体浮肿、心脏扩大等体征。

（四）运动员贫血的诊断

（1）运动员贫血是剧烈运动初期（1～3 周）产生的一种暂时性贫血，多见于耐力训练中，是一种血浆稀释引起的相对性贫血。

（2）在运动员中长期慢性贫血中，缺铁性贫血为最常见的一种类型，此种贫血具有缺铁性贫血的各种特征。

（3）女运动员、少儿运动员和成年运动员贫血的发生率较高。贫血运动员运动时易出现心悸、气短、头晕、无力等症状。症状的轻重与贫血的严重程度呈正比。

（4）贫血运动员的最大有氧能力、耐力下降。

（5）特殊检查可排除血液系统和肝、肾、胃肠道器质性病变。

（6）一般评定贫血的最简易指标为血红蛋白（Hb），国内诊断成人运动员贫血的标准为：女性为血液中 Hb 含量＜105 g/L，男性为血液中 Hb 含量＜ 120 g/L，14 岁以下儿童少年为血液中 Hb 含量＜120 g/L。

（五）预防和治疗

1．预防措施

运动员应服用营养平衡的膳食，包括充足的蛋白质、铁、维生素 C、B_{12} 和叶酸。对铁蛋白低者（小于 30 g/ml）应预防性补充铁，为防止过多补铁的不良作用，故不应超过 10 mg。处于正铁平衡或无缺铁贫血的男运动员不宜采用预防性补铁。对铁储备耗尽者（铁蛋白小于 12 mg/ml），补铁应大于 18 mg。

定期监测运动员 Hb 和血清铁蛋由，做到早期发现，早期预防。

适当加强运动员中贫血易感人群的全面营养，这里的易感人群主要指进行大运动量训练者、减体重者、月经量多者、少儿运动员和耐力项目运动员。

2．治疗措施

采用传统的治疗贫血方法——饮食治疗，尤其要补充铁、蛋白质、造血原料，对有明显缺铁性贫血的运动员更应进行及时和积极的治疗，避免运动员在长期贫血下进行运动训练，否则会带来不良后果。

① 合理安排运动训练。当女运动员的 Hb 低于 90 mg/L 时,应停止中等和大强度训练,以治疗为主,待 Hb 上升后,再逐渐恢复运动强度;当 Hb 在 90～110 mg/L 时,可边治疗边训练,但在训练中减少训练强度,避免长距离跑等;对重度贫血应以休息和治疗为主。

② 药物治疗。西药常用硫酸亚铁、富血铁等。中药治疗易辨证施治,常见的运动员贫血是心脾两虚和气虚型。

五、运动性血尿

健康人在运动后出现一过性的血尿,虽经详细检查但找不到其他原因的,这类血尿称为运动性血尿。运动性血尿仅为运动后血尿的一部分。血尿可表现为镜下血尿和肉眼血尿。由于镜下血尿易被忽略,因此以肉眼血尿求诊者较多见。

(一)影响因素

(1) 运动项目。各项运动都可以见到运动性血尿。

(2) 负荷量和训练强度。运动性血尿的发生与身体负荷量和(或)训练强度的加大、过快有直接关系。所以运动性血尿多见于运动新手突然加大负荷量、训练强度后以及运动比赛季节和冬训开始阶段。对诱发运动性血尿来说,训练强度过大比运动持续时间过长更为重要。身体局部负担过大,如腰部动作过多、跳跃训练(蛙跳、蹲跳、向上跳、单足跳等)量过大和大强度的长跑是运动性血尿的重要诱因。

(3) 身体适应能力。有时运动员完成的负荷量并不大,但因身体适应能力下降,完成原先的负荷量后就易诱发血尿,所以有的学者强调,运动性血尿可能为运动员发生过度训练的一个症状。

(4) 外界环境因素。在寒冷(冬泳后)和高原条件下训练运动员易出现血尿,其确切原因尚待阐明,可能与寒冷、低氧环境对身体肾脏的刺激有关。

(二)运动性血尿的发生原因和机理

运动性血尿的发生原因和机理还未完全清楚。多数学者认为其发生原因主要与下列因素有关。

1. 外 伤

运动时肾脏受打击、挤压或牵扯都可造成肾组织或血管的微细外伤。这时出现血尿较多见。膀胱壁外伤假说仅适用于发生运动性血尿的部分运动员身上。这一说法完全不适用于女子,因为她们的膀胱解剖关系是与男子不同的。

2. 肾血管收缩造成的缺血

运动时全身血液的重新分配,肾上腺素和去甲肾上腺素分泌量的增多,造成肾血流量减少,肾血管收缩,发生肾脏部位的缺血、缺氧和血管壁的营养障碍,出现红细胞外溢,形成运动性血尿。

3. 肾脏位置的下移

长跑运动员由于肾周围脂肪较少，在直立位下连续长时间的蹬地动作，使肾脏的位置下移，肾静脉与下腔静脉之间的角度变锐，可发生两静脉交叉处的扭曲，引起肾静脉压增加，造成红细胞漏出，出现运动性血尿。当运动员跳跃较多时，尤其是在踏跳力量大，同时腰部猛烈的屈曲和伸展动作时，易造成肾脏或肾脏部位组织、血管的挤压、牵扯或扭曲，甚至损伤。这几方面的综合因素引起运动性血尿。

（三）诊　断

有人提出运动性血尿的六个临床特点：

（1）正在训练的运动员或健康人在运动后骤然出现血尿，其明显程度多数与负荷量大小有密切关系。

（2）除血尿症状外，不伴随全身或局部特异性症状和体征。

（3）男运动员多见，尤以跑、跳和球类运动员多见。

（4）各项肾功能检查、血液检查和 X 射线检查均正常。

（5）绝大多数人（约 95%）的血尿持续时间不超过 3 天。

（6）血尿可在多年内反复出现，但一般预后良好。

（四）预防和治疗

（1）遵守运动训练的科学原则，负荷量和训练强度要循序渐进，避免骤然加大负荷量和训练强度，做好全身和腰部的充分准备活动。

（2）合理安排训练和比赛时的饮水方案，在剧烈训练和比赛过程中适当补充水分。运动中调整好步速。

（3）注意外界环境的变化，避免过度训练。

（4）对运动员运动后出现肉眼血尿者，不论有无主诉应暂时停止运动训练，进行必要的检查。对无特异性主诉的镜下血尿的运动员可采取边训练边检查的办法，尽快做出较明确的诊断。

对运动性血尿者，除合理调整和安排负荷量外，可试用一般止血药物。由于运动性血尿的原因还未完全清楚，药物治疗均为对症性或试验性的。必要时要停止一段时间剧烈运动，一般血尿可消失。

六、运动性胃肠道综合征

（一）主要症状

① 腹痛。包括胃脘痛、右上腹和（或）左上腹痛、全腹痛或下腹痛，主要在运动中和（或）运动后出现。

② 出现排便或便意。运动中或运动后要排大便或有便意，有时可以自控，有时被迫如厕。

③ 腹泻。运动中和（或）运动后出现，轻者为水泻，重者为血性腹泻。而上消化道出血常

排出黑便,下消化道出血可排出新鲜血性腹泻物。

④ 呕吐。吐出咖啡样食物或液体等。

⑤ 其他症状。如恶心、干呕、吐酸水等症状。

(二) 影响因素

运动中和(或)运动后出现胃肠道综合征常与多种影响因素有关。

① 胃排空。运动中喝高糖饮料将抑制胃排空,使水分存积在胃内,造成胃膨胀和不想饮水,出现反胃、胃肠逆流、胃痛等不适感觉。

② 内脏血流。运动可引起肌肉和内脏血流的重新分配,即骨骼肌的血管扩张以增加血流,胃肠道则发生血管收缩,血流减少,这样可造成服糖后吸收不良,从而导致由大强度运动引起的腹泻。

③ 高温与脱水。在高温下长时间运动和出现的低血糖将使儿茶酚胺浓度升高,而儿茶酚胺浓度升高将延迟胃排空和延长食物和饮料的通过时间。

(三) 发生机制

1. 上消化道出血的原因和机制

上消化道急性出血的最常见原因是溃疡病,尤以十二指肠溃疡为主,这一原因约占上消化道出血原因的 1/2～2/3。其次为胃黏膜发生 Mallory - Weiss 撕裂引起的出血。还可较少见到运动诱发的肠道内出血。动物试验上可见到运动性溃疡,其发生机制是激烈运动引起体力衰竭,使机体处于一过性的休克状态,并伴有胃血循环的障碍,造成局部缺氧和胃黏膜的损伤而致出血。这种溃疡往往仅侵及黏膜层,由于损伤较浅,愈合较快,因而易被忽略。

2. 下消化道出血的原因和机制

运动性下消化道出血的原因主要与肠道缺血有关。极量运动时,内脏血流可减少 80%左右,造成肠道相对缺血,出现肠道功能紊乱,在此基础上,加上高温、脱水等可导致肠管发生缺血性坏死,出现血便等症状。另一个可能的原因是下部胃肠道在运动时被反复震动引起损伤或出血。

(四) 预　防

(1) 及时治疗各种原发疾病,对运动时出现各种胃肠道综合征的人群,应进行详细的检查,对患有十二指肠溃疡的运动员,有出血倾向者更应停止激烈的运动训练和比赛,集中进行治疗。

(2) 遵守训练和比赛的卫生原则,主要包括遵守循序渐进原则、个别对待原则等。在炎热天气下进行训练或比赛时,应注意液体的补充和预防中暑。

(3) 预防在跑程中因饮水量过多而出现的血钠过低,以致发生水中毒现象。

(五) 治疗措施

(1) 对症治疗,当运动中出现腹痛时,可采用适当减慢速度、按压腹部、调整呼吸等措施,必要时可服用阿托品等解痉药物。

（2）积极治疗出现中暑、水中毒的运动员，水中毒的治疗原则主要是纠正低钠、低氯，恢复血液中钠、氯的浓度，排出体内蓄积的过多水分等。

（3）对一时找不到明显原因的上、下消化道出血者，可采取暂时停止或减少训练，尤其是减少训练或比赛的强度，可采取口服或注射止血药物等措施。

七、运动性腹痛

运动性腹痛是指运动员在运动时因生理或病理原因发生的腹部疼痛症状，而在平时则不出现腹痛或腹痛不明显。运动性腹痛是运动员的常见症状，是妨碍运动成绩提高的重要因素。

（一）常见原因

腹内疾病包括病毒性肝炎（急、慢性肝炎）和肝炎后综合征。肝炎引起腹痛的机理一般认为与肝被膜受炎症刺激或牵扯、肝实质在炎症充血或痛感提高以及静脉内压力增加或血流淤滞等原因有关。胆道疾病包括胆石症、胆囊炎、胆管炎、胆道蛔虫等，其中以无菌性胆道感染较为多见。胆道疾病引起疼痛的机理与胆道平滑肌的痉挛性收缩、腔道过度膨胀以及炎症或出血的刺激等因素有关。肝胆疾病者在运动时，尤其在剧烈运动时，由于内脏血管的收缩、缺氧状态及新陈代谢产物的刺激，更容易出现腹痛。

腹外疾病常见的有右下肺炎、胸膜炎、肾结石以及腹肌疾病。有关资料表明，在腹外疾病中，运动员的腹直肌慢性拉伤往往容易被忽略。

运动员的运动性腹痛中，约有 1/3 的人疼痛原因不明。在这些疼痛原因不明的运动员中，有某些诱发因素存在，如运动时呼吸节奏不好、运动速度增加过快、运动前饮食量过多或饥饿等。

（二）症状和特点

运动性腹痛的部位多数发生在右上腹部，呈钝痛，有的还出现左上腹部或下腹部疼痛，这种腹痛往往具有以下特点：运动员感到腹痛已较久，从几个月到数年不等；大多数人在安静时不痛，运动时才痛；疼痛程度与运动量大小和运动强度成正比，一般活动量小、慢速度运动时疼痛不明显，随着运动量的加大，运动速度加快和运动强度的增大，疼痛才逐渐加剧；有的运动员仅在比赛时出现疼痛，而平时训练时疼痛不明显，经减慢运动速度，减小运动强度、做深呼吸或按压腹部后疼痛可减轻；少数运动员因疼痛难忍被迫停止比赛，此情况多见于田径、马拉松、公路自行车等项目的运动员；除腹痛症状外，一般不伴随其他特异性症状；个别运动员腹痛时伴随无力、胸闷、下肢发沉等症状；用保肝等药物治疗往往无效。

（三）预防和治疗

因腹内或腹外疾病所致的腹痛要针对原发疾病进行相应的治疗（药物、理疗、局部封闭等）。

对仅在运动时加快速度后才出现腹痛的运动员，首先要加强全面身体素质的训练和专项运动的技术、战术训练。观察说明，当运动员全面身体素质训练不够时往往容易出现运动性腹痛。

遵守训练的生理原则包括运动量的增加要循序渐进。激烈运动前既不要吃得过饱,不要吃平时不习惯的食物,又不要空腹参加运动;要做好充分的准备运动等。冬天参加长跑或自行车比赛时,不要在未经活动前就脱掉运动外套。

运动中要调整好动作与呼吸节奏。

运动中出现腹痛后,不要马上停止运动,可适当减慢速度,调整呼吸与动作的配合节奏,用手按压疼痛的部位。若这些方法无效,可服用颠茄、阿托品等解痉药物,若疼痛剧烈难忍时应立即停止运动。

八、运动性中暑

剧烈运动时机体产生的大量热量不能及时散发而积聚在体内,可以使体温升高到40℃甚至更高,特别是在闷热、潮湿的环境中这种情况更易发生,从而可能导致运动性中暑。运动性中暑主要发生在青少年人群和耐力训练中。一些年轻的运动员中暑的自我感觉不明显,可能因处理延迟而导致严重后果。

(一)运动性中暑的分类和症状

根据发生的机制,运动性中暑可分为热射病、日射病和热痉挛三种。

1. 热射病

热射病是发生在高热环境中的一种急性疾病。机体产热与散热是相适应的。当外界温度在35℃以上,尤其超过了皮肤温度(32～34℃)时,由传导和辐射散热的方式受到阻碍,此时散热仅靠汗液蒸发来实现。在空气湿度和温度相对高的条件下,空气又不流动,仅有的蒸发散热方式也会受到影响。这时如果运动量很大,体内产热较多,散热量小于产热量,热量在体内积聚,使体温明显升高,有时可升至41～42℃,从而影响生理活动,加上高温环境下体内水盐代谢失调,引起热射病。

热射病的症状轻重不等,轻者仅表现为虚弱状态,重者发生高热和虚脱。热射病一般发病急,体温上升,脉搏及呼吸加快,重者可引起昏迷,体温高达41℃以上,脉搏极快而呼吸短促,最重者可因心力衰竭或呼吸衰竭而致死。

2. 日射病

日射病是由于日光直接照射头部引起机体的强烈反应。强烈的日光对缺乏保护的头部的照射可使脑组织充血、水肿,其表现为呼吸和周围循环衰竭现象。体温升高可能不明显,但会出现头痛、头晕、眼花、兴奋性增高,重者可昏睡。检查时脉搏细速、血压降低等。

3. 热痉挛

大量出汗后,单纯补水而氯化钠(盐类)丧失过多,引起肌肉兴奋性增高,发生肌肉疼痛和强直性收缩,称为热痉挛。轻者只是对称性肌肉抽搐,重者则大肌肉群也发生痉挛,并呈阵发性。负荷较重的肢体肌肉最易发生痉挛。

（二）中暑的预防

1. 合理安排训练

在夏季炎热季节时安排好训练时间，每次训练一段时间后，至少休息 10 min。饭后延长午休时间，保证充足的睡眠，避免夏季最热的时段（10：00～16：00）在阳光直射下进行训练。即使是模拟参赛地炎热气候而进行的适应训练，也应该逐步提高运动负荷和高温环境下的驻留时间，以减弱机体热应激反应的剧烈程度，避免体内热休克蛋白的过度衰减。

2. 饮食保障

选择一些可以促进食欲的食物，以保证能量的需求。特别注意蛋白质的补充不可缺乏，但也不可过量。因为蛋白质的特殊动力作用可以产生更多的热。及时加强水、无机盐、维生素（特别是维生素 B_1、B_2、C）的补充，以保证心血管功能的稳定。

3. 做好个人防护

保证个人有效的睡眠时间，包括夜晚和午休时间。在阳光直射下训练要戴防护用品，如遮阳帽、浅色且通气性好的衣服，或戴专门的降温帽等。不要赤裸上身和头部参加体育运动训练，避免阳光直射，以免造成日射病。如果是在高温环境下比赛，则除了必要的适应训练外，防护用具、少量多次饮水是非常必要的。不要服用利尿剂、促红细胞生成素等违禁药物。

4. 做好医务监督

教练员和运动员，特别是队医，应该掌握先兆中暑的症状、轻型中暑的合理处置以及重症中暑现场急救措施。运动员训练结束后应测一次体温，以预防延迟性中暑的发生。常备解暑药品和添加药物成分的清凉饮料。

5. 预防为主

加强预防中暑知识的宣传。虽然在环境温度高（如 34 ℃以上）的情况下进行训练容易导致运动性中暑的发生，但已经有资料表明，即使在 25 ℃的环境中，剧烈运动加上湿度大、出汗少，也有可能造成中暑。在高温和（或）湿热环境中，运动训练后，即使没有中暑症状，也应该采取一些预防措施。很多患者是在运动或体力活动结束后的几个小时内发病的，这种情况更具突然性。

（三）中暑的处理

有中暑先兆的运动员应暂时脱离高温环境，并予以密切观察。当运动员发生中暑时，应就地采取以下措施：将患者移到阴凉处，去除衣服，向患者喷洒大量的自来水并用扇子扇风，排空粪便，立即用敞篷车送到医院进一步救治。高温患者的降温方法很多，常用的物理方法有如下几种。当体温降到 38～38.5 ℃时，应停止降温，以免发生低温超射现象。

1. 浸水法

这种方法可因过度地降低皮肤温度而导致寒战和皮肤血管收缩而影响降温效率。要克服这种局限，可以采用降温同时进行皮肤按摩的方法。

2. 蒸发法

这种方法是通过不断地把水泼到皮肤上,同时用蒸发器或扇子来保持皮肤温暖干燥,从而促进水分蒸发。但所泼的水应该使用温水。

3. 冷敷法

冷冰放在患者颈部、腋窝、腹股沟处的大血管上可以显著降低体温。局部冰袋冷敷与蒸发法同时应用效果要更好一点。

第三节 体能训练后恢复的措施

在竞技体育运动不断发展的今天,运动训练计划的安排愈来愈系统化、科学化,而恢复手段是必须考虑在内的一个重要组成部分。疲劳在竞技体育的训练或比赛中是客观存在的普遍现象,没有训练就没有疲劳,而没有恢复就没有提高。只有解决好训练—疲劳—恢复对立统一的矛盾,才能不断提高运动员的体能和运动技术水平。

科学合理的恢复手段是“有的放矢”,针对运动性疲劳产生的具体原因。运动性疲劳是由于活动使工作能力及身体机能暂时降低的现象。自19世纪意大利生理学家Mosso研究人类的疲劳以来已有近130年的历史,但至今关于运动性疲劳产生的机制仍无统一的说法。各国学者提出了多种假说。“衰竭”学说认为,运动性疲劳产生的原因是体内能源物质的耗尽。“堵塞”学说提出,肌肉收缩所需能量的唯一来源是ATP,当人体进行极大强度的运动时,体内存在的ATP-CP的数量仅能维持大约6~8 s的运动时间,超过这段时间,人体就需要糖原的无氧糖酵解来供能,在这一代谢过程中将有大量乳酸产生并积累,因此速度耐力训练疲劳的主要原因是由于组织中大量乳酸堆积造成的。苏联专家对中枢神经系统疲劳的发生从生物化学方面提出两个假说:第一个假说是以疲劳大脑中ATP-CP水平下降为基础,当ATP的含量降低时将导致大脑抑制的发展;第二种假说是长时间肌肉活动引起脑抑制物——氨基酸含量升高,因此提出了运动性疲劳的“保护性抑制”学说。“突变”学说认为,运动疲劳的出现是一个突然变化过程,即突变,而不是一个渐变过程,就是说身体产生疲劳的运动过程是能源物质消耗、神经肌肉的兴奋性下降和肌肉力量的下降,当这些变化达到一定程度时,会突然以疲劳的形式表现出来,保护机体避免发生肌肉僵直或细胞受损。“自由基”学说认为,疲劳的产生是由于长时间的大负荷运动引起机体内各基本单位——细胞内的自身氧化过程增强,产生大量的活性氧自由基,同时伴有细胞内的抗氧化能力下降,这些活性氧自由基以及细胞内抗氧化能力的下降使细胞的结构和功能遭到破坏,不能维持正常的生理功能,产生了运动性疲劳的各种表现。

根据运动性疲劳产生的机制和疲劳的分类,消除疲劳的途径和方法如下。

一、人体的自然恢复过程

休息是消除运动性疲劳的最基本方法,同时也是最好的自然恢复手段。其目的是排除剩余的代谢物质，补充运动过程中的消耗。人体最好的休息方式就是睡眠。良好充足的睡眠是消除运动性疲劳的一种最直接、最有效且经济的方法。人体睡眠时大脑皮层的兴奋过程降低，体内分解代谢处于最低水平，而合成代谢过程则相对较高，有利于体内能量的蓄积。疲劳后机体最需要的是休息，睡眠不足会妨碍身体恢复。所以，建立良好的睡眠习惯将有助于更快恢复。成年运动员在平时运动训练期间，每天应有 8～9 h 的睡眠；在大运动量和比赛期间，睡眠时间应适当延长。青少年运动员的睡眠时间应比成年运动员的长，必须保证每天有 10 h 的睡眠。

二、教育学恢复措施

教育学恢复手段是运动员恢复的基本措施之一，它包括了在训练的各个阶段确定的生活制度、负荷安排、休息时间等。教育学恢复措施首先是各练习项目之间、各训练课之间、各不同运动负荷时期等的休息间隔时间的变化，主要表现在无论是在一次训练课中还是在单元训练计划中、单元训练计划之间和年训练计划等周期中，都应该是波浪式的安排运动负荷，及时调整运动训练的量和强度，变换练习内容，改变训练环境和手段。

三、运动训练学恢复手段

1. 动态休息

动态休息是相对静态休息而言的，通常情况下动态休息是安排在间歇训练的各个练习之间或持续时间在十几到几十分钟的运动之后。动态休息能够有效地维持机体的血液循环速度，加快代谢产物的消除，从而有效地促进身体机能的恢复。研究发现，动态休息的生理学作用与动态活动的强度大小有关，动态休息的活动强度在 30%～45%VO_{2max}之间消除血乳酸的效果最好。

2. 整理活动

整理活动是一种常用的积极性恢复手段，是指在正式身体练习后所做的一些加快机体功能恢复的较轻松的练习。整理活动是消除疲劳，促进体力恢复的一种良好方法。剧烈运动后进行整理活动可减少肌肉的延迟性酸痛，有助于消除疲劳；可使肌肉血流量增加，加速乳酸利用；可使心血管系统、呼吸系统仍保持在较高水平，预防激烈活动骤然停止可能引起的机体功能失调。

做整理活动时量不能大，尽量缓和、放松，使身体逐渐恢复到安静状态。整理活动的内容主要包括一些深呼吸运动和全身性放松练习，且要有针对性，使运动中主要负荷部位的肌群得到充分放松。整理活动应包括慢跑、呼吸体操及各肌群的伸展练习。整理活动的时间应该根据运动中的负荷量与强度来安排，一般为 5～15 min。

四、理疗恢复手段

(一) 水疗法

水疗包括蒸汽浴、热水浴、桑拿浴、空气浴和漩涡浴等多种形式,通过提高体温,促进血液循环、消除代谢产物以达到尽快消除疲劳、恢复体力的作用。水疗的水温以40 ℃左右为佳,持续时间以10～20 min为宜。

1. 温水浴

训练后进行温水淋浴是最简单易行的消除疲劳的方法。温水浴可促进全身的血液循环,调节血流,加强新陈代谢,有利于机体内营养物质的运输和疲劳物质的排除。水温为40 ℃±2 ℃为宜;时间为10～15 min,勿超过20 min。训练结束半小时后,还可进行冷热水浴。冷水温度为15 ℃,热水温度为40 ℃。冷水淋浴1 min,热水淋浴2 min,交替3次。

2. 桑拿浴

桑拿浴是指利用高温干燥的环境,加速机体血液循环,使人体大量排汗,从而能及时排出体内的代谢产物。桑拿浴一般不要在运动结束后即刻进行,以免造成脱水和加重运动疲劳。

(二) 吸氧疗法

短时大强度运动项目训练或比赛后,利用高压氧舱,在2～2.5个标准大气压下,吸高压氧5～10 min,从而使血氧含量增加,血液中二氧化碳浓度降低,pH值上升,提高组织氧的储备量,对疲劳的消除有显著的作用。

(三) 电磁疗法

电磁疗法是利用电磁刺激振动肌肉放松的方法,改善血液循环,促进能源物质和电解质等功能物质的合成与转运,减少能量消耗和加速代谢产物的消除,促进机体的恢复。

五、营养学恢复手段

(一) 合理膳食营养

产生运动性疲劳的一个很重要的原因是能源物质的大量消耗。恢复机体能源物质储备的最根本方法是根据不同运动项目的能源物质消耗特点进行合理的饮食营养安排。合理膳食营养指的是运动员饮食中的各种营养素数量充足,种类齐全,比例适当,且与运动训练和比赛对机体营养的需要保持动态平衡。运动员日常的饮食营养是其恢复过程的物质基础。青少年及儿童运动员在训练或比赛期间通常要大量消耗能源物质和其他营养素,这些物质在训练或比赛后如果长时间不能得到充分合理的补充,将会造成体内的能源物质、维生素等营养素储备减少,从而影响其身体的生长发育和运动能力的发展。

1. 补充糖

糖是人体运动中的主要燃料。一般情况下,运动员每天训练所消耗的糖大约占其总能量消耗的50%～90%,总量约为250～450 g,加上日常生活所需要的300～350 g,一个运动员每天消耗的糖总量约为 550～800 g。

运动员训练或比赛后糖的补充首先应保证饮食中糖的数量。如表 5-4 所示，食用含糖数量不同的饮食会对肌糖原含量和耐力运动的成绩造成明显的影响。其次是补糖的时间越早越好，最佳的补糖时间是在运动后前 2 h 内。此外，大运动量的训练或比赛以后，应当安排适当时间的休息(一般为 45～60 min)，然后开始用餐。在长时间大负荷运动后至进餐之间的这段时间可以通过运动饮料补充糖。

表 5-4 膳食对肌糖原水平的影响及其与耐力的关系①

膳 食	肌糖原/(g/100 g 湿肌肉)	运动至力竭的时间/min
高脂肪、高蛋白质膳食	0.63	56.9
混合膳食	1.73	113.6
高碳水化合物膳食	3.31	166.5

2. 补充蛋白质

蛋白质是人体的一种重要营养素，具有多种重要的生物学功能。一般成年人的蛋白质需要量为每天 1.0～1.2 g/(千克体重)。儿童少年正处于生长发育阶段，蛋白质供给量适当增加，达到每天 2.5 g/(千克体重)。少年儿童运动员应增至每天 3.0 g/(千克体重)。日常生活中食用的豆腐、豆浆等豆制品、瘦肉、鱼、蛋、奶等都含有较丰富的蛋白质。

3. 补充脂肪

脂肪的主要生物学功能是供给人类所需要的能量、必需脂肪酸以及促进脂溶性维生素的吸收。膳食中适宜的脂肪量为总热量的 25%～30%即可。游泳及冬季运动项目(如滑雪、滑冰等)因机体散热量较大，食物中脂肪可比其他项目高些，但也不宜超过总热量的 35%。运动员没有必要专门补充脂肪。最普通的脂肪就是烹调用的各种油脂，如猪油、豆油、菜子油、花生油和麻油等。各种食物，特别是肉类都含有或多或少的脂肪，但来自植物的各种脂肪相对含有较多的必需脂肪酸和脂溶性维生素，因此具有更高的营养价值。

4. 补充维生素

维生素是多种辅酶的重要组成成分，因此对于代谢过程的调控有极其重要的作用。维生素缺乏或不足时即可对运动能力产生不利的影响，其表现为做功能力降低、肌肉无力、疲劳症状加重等。补充运动员缺乏的维生素可以提高其运动能力。各种维生素的摄入量应当充足，但摄食过多也不合适。过量的脂溶性维生素在人体内会产生毒性。虽然通常情况下维生素 C 和维生素 B 族无毒性，但是超出机体所能利用和储存的量后其会通过尿液和其他体液排泄出体外，造成浪费。

---

① W. M. Sherman. Carbohydrate, muscle glycogen, and improved performance. Physicion and sports Medicine, 1987 (15):157-164.

5. 补充充足的水分和电解质

在运动训练或比赛后,机体恢复所必需的另一种重要的营养素是水。不同运动及职业活动的出汗量是不同的,由于影响因素众多而变化极大。在环境温度很低时,若能量需求很大(如马拉松跑),出汗量也很大,所以不能说只有在高温、高湿情况下才有脱水现象。马拉松运动员在10～12℃的温度条件下比赛,出汗量在1%～5%体重之间。尽管这样,出汗量仍与环境条件有很大关系,在夏季和热带气候中,出汗量远远多于平常。有报道说,在热环境中进行马拉松比赛,运动员出汗量高达6 L甚至更多。人体对食物的耐受能力要比对水的耐受能力强。运动员体内水分的大量丢失将破坏血液循环的运输功能,阻碍营养物质、氧气和代谢废物的运输,同时会影响运动员的体温调节功能。事实上,脱水导致机体对缺氧的耐受能力、肌肉耐力、体力活动能力和最大有氧能力下降。总的体液只损失1%～2%体重时,对于在温度适中环境中的静坐者几乎没有立即出现的后果,但是可以降低正在进行体育运动而产生热负荷的运动员的运动能力。无论有无热负荷的存在,机体脱水4%将引起运动能力的严重降低(下降20%～30%)。

汗液中含有多种有机盐和无机盐,当人体大量流汗时,一些重要的电解质物质(K^+、Na^+、Mg^{2+}、Ca^{2+}等)的含量会下降,甚至达到很危险的水平。体内电解质含量的减少将直接影响RT和肌肉收缩力量。由于体液大量丢失导致血液浓度增加(黏滞性加大),人体会产生疲劳、运动的动机水平较低等症状。对于一次训练或比赛来说,饮水或者饮用运动饮料足以恢复体内所需要的水分和营养物质。

运动员补液主要选用含糖和电解质的等渗透压或者低渗透压的运动饮料,以少量多次补充为原则。一般运动前可补充400～500 ml,比赛中休息或暂停时可补液150～300 ml,运动后补液也要遵循少量多次的原则,以免造成胃部不适。补充水要及时和适量,不能等到口渴时再喝水,由于这时体内脱水已达体重的2%～3%左右,运动能力已经受到影响。

由于运动员大量的排汗使身体对K^+、Na^+、Ca^{2+}、P、Mg^{2+}、Fe^{2+}的需要量增加,特别是对K^+和Na^+的需要量明显增加,因此除了通过运动饮料补充外,还必须通过食物补充。

(二) 强力营养补剂

强力营养补剂是指除了典型的平衡膳食外可以提高运动能力的物质。针对运动人群的这类物质主要包括大剂量的必需营养素,如100 mg维生素C;基本营养素的中间代谢物,如亮氨酸的代谢产物β-羟基-β-甲基丁酸盐;在植物中发现的可影响代谢的营养素或非药物质,如人参;非必需营养素,如肌酸;食物和饮料中合法的药品类营养素,如酒精和咖啡因。这些强力营养补剂分类如下:

(1) 大剂量的必需营养素有氨基酸、维生素和矿物质。其中,氨基酸包括精氨酸、鸟氨酸、赖氨酸和色氨酸;维生素包括B_{12}、C和E;矿物质包括硼、铬和磷酸盐。

(2) 必需营养素的中间代谢物有HMB(β-羟基-β-甲基丁酸盐)、DHAP(二羟基丙酮和丙酮酸盐)、FDP(1,6-二磷酸果糖)。

(3) 非必需营养素有肉碱、胆碱、甘油和肌苷。

(4) 植物提取物有 γ-谷维素、人参、小麦胚芽油和育亨宾。

(5) 药物类营养素有酒精和咖啡因。

强力营养素通过不同的途径来帮助提高运动能力。例如，补充肌酸可提高肌肉的能量供应；左旋肉碱可促进肌肉的能量释放；铁元素可增强氧的运输；辅酶 Q_{10} 可提高肌肉氧化利用率；摄入碳酸钠盐可减少疲劳代谢物的产生和堆积；胆碱可促进神经对肌肉收缩的控制。许多特殊的必需营养素与非必需营养素对机体三大能量代谢系统起作用：服用肌酸可增强磷酸原系统的功能；摄入碳酸钠盐可通过乳酸供能系统提高运动能力；糖的补充可促进有氧耐力的提高。合理地选择一些强力营养补剂，抓住关键时间给运动员补充，往往可以收到事半功倍的效果。但不正确地选择使用，特别是滥用营养强力补剂不仅达不到促进运动员疲劳恢复的效果，而且还可能带来负面效应。

六、中医药调理

(一) 中医药物调理

应用中医药调理的目的在于提高机体抗病能力、改善代谢调节能力、促进疲劳的消除，改善训练效果。通过中药补剂提高运动员的免疫能力，对加速疲劳消除有良好的作用。目前，消除运动性疲劳的中药主要分为三种形式：复方中药、单味中药与中药单体。复方中药主要依据中医理论以补益、调理、清法为治疗原则，涉及的脏腑主要是脾、肾和肝，其功能侧重于协调平衡身体机能和恢复运动能力。单味药(西洋参、淫羊藿、红景天等)和中药单体(人参皂、淫羊藿皂等)侧重在某一方面作用比较明显，尤其是中药单体的使用上类似于西药，对提高运动能力有一定作用。

(二) 按摩疗法

按摩是加速消除运动性疲劳的有效手段之一。目前常用的按摩方法有机械按摩、水压按摩、气压按摩和人工按摩。通过按摩不仅能促进大脑皮层兴奋与抑制过程的转换，使因疲劳引起的神经调节紊乱消失，而且还可以促进血液循环和淋巴循环，加强局部血液供应，促进代谢产物的排出，加速运动性疲劳的消除。按摩的部位可根据运动项目的特点和疲劳程度而定，一般将按摩的重点放在运动负荷最大的部位，采用人工按摩时肌肉部位以揉为主，穿插使用按压、搓和运拉；按摩开始和结束时用推摩和擦摩的手法。按摩可在运动结束时与整理活动一并使用，也可在运动结束洗澡后或晚上临睡前进行。

七、心理学恢复手段

在训练和比赛之后，采用心理调整措施恢复工作能力能够降低神经-精神的紧张程度，减轻心理的压抑状态，加快神经系统能源物质的恢复，从而对加速身体其他器官、系统的恢复产生重大影响。对身体起作用的心理手段种类非常多，其中主要有谈话法、想像放松神经-肌肉的自我心理练习、心理诱导放松训练、催眠、音乐放松等。

(一) 谈话法

谈话法主要针对情绪明显低沉或由于人际关系发生冲突而形成心理压抑的运动员,通过谈话帮助他们解除心理障碍,启发他们全面认识和对待各种问题。在谈话中应多鼓励、帮助他们分析有利的因素和自己的希望所在,也可和他们一起回忆过去比赛胜利的情景,这样可使他们的心情得到改善,情绪得以调节。愉快的心情可以大大减少神经能量的消耗。

(二) 想像放松

想像放松是指运动员想像自己处在某种使他们感到放松和舒服的环境中。运动员仰卧,四肢平伸,处于安静状态,闭上眼睛,注意力集中在大脑所想像的事物上,如温暖阳光在照射,迎面吹来阵阵微风,海浪在有节奏地拍打或者正在树林里散步。成功利用想像进行放松的关键是:

① 头脑里要有一种与感到放松相联系的、清晰的处境;

② 要有很好的想像技能,使这种处境被心理上的眼睛清晰地看到;

③ 先练习想像使人放松的情境,再逐渐用这种方法练习想像使人紧张的情境,并达到放松的状态。

(三) 神经-肌肉的自我心理练习

在保护心理免受不良影响、调整心理状态和进行心理恢复的各种方法中,最重要的是自我调整,即借助语言暗示以及与语言一致的思维形象作用于自身,改变情绪反应及各系统和器官的机能状态。词语以肯定的方式影响人的自我感觉和活动能力,是大多数心理自我调整方法的基础。自我心理调整有两个方面,即自我说服和自我暗示。

首先,要通过呼吸调整和语言暗示进入朦胧状态。在这种状态中,大脑对于语言以及与语言相联系的思维形象特别敏感。

其次,要学会高度集中注意于当前正在想的事物上。神经-肌肉心理练习的目的是使运动员学会有意识地恢复体内某些自动化过程。同时,这种练习有利于调节心理状态。通常运用的词语如我放松了,我想睡,睡意更浓了,眼皮舒服、发热,眼皮发沉了,眼睛闭上了,进入了安静的睡眠。练习者缓缓地、单调地默念每句词语,每句重复 3～4 次,就可以很快进入放松安静状态。每天坚持这一练习 1～2 次就可以达到良好的心理恢复作用。

(四) 心理诱导放松训练

这种方法主要通过语言暗示诱导进行肌肉和神经的放松训练,如自身放松训练。进行语言诱导时,还可配合播放一些轻松悠扬的音乐,这样可以使运动员的精神和肌肉在语言的诱导和音乐的良好刺激下充分放松,并使大脑入静,从而调节大脑有序化地工作。

(五) 催　眠

催眠术是通过心理暗示的方法,使受术者的心理活动达到某种境界,呈现一种介于觉醒和睡眠之间的特殊心理状态。在这种状态下,受术者思维狭窄、意识恍忽,能与施术者保持密切的关系，全部接收施术者的每句话、每个字，绝对服从，对外界的干扰毫无反应。

用于消除心理疲劳的催眠术，可以在运动间歇时或运动后进行。当进入催眠状态时，肌肉会得到充分放松，可采用模拟按摩方法迅速解除疲劳。催眠能起到令人惊奇的解除疲劳的效果，无论在训练后或比赛间歇中使用自我或他人催眠，均能迅速消除疲劳和继续保持充沛的体力。

（六）音乐放松

精心挑选的音乐可以降低不必要的兴奋性，或使人从忧郁状态转到良好的心境中，这是运动员消除心理疲劳的有效手段之一。选择一些轻音乐或抒情乐曲都有助于运动员形成宁静的心情，有助于放松。

用于心理疲劳恢复训练的方法还有很多，如文艺活动、气功等，选择方法可因人而异，并有目的地加以运用。

通过对运动性心理疲劳产生原因、在运动训练中的表现、判断方法和消除措施的综合分析可知，运动性心理疲劳往往是隐性的、渐进的、不易被察觉而极易被忽视的，因此希望教练员和运动员能深刻地认识到这一点，并引起足够的重视。熟练掌握运动性心理疲劳的消除方法和措施，可在平时的训练和比赛中尽快摆脱心理疲劳的困扰，发挥出自己的最佳水平，取得优异的运动成绩。

总之，运动性疲劳产生的原因和出现的部位不尽相同，表现和形式多种多样，不同形式和方法的运动引起疲劳的机制不完全相同。因此，准确把握运动员运动后机体形态、机能、心理和行为的变化情况，正确地判断运动疲劳的出现及其程度，采取有效的手段对运动性疲劳进行辨证论治，对运动员的恢复和保持健康有很大实际意义。运动性疲劳的产生与运动性疲劳的消除是相互统一的，只有真正理解什么是运动性疲劳和疲劳产生的原因，才能够正确地、有针对性地消除运动性疲劳，也才能够实现科学训练的目标。

参 考 文 献

[1] 列·巴·马特维也夫. 竞技运动理论[M]. 姚颂平,译. 上海:华东理工大学出版社,1997.

[2] 全国体育院校教材委员会. 运动训练学[M]. 北京:人民体育出版社,1990.

[3] 全国体育院校教材委员会. 运动训练学[M]. 北京:人民体育出版社,2000.

[4] 哈雷. 训练学一运动训练的理论与方法学导论[M]. 蔡俊五,译. 北京:人民体育出版社, 1985.

[5] 全国体育院校教材委员会. 运动生理学[M]. 北京:人民体育出版社,2002.

[6] 中国体育科学学会,香港体育学院. 体育科学词典[M]. 北京:高等教育出版社,2000.

[7] 延烽. 对"专项"涵义的诠释 [J]. 北京体育师范学院学报, 1999(1):40-43.

[8] 杨锡让. 实用运动生理学[M]. 北京:北京体育大学出版社,2007.

[9] 延烽. 对我国运动训练指导方针——"三从一大"理论内涵的初步探讨 [J]. 北京体育师范学院学报,1994(2):13-19.

[10] 钟秉枢,李少丹. 坚持科学发展观,深刻认识"三从一大"训练原则[J]. 中国体育科技 ,2006(6):69-83.

[11] 全国体育硕士专业学位教育指导委员会. 2008 体育硕士专业学位研究生入学全国联考体育综合考试大纲及指南 [M]. 北京:中国人民大学出版社,2008.

[12] 体育院校成人教育协作组. 学校体育学[M]. 北京:人民体育出版社,1999.

[13] 徐本力. 21 世纪的中国竞技体育[M]. 北京:北京体育大学出版社,2001.

[14] 田麦久,等. 运动训练学[M]. 北京:人民体育出版社,2000.

[15] 张宏杰,等. 篮球运动训练与恢复[M]. 北京:北京体育大学出版社,2004.

[16] 全国体育院校教材委员会. 篮球运动高级教程[M]. 北京:人民体育出版社,2000.

[17] 马振洪. 篮球[M]. 北京:北京体育大学出版社,1998.

[18] 吴东明,王健. 体能训练[M]. 北京:高等教育出版社,2005.

[19] 中国排球协会. 排球竞赛规则(2005—2008)[M]. 北京:人民体育出版社,2006.

[20] 乔纳森·C·里泽. 运动医学与科学手册——排球[M]. 北京:人民体育出版社,2006.

[21] 全国体育院校教材委员会. 运动训练学[M]. 北京:人民体育出版社,2000.

[22] 周红律. 排球运动物质代谢和能量代谢的探讨[J]. 武汉体育学院学报,2000,34 (6):91-92.

[23] 全国体育教材委员会《排球》教材编写组. 排球运动[M]. 北京:人民体育出版社,1999.

[24] 黄汉升. 球类运动——排球[M]. 北京:高等教育出版社,2001.

[25] 黄汉升. 球类运动——排球[M]. 北京:高等教育出版社,2005.

[26] 叶伟. 散打运动训练理论与实践[M]. 北京:人民体育出版社,2004.

[27] 叶伟. 我国徒手格斗项目(散打)优秀男子运动员核心竞技能力评价体系研究[M]. 北京:北京体育大学出版社,2008.

[28] 全国体育学院教材委员会. 体操[M]. 北京:人民体育出版社,1991.

[29] 全国体育院校教材委员会. 竞技体操高级教程[M]. 北京:人民体育出版社,1999.

[30] 王定坤,张白露. 女子少年体操运动员的训练[M]. 北京:人民体育出版社,1986.

[31] 全国体育院校教材委员会. 运动生理学 [M]. 北京:人民体育出版社,1990.

[32] 郑吾真,等.竞技体操训练学[M].北京:北京体育大学出版社,1990.
[33] 郭秀文,夏燕飞.艺术体操运动员的身体形态特征[J].山东体育学院学报,2006 (2):52-55.
[34] 冯连世,冯美云,冯炜权,等.优秀运动员身体机能评定方法[M].北京:人民体育出版社,2003.
[35] 邝丽,等.优秀少年艺术体操选手体能训练有效手段的实验研究[J].北京体育大学学报,1995(2):74-79.
[36] 张卫星,等.竞技体操体能训练的研究 [J].山西体育科技,2006,2(26):97-99.
[37] 杨世勇,等.体能训练学[M].成都:四川科学技术出版社,2001.
[38] 全国体育学院教材委员会.运动生理学[M].北京:人民体育出版社,1980.
[39] 霍缅科夫.田径教练员教科书[M].北京:人民体育出版社,1985.
[40] 文超.田径高级教程[M].北京:人民体育出版社,2003.
[41] 田麦久.运动训练学[M].北京:高等教育出版社,2006.
[42] 李老民.田径运动教程[M].北京:北京体育大学出版社,2008.
[43] 田麦久.运动训练计划[M].北京:北京体育大学出版社,1999.
[44] 王林,牟少华.竞走运动及竞走运动员训练[M].北京:民族出版社,2005.
[45] 李福田.运动员体能训练的理论和实践[J].世界田径,1995,5:2-11.
[46] 袁作生,南仲喜.现代田径运动科学训练法[M].北京:北京体育大学出版社,1996.
[47] 余维立.体能训练中存在的若干问题与措施——以竞走项目为例[J].中国教练员,2008,16(02):8-11.
[48] 李鸿江. 田径[M].北京:高等教育出版社,2008.
[49] 冯连世,冯美云,冯炜权.优秀运动员身体机能评定方法[M].北京:人民体育出版社,2003.
[50] 中国体育教练员岗位培训教材.田径[M].北京:人民体育出版社,1999.
[51] 全国体育学院教材委员会.田径运动教程[M].北京:人民体育出版社,1980.
[52] 孙楠,马元康.田径运动技术英汉双语教程[M].北京:北京体育大学出版社,2003.
[53] 曾凡辉,王路德,邢文华,等.运动员选材[M].北京:人民体育出版社,1992.
[54] 田麦久.项群训练理论[M].北京:人民体育出版社,1998.
[55] 夏亮,陆秋源.排球运动员运动性疲劳的判断及消除方法[J].哈尔滨体育学院学报, 2008, 26(1): 126-128.
[56] 梁依丽.浅析运动性疲劳的预防与消除[J].中外健康文摘,2008(05): 152-153.
[57] 毛立刚.试论足球运动员的疲劳及其清除[J].体育世界:学术版, 2007(03): 41-43.
[58] 胡桂花.大学生运动性心理疲劳的成因与矫正[J].郑州牧业工程高等专科学校学报.2007(04):79-80.
[59] 刘正荣, 关辉.浅析运动性疲劳[J].楚雄师范学院学报,2007,22(03): 80-84.
[60] 韩玉彬.篮球运动性疲劳的诊断和恢复[J].体育科技文献通报,2007, 15(06): 69-71.
[61] 赵福临, 陈庆熙.对运动性疲劳产生机制及恢复方法的研究[J].体育世界:学术版, 2007(11): 23-26.
[62] 刘昕昱.短道速滑运动员运动性疲劳的中医分型与诊断[J].冰雪运动, 2007, 29(06): 63-65.
[63] 刘朝宝.滑雪运动员运动性疲劳的消除方法[J].内蒙古体育科技,2007, 20(03): 50-51.
[64] 刘建春.论运动后的疲劳恢复[J].淮北职业技术学院学报,2007, 6(05): 105-107.
[65] 赵宏图, 许英魁.对乒乓球运动疲劳与恢复的研究[J].科技信息(学术研究), 2007(33): 230.
[66] 何景周.过度训练的诊断和预防[J].科技信息,2007(26):136.
[67] 郭杏红,朱峰.对运动性疲劳的浅析[J].少年体育训练,2006(05): 25-26.
[68] 张力为,林岭,赵福兰.运动性心理疲劳:性质、成因、诊断及控制[J].体育科学, 2006(11):49-56,74.

[69] 袁爱国，史绍蓉，何彩艳，等. 运动性肌肉疲劳的肌电图特征及其机制探讨[J]. 四川体育科学，2006(03):36-39.
[70] 陈家旭. 中医肝脏与运动性疲劳关系的理论与实验研究[M]. 北京:高等教育出版社，2002.
[71] 冯炜权. 运动生物化学原理[M]. 北京:北京体育大学出版社，1995.
[72] LEWIS S F，HALLER R G. Physiologic measurement of exercise and fatigue with special reference to chronic fatigue syndrome[J]. Rev Infectious Dis，1991，13：98-108.
[73] MICHAEL S，DAVID W. ABC of psychological medicine：Fatigue[J]. BMJ，2002，325：480-483.
[74] 王健. 运动人体科学概论（运动训练专业）[M]. 北京:高等教育出版社，2003.
[75] 冯连世，李开刚，等. 运动员机能评定常用生理生化指标测试方法及应用[M]. 北京：人民体育出版社，2002.
[76] 王清. 我国优秀运动员竞技能力状态诊断和监测系统的研究与建立[M]. 北京:人民体育出版社，2004.
[77] 张力为，任未多. 体育运动心理学研究进展[M]. 北京:高等教育出版社，2000.
[78] 刘方琳，张力为. 运动员心理疲劳的定性探索[J]. 体育科学，2004，24(11)：37-44.
[79] 陈容，等. 反应时测定及其影响因素[J]. 中国学校卫生，2002，23(3):277-278.
[80] 张雁，恽晓平，等. 反应时测试的应用[J]. 中国康复理论与实践，2005，11(1)：34-37.
[81] 任未多. 运动员中枢神经疲劳评定与调节[R]. 2005 年全国运动心理学训练培训班，2005.
[82] 颜中杰，张博. 过度训练与过度疲劳的区别及其防治机制[J]. 山东体育学院学报，2006，22(01)：99-101.
[83] 李靖，王旭东，潘利萍. 放松音乐及音乐电针对有氧运动疲劳的恢复效果[J]. 北京体育大学学报，2006，29(04)：494-496.
[84] 兰大红. 乒乓球运动员运动性心理疲劳探析[J]. 中国科技信息，2006(22)：309-311.
[85] 杨明，张强. 冰雪项目优秀运动员运动性疲劳的中医分型和诊断标准的研究[J]. 武汉体育学院学报，2006，40(11)：62-66.
[86] 许玲. Ca~(2+)、ADP、Pi 与运动疲劳[J]. 北京体育大学学报，2006，29(03)：363-365.
[87] 安东，温国强. 乒乓球项目运动性疲劳的诊断和恢复[J]. 四川体育科学，2005(04):36-38.
[88] 林岭，张力为. 可以用生理生化指标检测评价运动性心理疲劳吗？[J]. 中国运动医学杂志，2005(06)：92-96.
[89] 李丽艳，路新国，朱晓平. 运动性疲劳与药膳治疗[J]. 中国临床康复，2005(20):206-207.
[90] 温晓利，王健. 运动性肌肉疲劳生化机制的研究进展[J]. 人类工效学，2005(02):60-62.
[91] 陶胜国. pH 值变化对运动能力的影响[J]. 吉林体育学院学报，2005(04):86，158.
[92] 王利森. 消除运动性疲劳途径及手段的研究[J]. 巢湖学院学报，2005(03):115-117.
[93] 宋海军，刘静霞，蔡国梁. 运动性疲劳的分子生物学机制[J]. 中国临床康复，2005(16):200-202.
[94] 侍勇. 篮球运动员运动性疲劳产生的原因与恢复[J]. 南京体育学院学报:自然科学版，2005，4(02)：25-28.
[95] 王鲁江，徐晓林. 排球运动员的代谢特征与运动性疲劳的消除[J]. 山东体育学院学报，2005，21(05)：64-65.
[96] 金湖，吴家舵. 关于运动性心理疲劳的研究概况[J]. 体育科研，2005，26(03)：59-61.

[97] 付克翠，陈菊平，陈元武. 运动性疲劳概述[J]. 四川体育科学，2004(02)：30－32，36.
[98] 孙革，潮芳. 中药消除运动性疲劳方法的研究综述[J]. 北京体育大学学报，2004(08)：1078－1080.
[99] 巩飞. 对运动性疲劳恢复手段的研究(综述)[J]. 四川体育科学，2004(03)：33－34.
[100] 陈一飞，徐维. 运动性疲劳的发生机制与高压氧的应用[J]. 中华物理医学与康复杂志，2004(03)：61－64.
[101] 冯炜权. 对运动疲劳机理的再认识[J]. 北京体育大学学报，2003(04)：433－437，443.
[102] 陈梅. 关于运动性疲劳产生及诊断的研究进展[J]. 柳州师专学报，2002，17(02)：103－106.
[103] 朱红香. 浅析消除运动性疲劳的措施[J]. 周口师范高等专科学校学报，2001，18(02)：82－83.
[104] 何少钧. 运动性疲劳的生化机制与恢复过程[J]. 现代康复，2001(15)：98.
[105] 田振军. 消除运动性疲劳的中药复方筛选方法研究进展[J]. 中国运动医学杂志，2001(04)：423－425.
[106] 田文秀，冯克俊. 浅析运动性疲劳的产生与消除[J]. 山东体育科技，2001，23(04)：65－66.
[107] 冯炜权. 运动疲劳及过度训练的生化诊断——运动生物化学动态之三[J]. 北京体育大学学报，2000(04)：423－425.
[108] 谢敏豪，方子龙，杨天乐. 中药消除运动性疲劳的研究进展(综述)[J]. 体育科学，1999，19(05)：60－63.
[109] GROVE J，PRAPAVESSIS H. Preliminary evidence for the reliability and validity of an abbreviated profile of mood states. International Journal of Sport Psychology，1992，3(2)：93－109.
[110] MCNAIR D M，LORR M，DROPPLAMAN L F. Manual for the Profile of Mood States[M]. San Diego：EITS，1971.
[111] 张力为. 值得运动心理学家探索的 6 个问题[J]. 心理学报，2004，36(1)：116－126.
[112] 浦钧宗，高崇玄，冯炜权，等. 优秀运动员机能评定手册[M]. 北京：人民体育出版社，1989.
[113] RONALD J M. 运动营养[M]. 杨则宜，译. 北京：人民体育出版社，2005.
[114] EKHARD E Z，Filer L J，J R. 现代营养学[M]. 7 版. 闻芝梅，陈君石，译. 北京：人民卫生出版社，1999.
[115] 冯连世，冯美云，冯炜权，等. 优秀运动员身体机能评定方法[M]. 北京：人民体育出版社，2003.
[116] SHERMAN W M. Carbohydrate，muscle glycogen，and improved performance. Physician and Sports Medicine. 1987，15：157－164.
[117] 田蜀华. 分析影响运动训练目标实现的相关因素[J]. 成都体育学院学报，2006，26(5)：65－67.
[118] 刘松，潘孝贵. 运动性中暑的特征及其防治[J]. 中国临床康复，2005(16)：198－199.
[119] 何景周. 过度训练的诊断和预防[J]. 科技信息，2007(26)：136，232.
[120] 胡小琴，马云，宋卫平，等. 运动员 Marfan 氏综合征的医务监督[J]. 中国运动医学杂志，2004，23(4)：367－371.
[121] 曲绵域，等. 实用运动医学[M]. 4 版. 北京：北京科学技术出版社，2003.
[122] 吴东明，王健. 体能训练学[M]. 北京：高等教育出版社，2005.
[123] 延烽，等. 青少年运动训练 100 问[M]. 南京：河海大学出版社，2000.